习近平新时代中国特色社会主义思想的河南实践

系列丛书

打好"四张牌"的河南实践

THE HENAN PRACTICE OF PLAYING "FOUR CARDS" WELL

主编 ◎ 完世伟

副主编 ◎ 高璇 袁金星

社会科学文献出版社
SOCIAL SCIENCES ACADEMIC PRESS (CHINA)

“习近平新时代中国特色社会主义思想的河南实践”系列丛书
编委会

前　言

习近平总书记和党中央对河南工作高度重视、寄予厚望。党的十八大以来，先后四次到河南考察，多次发表重要讲话、作出重要指示，为河南工作把舵领航。全省上下深入学习贯彻习近平新时代中国特色社会主义思想和总书记关于河南工作的重要讲话重要指示精神，砥砺奋进、不懈探索，努力推动总书记重要讲话重要指示和党中央各项决策部署在河南落地落实、见行见效，脱贫攻坚任务如期全面完成，“十三五”规划全面收官，全省各项事业开创了新局面，为开启全面建设社会主义现代化河南新征程奠定了坚实基础。

按照全省宣传思想工作“八大工程”2021 年度重点工作要求，河南省社科院承担研创出版“习近平新时代中国特色社会主义思想的河南实践”系列丛书，充分展示河南贯彻落实习近平新时代中国特色社会主义思想的具体举措和成功经验，既是落实全省宣传部长会议精神的重点举措，又是为建党 100 周年献礼，为推动河南“十四五”时期高质量发展、现代化河南建设凝聚强大精神动力的重大成果。

“习近平新时代中国特色社会主义思想的河南实践”系列丛书包括《打好“四张牌”的河南实践》《脱贫攻坚与乡村振兴的河南路径》《黄河流域生态保护和高质量发展的河南担当》《全面从严治党的河南作为》《保护传承弘扬黄河文化的河南使命》《传承红色基因的河南探索》6 部。系列丛书围绕习近平总书记关于河南工作的重要讲话和指示批示精神，深入阐释习近平新时代中国特色社会主义思想的精神实质和丰富内涵，旨在全面展现习近平新时代中国特色社会主义思想的河南实践，为推动河南“十四五”开好局起好步，在中部地区崛起中奋勇争先、谱写新时代中原更加出彩的绚丽篇章提供理论支持和智力服务。

序

历史车轮滚滚向前，时代潮流浩浩荡荡。伟大的中国共产党带领当代中国开启了全面建设社会主义现代化国家新征程。当今之河南，全面建成小康社会取得伟大历史成就，中原大地实现了新的历史性变革，昂首挺胸站在了更高的发展起点。回到七年前的那个春天，习近平总书记在河南调研指导工作时明确提出，实现“两个一百年”奋斗目标、实现中华民族伟大复兴的中国梦，需要中原更加出彩，同时精准把握河南发展的突出矛盾和重大关键问题，提出河南要围绕加快转变经济发展方式和提高经济整体素质及竞争力，着力打好“四张牌”，即“以发展优势产业为主导推进产业结构优化升级，以构建自主创新体系为主导推进创新驱动发展，以强化基础能力建设为主导推进培育发展新优势，以人为核心推进新型城镇化”。这是习近平总书记对河南发展明确的定位、具体的指导、殷切的嘱托，把准了脉搏，切中了要害，具有很强的思想性、战略性、针对性和指导性，对河南全面推进中原更加出彩的宏伟事业具有十分重大的意义。

七年来，河南上下坚决贯彻落实习近平总书记指示精神，将打好“四张牌”作为谋划推动经济社会发展的根本遵循和全局任务，深入系统学习，注重高位部署，强化政策保障，突出项目带动，聚焦要素支撑，加强监测考评，打好“四张牌”的观念和意识深入人心，推动打好“四张牌”取得重大进展和突出成效：产业结构不断优化升级，转型发展步伐加快，三次产业结构演变为9.7：41.6：48，服务业占比逐年提高，对经济增长的贡献率超过50%；创新驱动发展战略深入实施，发展新动能不断增强，郑洛新国家自主创新示范区建设成效显现，创新引领型企业、人才、平台和机构加速集聚，河南综合科技创新水平持续提高；基础能力建设不断强化，发展支撑更加坚实，一批战略性、全局性交通、水利、能源、信息重大基础设施建设顺利推进，现代交通体系、高效能源支撑体系、现代水网体系加快形成，新型基础设施全面布局；新型城镇化科学推进，城乡发展更趋协调，中原城市群发展规划成功获批，国家明确支持郑州建设国家中心城市，全省城镇化率达到55.43%。七年多来的实践充分证明，习近平总书记打好“四张牌”的要求完全符合河南实际，必须深刻理解、全面贯彻并长期坚持，不断推动河南经济社会发展向更高质量、更有效率、更加公平、更可持续的方向迈进。

乘风破浪正当时，继往开来谱新篇。当前，我们已经开启全面建设社会主义现代化河南新征程，进入了谱写新时代中原更加出彩绚丽篇章的关键期，同时，经济社会发展也处在了战略叠加机遇期、风险挑战凸显期、调整转型窗口期、蓄势跃升突破期。立足新发展阶段，面对新要求、新目标、新任务，要坚持用辩证思维看待形势发展变化，保持战略定力，特别是要深入学习贯彻习近平总书记系列重要讲话精神和调研指导河南工作时的重要讲话精神，始终在思想上政治上行动上同以习近平同志为核心的党中央保持高度一致，牢记嘱托、不辱使命，持续深入打好“四张牌”，为河南在黄河流域生态保护和高质量发展中走在前列，在中部地区崛起中奋勇争先，谱写新时代中原更加出彩的绚丽篇章多作贡献。

目　录

Ⅰ　背景与意义篇

Ⅱ　实践与探索篇

Ⅲ　成就与经验篇

Ⅳ 持续与深化篇

I 背景与意义篇

第一章　时代背景

每一次扬帆，都需要灯塔的导航；每一次前行，都需要理论的指引。在不同的历史时期，根据“时”与“势”的发展变化，提出相应的目标、举措来引领各项事业发展，是我们党执政兴国的重要经验之一。2014 年 5 月，习近平总书记提出河南要着力发挥优势打好“四张牌”，是党中央面对错综复杂的时代大变局、经济社会发展的新要求等形成的发展新思路、新举措、新战略，是顺应时代发展要求应运而生的。

第一节　世界经济进入深度转型调整期

2013 年 12 月，中央经济工作会议指出，观察当前和今后世界经济形势，必须联系国际金融危机的大背景。国际金融危机影响具有长期性，后危机时代，世界经济进入深度调整期，整体呈现走势分化、结构分化、周期分化、政策分化等突出特征。总的来看，全球经济格局发生了显著变化，发展的不确定性、不稳定性因素明显增加。

一是全球经济整体进入较长时期的低速增长阶段。根据世界银行的相关数据，全球经济平均增速在 2009 年下降到 2.1%之后，到 2010 年反弹至 4.1%，随后逐年下滑，到 2013 年下降到 2.2%，再次探底。这说明世界经济的复苏依旧有很长的一段路要走。一方面，居民消费需求不足，整个国际市场需求持续低迷；另一方面，经济结构相对陈旧，尚未出现大规模技术突破来形成新的经济增长点，造成周期性因素与结构性因素相叠加，全球经济持续低迷。国际机构普遍预计全球经济低速增长的状态将持续 10~15 年。

二是发达国家集体陷入“日本病”。尽管美欧日等经济体正在步调不一致地缓慢走出衰退，但整体恢复仍需较长时间，主要是“日本化”趋势越来越突出。首先是债务积累，欧洲刚刚从欧债危机中挣脱出来，尚未恢复元气，日本、美国的总体负债依旧居高不下，这就造成政府运用财政政策刺激经济增长的空间越来越小。其次是低利率，发达国家普遍利率非常低，常规性的货币政策往往陷入“流动性陷阱”，起不到应有的作用。再次是人口老龄化，欧洲、日本人口老龄化问题本身就比较突出，而美国“婴儿潮一代”大量步入退休期；有美国媒体报道称，从 2011 年元旦开始，美国每天至少 1 万名出生于“婴儿潮”时期的老人达到 65 岁的退休年龄，这种状况要一直持续到 2030 年，人口老龄化的加剧造成发达国家经济增长动力衰减。最后是政治严重对立，各国的政党、党派对于政府应对经济衰退采取的政策、措施难以达成共识等，这些因素造成主要发达国家和地区将长期处于低速增长通道。

三是新兴经济体特别是金砖国家开始加速崛起。后危机时代，世界经济格局有一个显著的变化，新兴经济体经济增速明显高于发达经济体，换言之，发达国家和新兴经济体在世界经济中的比重变化呈现“一降一升”特征。从经济增量看，相关统计显示，2008～2013 年，世界经济增量的 90%来自发展中国家。这充分表明，发展中国家正在逐步掌握更多世界经济的话语权，新兴经济体特别是金砖国家已经开始呈现群体性崛起态势，成为全球经济增长的新亮点和重要动力。

从整体上看，世界经济低速增长态势中期内不可避免。在低速增长背景下，国与国之间的竞争明显加剧，一些反全球化的声音此起彼伏，发达国家与新兴市场国家在全球治理中的博弈更加激烈。作为全球第二大经济体，中国经济已经深深嵌入世界经济版图和格局，在这种形势下，我国发展面临的外部环境更加严峻。这就要求我们在谋划改革发展时，统筹考虑世界大势，方能更好地应对形势变化带来的不确定性因素。所以，习近平总书记要求河南着力发挥优势打好“四张牌”，正是国家应对世界经济大变局重大决策部署的具体化、地方化。

第二节　第三次工业革命浪潮孕育兴起

进入 21 世纪以来，伴随着各国经济社会的持续发展，对科技创新产生了强烈的需求，不同学科之间交叉融合进一步加速，新产业、新业态开始不断涌现。特别是国际金融危机后，世界主要经济体都开始把增强科技创新能力作为国家的核心战略，信息技术、生物技术、新能源技术、新材料技术等在各个领域开始广泛渗透，生命起源、宇宙演化、物质结构等基础科学领域处在了取得重大突破性进展的“窗口期”，越来越多的事实让人们开始感受到全球范围内的群体性技术变革正处于孕育期，新一轮的工业革命即将到来。

2011 年，美国著名学者杰里米 · 里夫金的著作《第三次工业革命》出版发行，其中首次提出第三次工业革命的概念及内涵，立即引起了国际社会的高度关注。世界发展的历史表明，第一次工业革命将人们带入了“蒸汽时代”，第二次工业革命将人们带入了“电气时代”，每一次工业革命都会对未来几十年世界经济格局产生决定性影响。因此，世界各国都在摩拳擦掌，积极做好抢抓第三次工业革命历史性机遇的准备，以期在后危机时代的世界经济新格局中占据有利竞争位置。第三次工业革命对经济的影响，主要体现在以下三个方面。

一是第三次工业革命将彻底改变人类的生产方式。第一次工业革命英国通过大量机器设备投入生产，带动了国家整体性产业变迁，推动英国乃至全世界开始进入工业时代。第二次工业革命科学和技术才开始真正结合在一起，确立了工业在主要经济体国民经济中的主导地位。前两次工业革命创造出大量的工厂和集中化的生产方式，而第三次工业革命由于信息技术、新能源技术等的进步，许多劳动密集型产业将消失，生产方式的分散化、网络化特征更加突出，每个人都可以成为生产者，这跟前两次工业革命带来的生产方式有着本质的区别。

二是第三次工业革命将带来产业组织方式的深刻变革。随着生产方式的变化，相应的产业组织方式也将表现出新的趋势和特征。首先，产业的内涵和外延将被重新定义。比如，农业不再是简单地理解为种植业，其还兼具了观赏、体验等功能。又如，制造业不再是简单的工业产品的生产，相应的研发、物流、营销等也开始成为制造业企业的主营业务。产业之间的边界越来越模糊，相应地要求企业的组织触角要延伸到市场的各个角落，形成与网络化生产方式相对应的网络化产业组织方式。其次，随着信息技术的发展，作为产业发展重要组织形式的产业集群受到明显的挑战，产业协作不再需要集中在特定的物理空间，低成本、高效率、更灵活的虚拟环境将可能更有竞争力。在这种背景下，扁平化结构、分散式合作的商业模式将更为普遍。

三是第三次工业革命将引领生活方式变革。毫无疑问，第三次工业革命在推动生产方式和产业组织方式深刻变化的同时，必定影响人类生活方式和思维方式，推动人类社会和人的现代化向更高境界发展。比如，生产方式和产业组织方式的变化将让个性化消费成为现实并逐渐普及，消费者在向生产厂商提出个性化消费需求的同时，也输出了自己的理念、创意等，消费的同时就是生产；又如，信息技术、网络技术等的发展，让消费者足不出户就可以选择中意的商品，不必再像以前一样受到时间和空间的限制等。

总之，第三次工业革命对人类历史的影响将是深远的。与此同时，有一个重要前提，就是如果一个国家在第三次工业革命中主导部门的核心技术没有走在世界前列，传统的竞争优势将逐渐丧失。因此，第三次工业革命对我国来讲既是历史机遇，也是重大挑战。在这种背景下，习近平总书记提出河南打好“四张牌”，其中就包括“创新驱动发展牌”“产业结构转型升级牌”等，彰显了对第三次工业革命的科学认识和前瞻性思考，意蕴深刻。

第三节　我国经济进入“三期叠加”特定阶段

2013 年 7 月 25 日，在中央政治局常委会会议上，习近平总书记对我国经济形势做出了经济增长速度换挡期、结构调整阵痛期、前期刺激政策消化期“三期叠加”的重要判断，并提出要准确认识我国经济发展阶段性特征。做出这一判断，表明以习近平同志为核心的党中央勇于面对近年来少有的错综复杂的局面，善于抓住新周期中我国经济发展的主要矛盾和关键环节。深入理解和全面把握“三期叠加”的阶段性特征，是这一时期研究、分析、应对以及做好经济工作的基本前提。

经济增长速度处在换挡期，从过去的高速增长转换为中、高速增长，这是由经济发展规律决定的。一方面，改革开放以来的 30 多年，我国经济规模以年均近 10%的增速快速膨胀，迅速成为全球第二大经济体，创造了独一无二的“中国奇迹”。伴随着经济总量的增大，背后支持经济增长的土地、人口等生产要素供给产生了重大变化，资源环境的约束也愈加凸显，造成经济增速放缓。另一方面，从主要经济体发展经验看，经济达到一定水平后，经济增速都出现了不同程度的回落。因此，我国经济增长从近10%的高速增长回落到2012年的7.8%，再到2013年的7.7%，逐步转入7%左右的中高速增长轨道，是一种阶段性的现象，是经济规律作用使然。

经济结构调整处在阵痛期，短期内化解过剩产能、优化产业结构的调整可能有些痛苦，但这是加快经济发展方式转变的主动选择。长期以来，我国经济增长方式相对粗放，2012年底，我国钢铁、水泥、电解铝、平板玻璃、船舶产能利用率分别仅为72%、73.7%、71.9%、73.1%、75%，明显低于国际通常水平，产能利用率偏低，造成经济发展的质量、效益较差。与此同时，经济发展与资源环境的矛盾也越来越尖锐，持续出现的雾霾天气直接影响了人民群众的身体健康和生存环境，倒逼我们加快结构调整。而结构调整是有成本的，一些过剩的产业、企业就需要从市场退出，难免引起“阵痛”，但这是实现可持续发展必须付出的代价。

前期刺激政策处在消化期，曾经实施的刺激政策需要逐步退出，这是化解多年来积累的深层次矛盾的必经阶段。为了抵御国际金融危机的冲击，我国在2008年、2009年实施了一揽子拉动内需等的刺激政策，在短期内快速推动了经济增长企稳回升，2010年，我国经济增速达到11.9%，率先走出危机阴影，取得了较好的政策效果。但是，任何政策都具有两面性，刺激政策产生了一些后遗症，比如市场流动性激增造成通胀压力明显加大，产业结构逆动造成部分行业产能过剩，积极的财政政策和宽松的货币政策造成地方债务急剧膨胀等，形成了一些潜在的风险。面对这种情况，必须加快促改革、调结构步伐，妥善处理稳增长和防风险的关系，以维护好国家经济金融安全，把经济发展主动权牢牢掌握在自己手中。

“三期叠加”的阶段性特征分别针对我国经济发展的规模与速度、质量与效益以及宏观调控的方向与手段，全面勾画了特定条件下我国经济发展的特点和深层次矛盾，是开展相关经济工作的重要背景依据。因此，习近平总书记在河南指导工作期间，以微观调研把握宏观中国，从时间和空间大角度审视经济大势，强调要围绕加快转变经济发展方式和提高经济整体素质及竞争力，着力打好“四张牌”，正是基于对我国“三期叠加”阶段性特征的深刻把握，体现了中央宏观调控思路和方式的积极变化，也体现了特定阶段地方经济工作的重点难点以及努力方向，是高超战略思维的时代彰显。

第四节　我国面临“中等收入陷阱”风险挑战

“中等收入陷阱”不是一个严格的经济学定义，其更倾向于是一种描述经济发展现象的术语。“中等收入陷阱”的概念最早出现在世界银行的一项研究报告——《东亚经济发展报告（2006）》。在报告中，世界银行通过对全球主要经济体发展轨迹的研究，认为当今世界绝大多数国家是发展中国家，存在所谓的“中等收入陷阱”问题，即当一个国家凭借某种优势（自然资源、人口红利等）实现经济快速发展，使人均收入达到中等水平后，往往会陷于经济增长的停滞期，很难成功跻身高收入国家。

日本、以色列和“亚洲四小龙”是国际上公认的成功跨越“中等收入陷阱”的国家和地区，其中日本、韩国相对来讲是比较大的经济体成功跨越的典型。韩国人均国内生产总值 1987 年超过 3000 美元，经过 8 年时间，到 1995 年达到 11469 美元；日本国内生产总值 1972 年接近 3000 美元，经过 12 年，到 1984 年突破 1 万美元，两个国家实现了由低收入国家向高收入国家的转变，进入了发达国家行列。同一时期，拉美地区和东南亚一些国家则陷入“中等收入陷阱”。比如东南亚的马来西亚，人均国内生产总值 1980 年为 1812 美元，到 2014 年达到 10804 美元，虽然收入水平在提高，但始终难以缩小与高收入国家的差距；又比如北美洲的墨西哥，人均国内生产总值在 1973 年就突破 1000 美元，在当时属于中等偏上收入国家，而到 2014 年达到 10718 美元，41 年后仍属于中等偏上收入国家。

之所以很多经济体掉入“中等收入陷阱”，主要是因为在中等收入向高收入跨越的过程中，难以摆脱由低收入进入中等收入形成的路径依赖，原有的增长机制、发展模式与高收入国家的发展要求不匹配、不适应，造成经济增长的停滞不前。这背后，核心的原因主要有两个。一是技术创新瓶颈显现，投入产出效率低下。一国经济进入中等收入阶段后，原有的成本优势就逐步减退或消失，造成一方面与低收入国家竞争缺乏成本优势，另一方面与高收入国家竞争缺乏技术优势，在“两端挤压”的态势下，导致经济增长动力减弱，增长乏力。二是过度依赖外需，结构调整不及时。一般而言，低收入国家靠低成本优势发展低端产业融入全球产业分工体系，低端产业在带来中等收入的同时，也带来了低质低价以及能源、资源的大量消耗，进入中等收入阶段后，产业的低能、结构的单一以及过度依靠国际市场需求等，造成竞争力不足，国际环境稍有变化，就会带来较大冲击。此外，政府对经济掌控能力不足、体制变革严重滞后等也是重要原因。

我国自 1978 年实行改革开放以来，经济持续保持了高速增长态势，居民收入也大幅提高，已经从低收入国家发展为一个中等收入水平的国家。2010 年，我国人均国民总收入达到 4340 美元，首次达到中等偏上收入国家标准，与之相伴的就是面临“中等收入陷阱”的风险挑战。2013 年 11 月，习近平总书记在人民大会堂会见外宾时，表示对我国经济持续保持健康发展抱有信心，不会落入所谓的“中等收入陷阱”。后来，习近平总书记在河南提出要打好“产业结构优化升级牌”“创新驱动发展牌”“新型城镇化牌”等，正是基于正确认识“中等收入陷阱”实质和中国经济发展前景，同时在借鉴了他国历史经验教训的基础上，反映了面对“中等收入陷阱”风险我国发展战略的重大变化，具有很强的现实针对性、指导性以及可操作性。

第五节　实现中国梦需要中原更加出彩

2012 年 11 月，党的十八大描绘了全面建成小康社会、加快推进社会主义现代化的宏伟蓝图，并提出了“两个一百年”的奋斗目标。之后，习近平总书记在 11 月 29 日参观《复兴之路》展览时首提“中国梦”概念，并进行了阐释：“实现中华民族伟大复兴，就是中华民族近代以来最伟大的梦想。”“两个一百年”奋斗目标与中国梦一起，成为引领中国前行的时代号召。2014 年 5 月，习近平总书记在河南调研指导工作时指出，“实现‘两个一百年’奋斗目标、实现中华民族伟大复兴的中国梦，需要中原更加出彩”，把握了新起点上河南发展的使命、责任与担当，照亮了河南前行发展之路。

通向未来的密钥，蕴藏在过往的辉煌中，历史上的河南是出过重彩的河南。“一部河南史，半部中国史。”中原地区长期处于历史舞台的中心，5000 多年的中华文明史中有 3000 多年都集中在河南，是中华民族的孕育地、众多王朝的建都地、农耕文明的至高地、元典思想的诞生地、兵家必争的战略地、四大发明的发端地、炎黄子孙的祖根地、文学艺术的昌盛地。数千年来，中原地区的政治安危关乎天下兴亡，经济起伏关乎国家强弱，文化盛衰关乎民族荣辱，许多史实在中华文明发展进程中具有标志性和引领性作用，影响和推动着中国历史的发展进程，在今天乃至将来仍然具有巨大的价值。

时光刻录了中原大地灿烂的过去，也正在见证中原儿女的砥砺前行，今日河南是蓄势待发的河南。改革开放以来，在中央的正确领导下，在历届省委省政府的接续努力下，河南经济社会面貌发生了历史性巨变。承东启西、连南贯北的地理区位让河南在全国区域联动发展大格局中枢纽地位愈加凸显，迅速从内陆腹地成为开放前沿；经济的持续快速增长让河南经济规模从 2004 年起稳居全国第 5 位，成为全国经济增长的重要引擎之一，发展态势直接影响中华民族伟大复兴进程；粮食生产核心区、中原经济区、郑州航空港经济综合实验区等国家战略规划和战略平台落地中原，河南为区域谋发展、为国家做示范、为全局做支撑的作用进一步彰显。此时的河南，已经成为全国重要的经济大省、新兴工业大省和有影响的文化大省，中原熟、天下足，中原通、天下畅，中原富、起宏图，河南在全国的地位和影响得到了显著提升，站在了新的历史起点上。

“知其所来，识其所在，明其将往。”习近平总书记“让中原更加出彩”的嘱托，是把回看河南走过的路和远眺前行的路连在一起深入思考的具体体现，特别是把“两个一百年”奋斗目标、伟大复兴与中原出彩联系起来，将中原更加出彩作为中国特色社会主义伟大实践的重要组成部分，站位之高、谋略之远、期许之厚，是一份沉甸甸的政治责任。于此背景下，总书记指出河南要打好“四张牌”，为让中原更加出彩指明了路径与方向。“四张牌”中，打好“产业结构优化升级牌”是“出彩”的重要基础，打好“创新驱动发展牌”是“出彩”的根本动力，打好“新型城镇化牌”是“出彩”的有效途径，打好“基础能力建设牌”是“出彩”的必要条件，“四张牌”系统阐释了河南加快“出彩”的重点任务和努力方向，是河南踏着时代的鼓点、和着发展的节拍，再闯新路、再创辉煌，向着实现“两个一百年”奋斗目标和中华民族伟大复兴中国梦奋勇前进的时代强音。

第六节　应对经济新常态急需河南方案

当时间带领我们迈入 21 世纪的第二个十年，世界经济受国际金融危机影响进入深度调整期，我国也到了一个攸关未来的路口。自 2010 年第二季度算起，至 2014 年上半年，我国经济连续 16 个季度经济增速在回落。与此同时，2013 年我国 GDP 总量达到 9.18 万亿美元，占到世界经济总量的 12.3%，已经成为名副其实的经济大国。综合外部环境的影响以及自身发展的变化，中国经济已经进入了一个新的发展阶段。在此背景下，2013 年 12 月 10 日，在中央经济工作会议上，习近平总书记首次提出“新常态”的概念。2014 年 11 月 9 日，习近平总书记在出席亚太经合组织（APEC）工商领导人峰会时又对新常态内涵做了阐述，指出了中国经济新常态的 3 个主要特点及给中国带来的 4 个新的机遇。2014 年 12 月，中央经济工作会议首度阐释了新常态九方面趋势性变化，提出认识新常态、适应新常态、引领新常态，是当前和今后一个时期中国经济发展的大逻辑，进一步为中国经济确立了全新的历史坐标。

没有调研就没有发言权，调查研究是做好一切工作的基础，是打开实践之门的金钥匙。在中央做出经济新常态这一重大判断期间，2014 年 5 月，习近平总书记在河南调研指导工作时，基于对当时形势的科学认识、未来走势的准确判断，发表了影响深远的讲话：“我国发展仍处于重要战略机遇期，我们要增强信心，从当前我国经济发展的阶段性特征出发，适应新常态，保持战略上的平常心态。”讲话蕴含着宏阔深邃的战略考量，起到了察形辨势、举旗定向的重要作用，不仅彰显了总书记全面加快中国经济转型升级步伐、引领我国经济再出发的决心，也体现了河南在总书记心中的地位。因为，河南之于中国，恰如中国之于世界，河南如果在适应、把握、引领新常态上探出路子，就能为全国应对经济新常态积累经验。

跳出河南看河南，跳出中国看河南，河南经济具有很强的代表性、典型性和探索性。首先，河南经济发展状况在全国具有代表性。河南是中国的缩影。河南整体在我国的情况，与我国在全球的情况十分类似，经济总量大，但人均水平低。2013 年我国人均 GDP 为 6629 美元，在全球排名第 86 位；同年河南人均 GDP 为 5515 美元，单独拿到全球范围内比较的话，位居第 91 位，二者排序很接近。此外，河南是经济大省但不是经济强省，是农业大省但不是农业强省，是人口大省但不是人力资源强省，这种发展特点在全国特别是中西部地区相当普遍、十分突出。其次，河南经济结构矛盾在全国具有典型性。从对比角度看，2013 年河南第三产业占比比全国平均水平低了 14 个百分点；从自身角度看，经济规模持续扩大与人均水平低于全国并存，结构不断优化与第三产业占比低于全国并存，发展质效稳步提高与财力水平低于全国并存，长期积累的结构性问题亟待解决。最后，河南经济转型在全国具有探索性。形势倒逼转型，面对经济新常态，作为中西部地区最大的经济体，如何顺应规律实现转型发展，可以为中西部地区特别是欠发达省份提供有力的经验借鉴。

“艰难困苦，玉汝于成。”面对困难，必须迎难而上，方能化危为机，这是一个重要的实践逻辑和发展规律。面对经济新常态带来的各种挑战，习近平总书记亲自为河南“把脉问诊开良方”——围绕加快转变经济发展方式和提高经济整体素质及竞争力，着力打好“四张牌”。新常态背景下，打好“四张牌”正是“点河南的题、破全国的局”，这是高瞻远瞩的战略判断，这是沉着冷静的深刻洞察，为河南产业结构怎么转、创新瓶颈怎么破、基础能力怎么建、城镇化路怎么走指明了前进方向，也为我国适应、把握、引领新常态提供了根本遵循，这其中气象万千，深意隽永。

第二章　重大意义

在奔流的时间之中，总有一些时刻让人激情满怀，永生难忘；在如潮的变化之内，总有一些话语如同黄钟大吕，回荡耳畔。人生紧要处就那么几步，一个地区、一个省也是这样，关键时期要做正确的事情，步子不能迈错。习近平总书记要求河南着力发挥优势打好“四张牌”的殷切期望和嘱托，高瞻远瞩、内涵丰富、切中肯綮，找准了河南经济发展存在的突出矛盾和重大关键问题，具有很强的思想性、战略性和指导性，对于已进入爬坡过坎、攻坚转型关键期的河南来讲，像是提供了一个指南针、打了一针强心剂、吹了一次冲锋号、下了一场及时雨，为河南经济顶压前行、负重奋进指明了方向、注入了动力。

第一节　打好“四张牌”把准了河南经济发展的时代脉搏

国际金融危机影响深远，全球经济已由危机前的快速发展期进入深度转型调整期，经济低迷成为常态，我国经济已进入实质转型期和个位数增长期。此时的河南 GDP 总量近 4 万亿元，人均 GDP 已接近 6000 美元，正处于工业化城镇化加快推进阶段。同时，伴随着外部环境及自身发展条件的变化，河南长期以来高投入、高消耗、高污染、低效益的外延式增长方式已难以为继，产业结构层次低、创新能力低、城镇化率低、基础支撑能力弱“三低一弱”问题愈加凸显，全省经济处在了一个船到中流浪更急、人到半山路更陡的时候，一个愈进愈难、愈进愈险而又不进则退、非进不可的时候，进入了爬坡过坎、攻坚转型的关键期。这一阶段，如果不能正确处理经济结构的问题、发展动力的问题等，发展就可能陷入停滞。时代总是在解答一个个难题中不断前行。习近平总书记洞悉河南，亲自为河南把脉，提出着力打好“四张牌”。打好“四张牌”立意高远、相互贯通、统筹兼顾，系统回答了如何破解发展瓶颈的问题、如何消除突出矛盾的问题、如何厚植发展优势的问题，把准了河南发展的脉搏，引领了河南发展的新航向，为河南在纷繁复杂的国际环境下、艰巨繁重的发展任务中走出既符合全球发展趋势，又具有河南产业特点，结构更优、质量更高、效益更好的发展之路提供了根本遵循。

第二节　打好“四张牌”明晰了河南经济发展的核心支撑

伴随着内外发展环境的深刻变化，推进经济结构调整成为顺应后危机时代世界经济发展趋势的必然要求，成为解决区域经济发展深层次矛盾的根本举措，成为促进经济稳步回升的迫切需要。一直以来，产业都是经济发展的核心。产业结构对区域经济结构调整具有决定性意义，也是提升国民经济整体素质、赢得竞争主动权的根本途径。哈佛商学院著名学者迈克尔·波特提出的产业竞争力理论就特别强调，一个国家或地区维持竞争优势的唯一方式，就是不断地推进产业升级和创新。国际金融危机就像是放大镜，将河南长期以来积存的产业结构不合理问题进一步暴露。从三次产业结构看，2013 年河南省三次产业结构比为 12.6：55.4：32.0，与全国产业结构 10.0：43.9：46.1 对比，第一产业占比高、第三产业占比低问题比较突出；从三次产业内部结构看，河南“农业大而不优、工业全而不强、服务业不大不强更不优”的特征也非常明显。正是由于产业结构层次低，产品多处在产业链前端与价值链低端，面对内外形势的变化，河南经济处在了一个相对困难的时期。在这种情况下，只有分清先后主次、区分轻重缓急，把主要精力用在抓关键上，通过抓关键带全局，才能取得事半功倍的效果。善谋局者必争先，欲争先者须图变。在这一关键节点上，习近平总书记“希望河南围绕加快转变经济发展方式和提高经济整体素质及竞争力，着力打好‘四张牌’”，特别是“以发展优势产业为主导推进产业结构优化升级”，深邃高远，厚望如山，明晰了河南产业发展大的思路、方向、原则、途径、任务，为河南在新一轮产业竞争中积极抢占制高点、赢得主动权指明了奋斗方向，增强了发展中大省产业转型升级的自信与底气。

第三节　打好“四张牌”明确了河南经济发展的根本动力

创新是推动经济发展的不竭动力。历史经验表明，经济危机往往孕育着新的科技革命。国际金融危机形成的倒逼机制，往往推动科技上的重大突破和创新，推动经济结构调整，提供新的增长引擎。进入后危机时代，世界主要国家纷纷把科技创新作为核心战略，以期通过技术上的优势，大力发展新能源、新材料、生物医药等新产业，继续占据国际分工体系高端环节，保持对价值链的控制力。作为后发地区的河南，一方面，长期以来高投入、高消耗、高污染、低效益的外延式增长方式已难以为继，低成本劳动力等传统优势逐步削弱，尽快培育形成发展新活力、新动力、新体系已成为迫切要求；另一方面，河南科技创新水平总体较为落后。比如，全省的研发投入占 GDP 的比重，一直是全国平均水平的 1/2 多一点；高新技术企业总量虽然有了长足发展，但仍然不足全国总量的 2%；全省高校进入“211”的只有一所，国家级研发中心数量不及邻省一半；全国 1500 多位两院院士，河南仅有 27 人；等等。这种情况下，创新能力不足成为河南经济转型升级的主要制约因素，创新瓶颈怎么破，等不得、慢不得。习近平总书记观大势、谋全局，在多个场合多次强调要重视科技创新，特别是在河南提出打好“四张牌”，其中之一就是打好创新驱动发展这张牌，同时在中铁装备有限公司调研考察时还语重心长地告诉大家，“一个地方、一个企业，要突破发展瓶颈、解决深层次矛盾和问题，根本出路在于创新，关键要靠科技力量”，有针对性地回答了河南科技创新“怎么看”“如何干”“干什么”的问题，为河南在新一轮竞争中补齐创新短板、迎头赶上，推动创新驱动成为经济发展主导力量，将科技创新转化为经济转型的新支点、动能转换的新动力、发展“蝶变”的加速器提供了思想方法，指明了具体路径。

第四节　打好“四张牌”强调了河南经济发展的重要基础

基础能力是衡量一个地区综合竞争力和发展潜力的重要指标，是保障民生、促进发展的物质基础，对经济社会发展起着重要的推动作用，完善的支撑服务体系是增强发展后劲、赢得未来的重要依托。九层高台，起于垒土。综观中外，全国乃至全球经济无一没有经过艰苦的打基础阶段，特别是越发达的地方，基础能力建设越厚实。加强基础能力建设，既是河南的优势所在、潜力所在，也是短板和软肋。从纵向发展看，河南实现传统农业大省向新兴工业大省、经济大省的历史性转变，离不开区位、交通、劳动力等比较优势；但是从横向对比看，面对世界经济的持续低迷，区域竞争日趋白热化，生产要素流动加快，区位、交通、信息、资源、生态等基础服务体系成为吸引优质生产要素集聚的重要条件，基础能力建设成为一个地区增强发展后劲、打造新增长点的重要保障，与此同时，河南转型发展的新态势也对进一步培育发展新优势提出了更高要求。正如习近平总书记所讲，要转变经济发展方式，提高经济整体素质和经济竞争力，没有基础条件是不行的，没有基础能力支撑是不行的。在这种情况下，如何扬长避短，让优势变得更优，成为河南亟须探索的现实问题。“好风凭借力，送我上青云。”习近平总书记调研指导河南工作时，要求河南“以强化基础能力建设为主导推进培育发展新优势”，在进一步强调基础能力建设是核心竞争力构成要素的同时，指出了新形势下河南培育发展新优势的重点方向和重点领域——加强交通、信息、水利、能源、生态等重大基础设施建设，让拥有一亿人口、经济总量居于全国第五位的河南，坚定了厚植发展新优势的信心和决心，有利于河南打造发展新支撑，夯实发展基础，蓄积发展后劲，推动局部优势向综合优势转变，使河南在全国大局中的优势更加彰显，朝着富民强省的宏伟蓝图奋勇向前。

第五节　打好“四张牌”道出了河南经济发展的最大潜力

城镇化是扩大内需的最大潜力，是增强经济发展的内生动力，是提升质量和效益的战略重点，也是解决“三农”问题的重要途径。据统计，2012 年，我国城镇化水平达到 52.6%，人均 GDP 超过 6000 美元，总体上进入城镇化发展的快速推进阶段。河南是人口大省，特别是农村人口占比较大。一直以来，城镇化推进较慢是河南经济社会发展存在的突出问题。

河南城镇化率由 1978 年的 13.6%增加到 2012 年的 42.4%，34 年的时间增长了 28.8 个百分点，年均增长 0.85 个百分点，尚未达到全国年均增长 1.02 个百分点的水平。2012 年，河南省城镇化率为 42.4%，全国倒数第 5，中部地区倒数第 1。与此同时，据统计部门测算，河南城镇化率每提高 1 个百分点，可带动 GDP 增长 1.3%，居民消费增长 1.2%，投资增长 1.37%，城镇化对河南经济社会发展可谓是具有综合性、关键性、全局性意义，但城镇化蕴含的巨大内需潜力和近亿人口的潜在市场优势，还难以真正转化和体现为经济回旋余地大的现实优势。城镇化涉及体制、利益、支撑能力等多方面的因素，解决起来不可能一蹴而就。差距就是潜力。怎么科学务实地推进城镇化，成为摆在河南面前的一道难题。为此，习近平总书记 2014 年调研指导河南工作时，要求河南着力发挥优势打好“四张牌”，其中就提到要“以人为核心推进新型城镇化”。这一重要指示关乎河南经济发展的全局性、长期性、基础性、根本性，明确了城镇化的核心是转移农村劳动力和人口，即健康的城镇化必须先解决就业，只有把农民转移到第二、第三产业，把农村人口转移到城市，剩下的农民进行规模化经营，城镇化才能更快更好地推进，这为河南走出一条既符合中国国情，又符合河南实际的新型城镇化路子指明了方向和路径，为河南未来经济发展扩展了更大的空间。

II 实践与探索篇

第三章　打好“四张牌”的实施过程

七年来，河南省委省政府坚持以习近平总书记系列重要讲话和调研指导河南工作时的重要讲话精神为指导，坚定不移地把打好“四张牌”作为谋划推动河南经济社会发展的根本遵循和事关全局的重大任务，深入系统学习，注重总体部署，强化政策保障，突出项目带动，聚焦要素支撑，加强监测考评，推动打好“四张牌”取得重大的进展和成效。

第一节　深入系统学习

在河南省委省政府的团结带领下，河南围绕打好“四张牌”，加强顶层设计，加大学习贯彻力度，强化舆论引导，推动全省形成重视“四张牌”、讲清“四张牌”、研究“四张牌”、打好“四张牌”的浓厚氛围。

一　加强顶层设计

2014 年以来，河南省委省政府团结带领全省广大党员干部群众，认真学习贯彻习近平总书记系列重要讲话和调研指导河南工作时的重要讲话精神，把学习好、理解好、贯彻好打好“四张牌”重要讲话精神的要求作为一项重大的政治任务，与学习习近平总书记系列重要讲话精神，党的十八大、十九大和十九届二中、三中、四中、五中全会精神有机结合起来，加强顶层设计、整体谋划，进一步提高思想认识。

2015 年河南省委九届八次全体（扩大）会议通过的《河南省全面建成小康社会加快现代化建设战略纲要》对打好“四张牌”相关工作做出了安排，将构建现代产业体系、构建现代城乡体系、构建现代创新体系、加强基础能力建设等作为全面建成小康社会、加快现代化建设的战略重点。2016 年 10 月 30 日，河南省第十次党代会对持续打好“四张牌”进行了全面部署和具体安排，明确指出要持续落实习近平总书记对河南提出的打好产业结构优化升级、创新驱动发展、基础能力建设、新型城镇化“四张牌”的要求，把着力发挥优势打好“四张牌”列入今后五年工作的总体要求，做出高位部署。2016 年 12 月，省委省政府印发《持续深入贯彻落实习近平总书记调研指导河南工作时的重要讲话精神进一步发挥优势打好“四张牌”五年行动计划（2017~2021 年）》（豫发〔2016〕38 号），明确了今后 5 年河南发挥优势打好“四张牌”的主要目标和重点举措，并制定了 17 个重大专项，推动打好“四张牌”取得新的进展和成效。2017 年 11 月，河南省委十届四次全体会议通过了《关于深入学习贯彻党的十九大精神，决胜全面建成小康社会，开启新时代河南全面建设社会主义现代化新征程的意见》，着力发挥优势打好“四张牌”再次写入了当前和今后一个时期河南工作的总要求。2018 年 6 月省委十届六次全会暨省委工作会议提出要把打好“四张牌”贯穿高质量发展各个方面，务求不断取得实效。2021 年 4 月 2 日，《河南省国民经济和社会发展第十四个五年规划和二〇三五年远景目标纲要》（豫政〔2021〕13 号）颁布，将持续打好“四张牌”写入“十四五”时期河南经济社会发展的指导思想，提出深入落实“四个着力”、持续打好“四张牌”，以推动高质量发展为主题，以深化供给侧结构性改革为主线，以改革开放创新为根本动力，以满足人民日益增长的美好生活需要为根本目的，在中部地区崛起中奋勇争先，谱写新时代中原更加出彩的绚丽篇章。

二　全省各地全面学习贯彻

在河南省委省政府的坚强领导下，全省各地市持续掀起学习贯彻热潮，全面系统学习打好“四张牌”的核心要义及全省贯彻落实习近平总书记要求的主要措施，加深理解、学深悟透，领会精髓、把握实质，纷纷出台打好“四张牌”的实施意见和行动计划，把打好“四张牌”体现到地方经济社会发展思路和任务谋划当中，做到思想上毫不松懈、政治上毫不动摇、行动上毫不迟缓，确保各项目标任务有效落实。

漯河将“四张牌”的核心内容融入具体的工作中，采取短信提醒、印发督查通知等形式，将打好“四张牌”等重要讲话精神纳入全市各级中心组学习内容。积极督促各相关单位，坚持以考促学、以学促用，将打好“四张牌”等重要讲话精神纳入“两学一做”和“主题党日”活动必学内容。市政府常务会将打好“四张牌”等重要讲话精神纳入学习内容，每次会议前至少学习半小时。同时，通过报纸、杂志、电视等传统媒体和微博、微信、网站等新媒体对打好“四张牌”等重要讲话精神进行广泛宣传，营造氛围，扩大影响。

洛阳作为全国重要的老工业基地，积极贯彻落实打好“四张牌”，在顶层设计上科学谋划推进了“9+2”工作布局，谋划了60个重大专项，其中，现代产业体系、现代创新体系、现代城镇体系、现代基础设施体系作为其重要组成部分，与打好“四张牌”直接对接，同时与“9+2”工作布局中的其他体系、专项和项目互为呼应、相辅相成、共同发力，使得“四张牌”在全面推进与重点突破相结合中，越打越精准、越打越具体、越打越有效。

安阳市印发《关于持续深入贯彻落实习近平总书记调研指导河南时的重要讲话精神进一步发挥优势打好“四张牌”的实施意见》，建立推进机制，要求各相关部门要按照任务分工，明确责任，明确时间节点，完善目标分解、任务推进、考评奖惩等各项工作机制，定期对各级各部门任务推进情况进行严格考核，强化舆论引导，营造浓厚氛围，形成发展合力。

许昌全面贯彻落实省十次党代会和市七次党代会决策部署，制定了《深入贯彻落实习近平总书记重要讲话精神着力打好“四张牌”五年行动计划（2017~2021年）》，把着力打好“四张牌”作为全面落实创新、协调、绿色、开放、共享发展理念的核心任务，紧紧围绕郑许融合发展主战略、“四个强市”发展目标、“一极两区四基地”发展定位，持久深入地贯穿全市经济社会发展工作始终。

濮阳市建立由市委市政府主要领导牵头、分管领导负责的工作协调推进机制，市发展改革委编制了《深入贯彻落实习近平总书记调研指导河南工作时的重要讲话精神着力打好“四张牌”五年行动计划（2017年~2021年）》，对发展先进制造业、现代服务业等19个专项的重点任务进行了安排部署，把习近平总书记的重要指示和省委省政府的决策，变成“濮阳实践”，转化为“濮阳行动”。

鹿邑县以统筹推进产业集聚区、中心城区、商务中心区、曲仁里老子文化产业园区、高效农业示范园区“五区”联动，打好“产业结构优化升级牌”；以全面深化改革开放，进一步激发社会活力，打好“创新驱动发展牌”；以建设重大交通项目、加快城镇互动发展、加强生态文明建设等提升项目支撑能力，打好“基础能力建设牌”；以“老子文化产业开发推进年”工程、“城市建设管理提质年”工程等项目推进城市建设提质，打好“新型城镇化牌”，把打好“四张牌”各项工作落到实处。

三　强化舆论引导

围绕如何打好“四张牌”，河南的专家学者深入基层、深入实际，开展省情考察、实地调研等活动，展开了形式多样的研究，发挥舆论导向作用，引导打好“四张牌”的观念和意识日益深入人心。2014 年以来，学者们发表了大量文章，特别是《河南日报》在一版显著位置开设专栏，陆续推出 7 篇“打好‘四张牌’中原更出彩——深入贯彻落实习近平总书记考察河南重要讲话精神系列述评”，在社会各界和网络上引起热烈反响，来自全省各相关领域的专家学者以及众多网友，纷纷就系列述评发表观点。河南省社科界组织召开了多次理论研讨会，专家学者结合工作实际，围绕推进产业结构优化升级、创新驱动发展、基础能力建设、新型城镇化等积极建言献策，充分发挥了智囊团作用。河南省委组织部与省发改委出版《打好“四张牌”教育读本》，详细阐述了打好“四张牌”的丰富内涵、重要意义和重要任务，系统总结了重要举措和发展成效，已经成为全省各级党组织“两学一做”学习教育的重要内容，引导全省广大党员干部深入研读，把打好“四张牌”各项任务落到实处。河南卫视制作大型电视政论片《“四张牌”升级河南》，节目播出后，在社会各界引起持续反响，引发强烈共鸣，大家纷纷表示节目内容深刻，切合实际，坚定了河南人民对未来发展的信心。

第二节　注重总体部署

河南省委九届八次全体（扩大）会议和河南省第十次党代会对持续打好“四张牌”进行了全面部署和具体安排，省委省政府出台《持续深入贯彻落实习近平总书记调研指导河南工作时的重要讲话精神进一步发挥优势打好“四张牌”五年行动计划（2017～2021 年）》，对发挥优势打好“四张牌”进行了更为明确的安排部署。行动计划提出通过建设先进制造业强省、现代服务业强省、现代农业强省、网络经济强省等专项活动打好“产业结构优化升级牌”，通过培育壮大创新主体、建设创新创业载体平台、推进开放式创新等专项活动打好“创新驱动发展牌”，通过建设现代综合交通系统、建设现代能源支撑系统、建设信息基础设施、建设水利支持系统、完善提升科学发展载体、人力资源提升等专项活动加快打好“基础能力建设牌”，通过中原城市群一体化发展、促进农业转移人口市民化、百城建设提质工程、城乡发展一体化等专项活动打好“新型城镇化牌”，到 2021 年现代产业体系基本形成，迈入创新型省份行列，城乡区域协调发展新格局基本形成，基础能力优势更加彰显。

一　打好“产业结构优化升级牌”的具体安排

围绕“四个强省”建设，河南制定实施了供给侧结构性改革“1+N”方案体系，全面打响转型发展攻坚战，加快构建高端化、绿色化、智能化、融合化的新型产业体系，积极打好“产业结构优化升级牌”。

（一）供给侧结构性改革

以供给侧结构性改革打好“产业结构优化升级牌”是破解产业结构深层次矛盾的迫切需要，是顺应产业变革大势和发展规律的必然选择，是实现经济保持中高速增长、提升区域竞争力的根本保障。2016 年 8 月 26 日，中共河南省委、河南省人民政府印发《河南省推进供给侧结构性改革总体方案（2016~2018 年）》，提出要经过 3 年的努力，到 2018 年全省“去降补”阶段性任务全面完成，与供给侧结构性改革相适应的政策体系逐步健全，长效机制进一步完善，供给体系质量和效益显著提升，发展动能显著增强，并且结合河南实际，制定了去产能、去库存、去杠杆、降成本、补短板，协同推进重要领域改革的重点任务及责任分工。

根据《河南省推进供给侧结构性改革总体方案（2016~2018 年）》，河南省委省政府先后出台《河南省推进制造业供给侧结构性改革专项行动方案（2016~2018 年）》（豫政〔2016〕68 号）、《河南省推进服务业供给侧结构性改革专项行动方案（2016~2018 年）》（豫政〔2016〕70 号）、《河南省推进种养业供给侧结构性改革专项行动方案（2016~2018 年）》（豫政〔2016〕75 号）、《河南省推进供给侧结构性改革去产能专项行动方案（2016~2018 年）》（豫政办〔2016〕147 号）、《河南省推进供给侧结构性改革促进产业转型升级专项行动方案（2016~2018 年）》（豫政办〔2016〕

143 号)、《河南省推进供给侧结构性改革商品房去库存专项行动方案(2016~2018 年)》(豫政办〔2016〕174 号) 等行动方案，为打好“产业结构优化升级牌”提供了遵循。

(二) 产业转型发展攻坚战

推进转型发展攻坚是打好“产业结构优化升级牌”的重中之重，是发挥优势打好“四张牌”的重要内容。为了破解转型发展瓶颈制约，构建产业发展新体系，2017 年 5 月 27 日，河南省委省政府发布《关于打好转型发展攻坚战的实施方案》(豫发〔2017〕18 号)，提出省级层面选择先进制造业、现代服务业、优质种养业等重点领域的若干细分产业领域开展攻坚，通过观念攻坚、结构攻坚、体制攻坚、创新攻坚四大攻坚战，经过 3~5 年努力，全省制约转型发展的突出矛盾和难题得到有效破解，高端化、绿色化、智能化、融合化的新型产业体系基本形成，到 2018 年转型发展攻坚取得突破性进展。

为了打好转型发展攻坚战，细化落实《关于打好转型发展攻坚战的实施方案》，河南省政府先后出台了《河南省化解过剩产能攻坚方案》《河南省推进工业绿色化改造攻坚方案》《河南省推进工业智能化改造攻坚方案》《河南省推进企业技术改造攻坚方案》《河南省推进技术创新攻坚方案》五大专项攻坚方案，进一步明确了河南在转型发展中化解过剩产能、推进绿色化改造、推进智能化改造、实施技术改造等“一去三改”4 项任务，一揽子方案共同形成了河南转型发展攻坚“路线图”。

二 打好“创新驱动发展牌”的具体安排

河南坚持把创新作为引领发展的第一动力，围绕“主体、平台、人才”三个重点环节，深入实施创新驱动发展战略，进一步把“大众创业、万众创新”引向深入，最大限度激发创新创造活力，将打好“创新驱动发展牌”引向实处。

(一) 大众创业、万众创新

推动“大众创业、万众创新”，是实施创新驱动发展战略的重大举措，也是打好“创新驱动发展牌”的重要抓手。为了激发全社会创新创业活力，营造良好的创新创业生态环境，2015 年 5 月 16 日，《河南省人民政府关于发展众创空间推进大众创新创业的实施意见》（豫政〔2015〕31 号）发布，提出了包括加快构建众创空间、大力发展科技企业孵化器、降低创新创业门槛、鼓励大学生创新创业、健全科技人员创业激励机制、提升科技型中小企业创新能力、完善创新创业公共服务平台、加强财政资金引导、构建创业投融资体系、丰富创新创业活动、强化组织领导和政策落实等 11 条具体意见，为河南推进大众创新创业提供了遵循。2016 年 5 月 19 日，《河南省人民政府关于大力推进大众创业万众创新的实施意见》（豫政〔2016〕31 号）发布，提出了建设创新创业先进省份的发展目标，强调要抓好载体、主体、平台、服务、机制五个关键环节，实施创新创业五项重大工程，进一步激发了全社会的创新潜能和创业活力，增强了发展新动力。为了进一步优化双创生态环境，2018 年 2 月 22 日，《河南省人民政府关于强化实施创新驱动发展战略进一步推进大众创业万众创新深入发展的实施意见》（豫政〔2018〕8 号）发布，从加速科技成果转移转化、拓展创新创业融资渠道、促进实体经济转型发展、完善人才流动激励机制、创新政府管理方式等方面提出河南优化双创生态环境，增强双创发展实效的有效路径，推进“大众创业、万众创新”深入开展，为河南加快经济结构转型和实体经济升级提供支撑。

（二）创新驱动发展战略

2016 年 8 月 31 日，河南省委省政府正式印发《关于贯彻落实〈国家创新驱动发展战略纲要〉的实施意见》（豫发〔2016〕26 号），从总体要求、战略任务、保障措施三部分，为河南创新驱动发展制定了“三步走”战略目标，即到 2020 年，建成创新型省份，力争进入中部创新发展先进行列；到 2030 年，进入全国创新发展先进行列；到 2050 年，建设成为在国内外具有影响力的创新型大省。为了更好实施创新驱动发展战略，2019 年 1 月 25 日，河南发布《河南省人民政府关于实施创新驱动提速增效工程的意见》（豫政〔2019〕4 号），提出到 2020 年基本建成创新型省份，进入中部地区创新发展先进行列的发展目标，在这个目标下提出了做优做强一批创新引领型企业、广泛汇聚一批创新引领型人才、培育壮大一批创新引领型平台、加快发展一批创新引领型机构、大力实施一批创新引领型项目、推动重大创新载体联动发展、加快推进开放式创新、提升科技创新支撑乡村振兴能力等八大重点任务，为引领支撑河南高质量发展提供了支撑。

三　打好“基础能力建设牌”的具体安排

河南统筹推进交通、能源、信息、水利等基础设施建设，打造布局合理、功能完善、衔接高效的现代基础设施网络，完善提升产业集聚区、现代服务业集聚区等发展载体，厚植区域发展竞争新优势。

（一）现代交通枢纽

交通区位是河南基础能力建设的独特优势，打好“基础能力建设牌”就要把交通区位优势发展为枢纽经济、物流经济、产业经济、集聚经济优势。2014 年以来，河南以率先基本实现交通现代化为目标，以交通运输提质增效为中心，不断完善综合运输通道，优化交通网络布局，强化综合枢纽功能，促进四港联动、多式联运协同发展，加快构建设施先进、衔接畅通、安全高效的现代综合交通运输体系，更好发挥交通先行官作用。《河南省“十三五”现代综合交通运输体系发展规划》（豫政办〔2017〕42 号）提出，加快以高速铁路、城际铁路、高速公路为主的多层次城际快速交通网络建设，构建以郑州为中心，辐射周边 8 个中心城市的半小时核心圈，连通其余 9 个省辖市的 1 小时紧密圈，以及覆盖中原城市群全部中心城市的 1.5 小时交通圈。

围绕国家“一带一路”建设，充分发挥承东启西、连南接北的综合交通枢纽优势，河南统筹推进空中、陆上、网上、海上“丝绸之路”建设，大力拓展开放通道。积极建设郑州—卢森堡“空中丝绸之路”，构建“双枢纽、多节点、多线路、广覆盖”的发展格局，《郑州—卢森堡“空中丝绸之路”建设专项规划（2017~2025 年）》（豫政〔2017〕31 号）和《推进郑州—卢森堡“空中丝绸之路”建设工作方案》（豫政办〔2017〕107 号）成为郑州—卢森堡“空中丝绸之路”建设的具体抓手；自 2013 年 7 月 18 日开行以来，中欧班列（郑州）线路版图日益扩展，先后开通了直达德国汉堡、慕尼黑以及哈萨克斯坦阿拉木图、乌兹别克斯坦塔什干、比利时列日、越南河内、俄罗斯莫斯科、芬兰赫尔辛基、波兰卡托维兹 9 条线路，形成了“九大目的站点、六大出入境口岸”的国际多式联运物流网络；2012 年郑州成为跨境电商试点城市以来，积极打造“网上丝绸之路”，河南保税物流中心创造了跨境电商领域的“郑州模式”，比如全国首创1210通关监管模式并推广全国，独创了O2O新零售交易模式，成功创新的“关检三个一”“查验双随机”“跨境秒通关”成为行业临帖的模板等，用“网上丝绸之路”叩开“卖全球”的大门；为了补齐综合交通运输体系短板和扩大对外开放需要，2018年河南正式提出参与建设“海上丝绸之路”，开通了郑州至连云港、青岛、天津等港口的海铁联运班列，将沿海港口业务引进河南，着力打造“无水港”。

（二）信息网络系统

信息网络系统是当前最重要的基础设施，以此为基础的网络经济也是当前最具潜力、最具爆发力、最具成长性的新经济形态，打好“基础能力建设牌”必然积极抢占这个当前和未来发展的战略制高点。河南抢抓国家基础设施领域补短板的政策机遇，围绕网络强省建设，聚焦精准脱贫、夯实基础、网络安全、高质量发展等重点工作，实施了一批基础性、全局性、战略性的重大信息网络基础设施项目，强化了基础支撑能力。2016年，《河南省信息通信业“十三五”发展规划》提出通过宽带升级、三网融合、“米”字形通信网络枢纽、郑州国家级数据中心、物联网应用、5G启动商用服务等一批重点工程，用信息化催生新业态、新模式，为建设网络经济大省和网络强省奠定坚实基础。2019年省十三届人大二次会议报告指出，要实施一批基础性、全局性、战略性的重大信息网络基础设施项目，通过推进下一代互联网规模部署和千兆城市建设，持续实施郑州直联点提升工程等，加快构建高效泛在的信息网络体系，巩固提升河南信息集散中心和网络交换枢纽地位，强化基础支撑能力，支撑区域经济发展。2021年《河南省推进新型基础设施建设行动计划（2021~2023年）》（豫政办〔2021〕18号）发布，提出未来三年，河南要通过加快建设信息基础设施、提升发展融合基础设施、前瞻布局创新基础设施三大任务，最终到2023年，新型基础设施建设取得突破性进展，成为全省经济社会高质量发展的重要支撑。

（三）水利支持系统

河南境内横跨长江、黄河、淮河、海河四大水系，推进水利支持系统建设将大大促进河南的生态文明建设，是打好“基础能力建设牌”的重要一环。河南积极践行习近平总书记“节水优先、空间均衡、系统治理、两手发力”治水思想，统筹推进重大水利工程建设、民生水利工程、水生态文明建设、防汛抗旱、水利建设、工程管理、深化改革等各项工作。2018年9月24日，省政府印发了《河南省人民政府关于实施四水同治加快推进新时代水利现代化的意见》（豫政〔2018〕31号），提出加快实施水资源、水生态、水环境、水灾害统筹治理，实施国家节水行动，扎实推进河湖管理与保护，充分发挥南水北调中线工程综合效益，全面提升引黄供配水能力，加快推进重大水利工程建设，实施地下水超采区综合治理，加强水灾害防治，强化乡村水利基础设施建设，科学调配水资源，加快智慧水利建设十大重点任务，全面开启新时代河南水利现代化建设新征程。

根据《河南省人民政府关于实施四水同治加快推进新时代水利现代化的意见》，2019年河南省水利厅开始编制“河南省四水同治‘1+10’规划”，其中1个建设规划，即《河南省四水同治建设规划（2018～2035年）》，10个专项规划，分别为《河南省节水专项规划》《河南省水资源配置专项规划》《河南省河湖水域岸线专项规划》《河南省水生态修复与水环境治理专项规划》《河南省南水北调水资源利用专项规划》《河南省引黄能力提升专项规划》《河南省骨干工程建设专项规划》《河南省地下水综合治理专项规划》《河南省水灾害防治专项规划》《河南省智慧水利专项规划》，高水平编制四水同治规划，加快推进河南水利事业高质量发展，为打好“基础能力建设牌”提供支撑。

四　打好“新型城镇化牌”的具体安排

河南坚持以人的城镇化为核心，以中原城市群为主平台，以郑州国家中心城市引领带动大都市区建设，深入实施百城建设提质工程，提高城镇承载能力，探索符合河南实际的新型城镇化路子。

（一）新型城镇化

为了打好“新型城镇化牌”，围绕《中共河南省委关于科学推进新型城镇化的指导意见》（豫发〔2014〕1号），2014年以来，河南发布一系列的行动计划、实施意见、规划等。2014年5月26日，《河南省科学推进新型城镇化三年行动计划》（豫政〔2014〕45号）提出了未来三年的重点任务，包括通过有序推进农业转移人口市民化，加快城镇棚户区和城中村改造，优化城镇化布局和形态，提高城镇综合承载能力，推动城乡发展一体化，创新城镇化发展体制机制等。2014年7月4日，《河南省新型城镇化规划（2014~2020年）》（豫政〔2014〕55号）对河南科学推进新型城镇化做出了全面部署，着重解决农业转移人口市民化、城镇棚户区和城中村改造、城市综合承载能力提升、城乡发展一体化等问题，实现城镇化水平和质量稳步提升，现代城镇体系进一步完善，城镇人居环境明显改善，城镇化体制机制不断完善。2016年9月30日，发布了《河南省人民政府关于深入推进新型城镇化建设的实施意见》（豫政〔2016〕62号），通过有序推动农业人口向城镇转移落户、加快构建现代城镇体系、全面提升城镇综合承载能力、带动城乡一体化发展、完善创新新型城镇化体制机制、加快推进新型城镇化综合试点工作、健全新型城镇化工作推进机制等路径，推动新型城镇化更好更快发展。

围绕新型城镇化要求，河南以“三个一批人”为重点，实施促进农业转移人口市民化专项，建立健全财政政策支持体系，持续完善“一基本两牵动三保障”，解决“三个一批人”新型城镇化问题；以百城提质工程为依托，着眼于产城融合发展、产业结构优化、创新能力增强、基础支撑巩固等环节，全面提升城镇综合承载能力；深入推进老旧小区改造，按照“实施一批、谋划一批、储备一批”的原则，指导各地市完善城镇老旧小区改造项目库，改善城市人居环境；以持续改善生态环境质量为核心，深入推进污染防治攻坚战，大气污染恶化趋势得到遏止和扭转，水环境质量稳中向好，净土行动顺利推进，生态环境质量总体明显改善。

（二）中原城市群

2016年12月28日，国务院正式批复《中原城市群发展规划》（发改地区〔2016〕2817号），指出中原城市群的发展对于加快促进中部地区崛起、推进新型城镇化建设具有重要的战略意义，并且明确支持郑州建设国家中心城市。2017年6月5日，河南省委省政府印发《河南省建设中原城市群实施方案》（豫发〔2017〕17号），提出要将中原城市群建设成为全国经济发展新增长极、全国重要先进制造业和现代服务业基地、中西部地区创新创业先行区、内陆地区双向开放新高地和绿色生态发展示范区，提出把建设郑州国家中心城市作为首要突破口，建设“米”字形城镇产业发展轴，构建“一核一副四轴四区”网络化、开放式、一体化发展的空间格局，并且提出在24个重点领域谋划实施116项重大工程。

围绕中原城市群发展，河南加快郑州国家中心城市建设，发挥国家级战略平台的叠加效应，强化国际物流、创新创业、对外开放门户、金融商贸等功能，实施《郑州建设国家中心城市行动纲要（2017~2035年）》，建立了郑州建设国家中心城市重大项目库（2017~2020年），提出打造国际综合交通物流中枢、打造现代产业发展高地、建设活力都市、建设现代化都市、建设国际化都市、建设文化都市、建设生态都市、建设幸福都市八大重点任务。实施了《郑州大都市区空间规划（2018~2035年）》，提出要构建“一核、四轴、三带、多点”空间格局，对郑州大都市区“1+4”（郑州+开封、新乡、焦作、许昌）一体化发展做出全面安排部署。

第三节 强化政策保障

2014年以来，国家政策“大礼包”不断落地河南，让河南牢记嘱托打好“四张牌”如虎添翼。为了破除打好“四张牌”的制度性障碍，为打好“四张牌”营造更加宽松的体制机制环境，河南出台一系列的产业政策、财政政策、科技政策等，为打好“四张牌”提供政策保障。

一 国家战略政策叠加给力

2014年以来，一系列重大国家战略规划和战略平台相继落地河南，给河南带来了更多的战略发展机遇，打好“四张牌”乘上了战略叠加效应的东风。

（一）郑州航空港经济综合实验区

2013年3月7日，《国务院关于郑州航空港经济综合实验区发展规划（2013~2025年）的批复》（国函〔2013〕45号）标志着全国首个航空港经济发展先行区正式起航。之后，河南陆续发布《郑州航空港经济综合实验区概念性总体规划（2013~2040年）》《郑州航空港经济综合实验区总体规划（2014~2040）》，在国务院批复的或者发布的《中华人民共和国国民经济和社会发展第十三个五年规划纲要》、《国务院关于促进中部地区崛起“十三五”规划的批复》（国函〔2016〕204 号）、《中原城市群发展规划》（发改地区〔2016〕2817 号）中，明确提出支持郑州航空港经济综合实验区加快发展，支持郑州建设国家中心城市。经过 8 年多的发展，郑州航空港经济综合实验区加快航空、铁路、公路“三网融合”，构建“四港一体”多式联运综合交通枢纽，带动形成全省立体综合交通体系，为打好“基础能力建设牌”提供支持。

（二）中国（河南）自由贸易试验区

2016 年 8 月，国务院批复设立中国（河南）自由贸易试验区。2017 年 3 月 15 日，《中国（河南）自由贸易试验区总体方案》（国发〔2017〕17 号）印发，明确了自贸区的战略定位、发展目标、区位布局和重点任务。2017 年 4 月 1 日，河南自贸试验区正式挂牌成立。2017 年 3 月 29 日省政府公布《中国（河南）自由贸易试验区管理试行办法》（省政府令 178 号），从管理体制、投资管理、贸易便利化、金融财税管理、现代交通物流体系与“一带一路”建设、综合管理与服务、法治环境等方面先行先试。2021 年 4 月 2 日，《中国（河南）自由贸易试验区条例》实施，这是在新阶段自贸试验区改革创新开放发展的顶层设计，自贸区正在成为服务于“一带一路”建设的现代综合交通枢纽、全面改革开放试验田和内陆开放型经济示范区，有利于河南更好地打好“四张牌”。

（三）郑洛新国家自主创新示范区

2016 年 4 月，国务院批复同意建设郑洛新国家自主创新示范区。2016 年 5 月 26 日，中共河南省委、河南省人民政府印发《郑洛新国家自主创新示范区建设实施方案》，提出郑洛新国家自主创新示范区是总体定位为具有国际竞争力的中原创新创业中心。2016 年 8 月 31 日，《关于加快推进郑洛新国家自主创新示范区建设的若干意见》（豫发〔2016〕27 号）制定了能够有效支撑示范区发展的政策体系，包括激发创新主体活力、推进开放式创新、集聚海内外人才资源、创新科技管理体制机制、优化创新创业环境等。2020 年 10 月 28 日，《关于促进郑洛新国家自主创新示范区高质量发展的若干政策措施》出台了8部分共20条创新政策，赋予自创区更大自主权和决策权。郑洛新国家自主创新示范区作为河南创新驱动发展的核心载体，为河南打好“创新驱动发展牌”提供了有效抓手。

（四）中国跨境电子商务综合试验区（郑州、洛阳、南阳）

2016年1月，国务院批复设立中国（郑州）跨境电子商务综合试验区，2019年12月、2020年5月，中国（洛阳）和中国（南阳）跨境电子商务综合试验区获批设立。河南依托跨境电子商务综合试验区，在跨境电子商务交易、支付、物流等环节的技术标准、业务流程、监管模式、信息化建设等方面先行先试，通过制度创新、管理创新、服务创新和协同发展，搭建起一条“网上丝绸之路”，打造跨境电子商务完整的产业链和生态链，赋能产业发展，有利于河南打好“产业结构优化升级牌”和“基础能力建设牌”。

（五）国家大数据综合试验区

2016年10月，国家发展改革委、工业和信息化部、中央网信办联合批复河南建设国家大数据综合试验区，2017年省政府印发《河南省推进国家大数据综合试验区建设实施方案》（豫政〔2017〕11号）和《关于加快推进国家大数据综合试验区建设的若干意见》，2018年省政府办公厅印发了《河南省大数据产业发展三年行动计划（2018～2020年）》（豫政办〔2018〕28号）、《河南省促进大数据产业发展若干政策》（豫政办〔2018〕58号），河南大数据产业发展进入快车道，为河南打造全国一流的大数据产业中心、数据应用先导区、创新创业集聚区、制度创新先行区提供了政策支持，是河南打好“产业结构优化升级牌”的有效支撑。

（六）黄河流域生态保护和高质量发展

2019年9月，习近平总书记在郑州主持召开黄河流域生态保护和高质量发展座谈会并发表重要讲话，把黄河流域生态保护和高质量发展上升为重大国家战略。在新的历史机遇下，河南抓实黄河安全治理，抓好生态系统建设，抓牢水资源保障，绘出“生态强省”蓝图。《2020年河南省黄河流域生态保护和高质量发展工作要点》提出要抓实抓细抓落地，把握沿黄地区生态特点和资源禀赋，引领沿黄生态文明建设，在全流域率先树立河南标杆。《黄河流域生态保护和高质量发展规划纲要》中明确提出建设“郑（州）洛（阳）西（安）高质量发展合作带”，为新时期河南打好“四张牌”注入了新的强大动力。

二 强化产业政策保障

为了加快推进产业结构调整和优化升级，河南出台了一系列产业政策，形成了良好的社会氛围和发展环境，为河南打好“产业结构优化升级牌”提供了政策支持。围绕农业发展，出台《河南省人民政府关于加快推进农业高质量发展建设现代农业强省的意见》（豫政〔2020〕21号）、《河南省加快转变农业发展方式实施方案》（豫政〔2016〕2号）、《河南省人民政府关于坚持三链同构加快推进粮食产业高质量发展的意见》（豫政〔2020〕18号）等政策措施；围绕制造业发展，出台《先进制造业大省建设行动计划》（豫政〔2014〕87号）、《河南省深化制造业与互联网融合发展实施方案》（豫政〔2016〕74号）、《河南省智能制造和工业互联网发展三年行动计划（2018~2020年）》（豫政〔2018〕14号）、《中国制造2025河南行动纲要》（豫政〔2016〕12号）等政策措施；围绕服务业发展，出台《河南省人民政府关于促进健康服务业发展的实施意见》（豫政〔2014〕57号）、《河南省人民政府关于建设高成长服务业大省的若干意见》（豫政〔2014〕42号）等政策措施；围绕产业集聚区发展，出台《河南省人民政府关于加快产业集聚区提质转型创新发展的若干意见》（豫政〔2015〕42号）等政策措施，为打好“产业结构优化升级牌”提供了政策保障。

三 强化财政政策保障

围绕打好“四张牌”，省财政始终坚持以人民为中心的发展思想，充分发挥财政职能作用，在加快产业结构转型、科技创新、基础设施建设、城镇化发展上主动作为，以积极的财政政策助力河南打好“四张牌”。为支持转型发展，河南发布《河南省支持转型发展攻坚战若干财政政策》（豫政办〔2017〕71号），从支持化解过剩产能、支持工业绿色化改造、支持工业智能化改造、支持企业实施技术改造、支持首台（套）重大技术装备研发和应用、支持企业质量品牌建设、支持科学发展载体建设等措施，通过财政政策引导撬动，支持破解转型发展瓶颈制约，为打好转型发展攻坚战提供了坚实的财力保障。为支持创新发展，省财政厅、省科技厅配套出台了《河南省国家自主创新示范区建设专项资金管理暂行办法》（豫财科〔2016〕153号），通过政策先行先试加快推进郑洛新国家自主创新示范区建设。为支持百城提质工程实施，2016年《河南省百城建设提质工程投融资方案》（豫政办〔2016〕214号）印发，从推行PPP模式、政策性金融和开发性金融支持模式、城镇化基金支持模式、直接融资支持模式、省级投资公司支持模式等融资机制和模式，为加快提升县级城市综合承载能力提供支持。为支持新型城镇化发展，河南财政厅印发《河南省支持新型农业经营主体发展的若干财政政策措施》（豫财农〔2014〕68号），着力支持农村土地承包经营权有序流转，支持新型农业经营主体提升物资技术装备水平，支持新型农业经营主体提升融资能力，支持新型农业经营主体人才培养，支持新型农业经营主体与财政支农项目广泛对接。

四　强化科技政策保障

为了加快实施创新驱动发展战略，河南省人民政府发布《关于创新机制全方位加大科技创新投入的若干意见》（豫政〔2014〕64号）、《关于深化科技体制改革推进创新驱动发展若干实施意见》（豫发〔2015〕13号）、《河南省技术转移体系建设实施方案》（豫政〔2019〕8号）、《河南省深化科技奖励制度改革方案》（豫政办〔2019〕32号）、《河南省扶持新型研发机构发展若干政策》（豫政〔2019〕25号）等实施意见、方案与政策，促进境内外高水平科技成果向河南集聚转化，为河南打好“创新驱动发展牌”提供有力的科技支撑。围绕科技政策保障，河南省科技厅出台了一系列的政策，例如《河南省新型研发机构备案和绩效评价办法（试行）》（豫科〔2019〕10号），进一步贯彻落实省委省政府关于“四个一批”（创新引领型企业、人才、平台和机构）的战略部署，规范了新型研发机构备案和绩效评价工作；《河南省省级重点实验室建设与运行管理办法》和《河南省省级重点实验室评估规则》（豫科〔2019〕166号）进一步规范和加强了省级重点实验室的建设和管理，推进全省科技创新平台建设与发展；《河南省省级重大科技专项管理办法（试行）》（豫科〔2019〕96号）进一步规范提升省级重大科技专项实施管理；《河南省科技企业孵化器管理办法》（豫科

〔2019〕35号）引导了科技企业孵化器高质量发展；《河南省促进科技成果转化条例》以法制推进科技成果加快转化，更好地解决了科技成果转化难题，打通了科技成果落地“最后一公里”。

第四节　突出项目带动

2014年以来，河南聚焦打好“四张牌”，加强项目谋划实施，创新重点项目管理方式，通过产业链式集群项目、创新引领型项目、打基础管长远支撑项目、成长快发展前景好的项目的实施，着力提供有效供给，以重点项目建设新成效推动打好“四张牌”落地。

一　以项目带动产业发展

（一）实施“四优四化”项目

为了推进农业供给侧结构性改革，扛稳粮食安全重任，河南持续推进“四优四化”项目，即全省优质小麦、优质花生、优质草畜、优质果蔬“四优”产业实现布局区域化、经营规模化、生产标准化、发展产业化，农业质量效益明显提高，农业生产方式、经营方式、资源利用方式发生深刻变化。2020年在“四优四化”基础上，河南提出以“六高”“六化”思路引领农业高质量发展，即在“四化”基础上，增加了方式绿色化、产品品牌化，实现产品质量高、产业效益高、生产效率高、经营者素质高、市场竞争力高和农民收入高。目前，河南创建了灵宝现代农业产业园、清丰现代农业产业园、内乡现代农业产业园、遂平现代农业产业园等8个国家级、80个省级、187个市级、98个县级现代农业产业园，延津小麦、泌阳夏南牛、灵宝苹果、内乡生猪、清丰食用菌、兰考蜜瓜、孟津西瓜等已经发展成为全国知名品牌。

（二）实施“百千万”亿级优势产业集群培育工程

为了加快建设先进制造业大省，河南实施“百千万”亿级优势产业集群培育工程，立足各省辖市资源禀赋、产业基础、市场潜力、政策环境等条件，培育区域特色主导产业，重点发展电子信息产业、装备制造产业、汽车及零部件产业、食品产业、现代家居产业、服装服饰产业、生物医药产业、节能环保产业、新材料产业等，逐个制定千亿级主导产业集群发展规划，推动重大集群项目建设，打造一批“百千万”亿级优势产业集群，建设区域产业创新中心，基本形成产业布局合理、区域特色突出、结构明显优化的产业发展新格局。如今河南已培育出19个千亿级产业集群，以及127个百亿级特色产业集群，郑州航空港区智能终端（手机）产业集群、洛阳智能装备产业集群、漯河食品产业集群、商丘纺织服装等产业集群形成了一批特色鲜明、竞争力强的区域品牌。

（三）实施文旅项目

为了推进服务业高质量发展，河南以文化旅游强省建设为目标，谋划筛选了一批文化和旅游重大项目，建立了全省文旅产业重点项目库。“十三五”时期，河南省围绕数字传媒、创意设计、影视动漫、文化旅游等重点行业积极谋划项目，阿里巴巴、深圳华强、华谊兄弟、华为等众多知名企业纷纷来豫投资，成效显著，郑州国际文化创意产业园汇聚了华强方特旅游度假区、海昌极地海洋公园、建业华谊兄弟电影小镇、王潮歌“只有河南”等一批重大文旅项目，已经成了引领全省文旅项目发展的标杆。目前，河南围绕建设黄河国家文化公园、建设沿黄生态廊道、实施古都古城风貌再现工程、打造大遗址文化旅游圈、建设大运河文化公园、建设中国功夫体验基地六大文旅重点项目，大力推进“老家河南”建设，以文旅项目推动河南产业结构优化升级。

二　以项目促进创新发展

（一）实施创新龙头企业培育工程

2016年以来，河南积极实施创新龙头企业培育工程，制定《河南省创新龙头企业培育工程实施方案》（豫科〔2016〕84号），围绕河南重点发展的主导产业和支柱产业，选择一批对产业发展具有龙头带动作用、创新发展能力强的创新型骨干企业，通过支持创新龙头企业建设高层次创新平台、承担重大创新任务、加强开放式创新、加强创新人才队伍建设、开展创新创业活动、加大对创新龙头企业的金融支持等政策措施，培育形成一批主业突出、行业引领能力强、具有国际先进技术水平和国际竞争力的创新龙头企业，为建设创新型河南提供有力支撑。围绕该工程，河南培育了宇通客车、中铁装备、中信重工、华兰生物等 30 家创新龙头企业。

（二）实施“科技小巨人”企业培育工程

为了贯彻落实创新驱动发展战略，河南深入实施“科技小巨人”企业培育工程，按照《河南省“科技小巨人（培育）”企业备案管理办法（试行）》（豫科〔2016〕158 号）的要求，2016 年河南新培育 237 家“科技小巨人（培育）”企业，其中 5 家企业发展成为“科技小巨人”企业；2017 年新培育 208 家“科技小巨人（培育）”企业，其中 34 家发展成为营收超亿元的“科技小巨人”企业；2018 年新培育 228 家“科技小巨人（培育）”企业，其中 30 家发展成为营收超亿元的“科技小巨人”企业，河南省科技厅引导“科技小巨人（培育）”企业持续开展创新活动，逐渐成长为“科技小巨人”企业，助力“科技小巨人”企业做大做强，逐步发展成为行业领军企业，为培育经济发展新动能提供支撑。

（三）实施创新驱动提速增效工程

2019 年，河南决定实施创新驱动提速增效工程，提出通过创新龙头企业提升引领工程、高新技术企业倍增工程、科技型中小企业培育工程、“名校英才入豫”计划、“十百千”转型升级创新专项等一批项目培育一批创新引领型企业、人才、平台、机构，提升开放创新水平，为河南高质量发展提供坚实的科技支撑。截至 2020 年，河南共有 10218 家科技型中小企业评价系统入库，居于中西部首位，省级以上企业技术中心 1133 个，其中国家级 97 个；省级以上重点实验室 257 个，其中国家级 16 个；国家级科技企业孵化器 50 个，国家备案众创空间 54 个，国家级众创空间 6 个，科技创新已经成为河南高质量发展的“主引擎”。

三　以项目提升基础能力

（一）实施“米”字形高铁网建设项目

习近平总书记在河南考察时，殷切希望河南“建成连通境内外、辐射东中西的物流通道枢纽，为丝绸之路经济带建设多作贡献”。2012 年《中原经济区规划》强调要加快构建高效连接的“米”字形铁路网络，意味着“米”字形高速铁路网规划上升至国家层面。目前，以郑州为中心的河南“米”字形高铁网已经开通运营京广、郑徐、郑渝、郑阜、商合杭、太焦铁路，河南“米”字形高铁网的最后一笔，即郑济铁路郑濮（阳）段也即将开通，郑州即将成为全国第一个落成“米”字形高铁的城市，河南“米”字形高铁网呈现覆盖中部、辐射全国的态势。

（二）实施郑州国家级互联网骨干直联点项目

2014 年 9 月 11 日郑州国家级互联网骨干直联点正式开通运行，郑州成为全国互联网的核心节点、重要支点和新的数据交换口岸，提升了郑州信息集散中心和通信网络交换枢纽地位，彻底改变了河南互联网网间流量需通过北京、上海、广州长途绕转的格局，增强了中部地区乃至全国网络基础设施服务能力，为河南开展跨境贸易电子商务奠定了坚实的网络基础。目前，郑州国家级互联网骨干直联点是全国十大骨干网互联枢纽之一，全省高速光纤宽带网络、新一代移动通信网络规模居全国领先地位，信息网络基础支撑有力。

（三）实施重点水利工程

作为实施“四水同治”的主要抓手，实现“旱引涝排、上灌下补、内连外通、丰枯互补、调洪防灾”的目标，2018 年河南开始实施十大水利工程，包括宿鸭湖清淤扩容工程、引江济淮工程（河南段）、小浪底南岸灌区工程、小浪底北岸灌区工程、洪汝河治理工程、卫河共产主义渠治理工程、大别山革命老区引淮供水灌溉工程、西霞院水利枢纽输水及灌区工程、赵口引黄灌区二期工程、黄河下游贯孟堤扩建工程等，着力构建起覆盖全省的现代水网体系，加快推进新时代河南水治理体系和治理能力基本实现现代化，这对于河南增加水源、完善水网、修复生态、治理环境、减少水患、发展水利意义重大。截至 2020 年 10 月底，全省十大水利工程已开工 9 项。

四　以项目推动城镇化发展

（一）实施百城提质工程

为了更好地打好“新型城镇化牌”，河南省委十次党代会报告明确指出实施百城建设提质工程，全面增强县级中小城市综合承载能力。2016 年 12 月 28 日，全省百城建设提质工程动员会提出按照省第十次党代会部署打好“新型城镇化”这张牌，不能简单照搬外省经验“比葫芦画瓢”，不能因循老路“一本经念到底”。2017 年 8 月 12 日，全省百城建设提质工程工作推进会提出河南各地要做好以水“润”城、以绿“荫”城、以文“化”城、以业“兴”城四篇文章。2019 年，河南提出重点围绕城市规划、建设、管理和运营“四个高质量”全域推进百城建设提质工程。2021 年《河南省深入实施百城建设提质工程推动城市高质量发展三年行动计划》提出要建设宜居城市、生态城市、精致城市、人文城市、安全韧性城市和文明城市“六个城市”。围绕百城提质工程，河南大力推进老城区基础设施建设和公共服务设施配套建设、老旧小区提升改造、生态环境综合治理，实施“厕所革命”、城市“四治”专项实施方案等大批提高城市综合承载力的民生工程，切实提升了群众的获得感、幸福感。

（二）实施“三个一批人”项目

为了促进新型城镇化快速健康发展，推动实施《河南省新型城镇化规划（2014~2020 年）》（豫政〔2014〕55 号）和《河南省科学推进新型城镇化三年行动计划》（豫政〔2014〕45 号），2015 年 9 月 14 日，出台《河南省推进三个一批人城镇化实施方案》（豫政办〔2015〕118 号），强化“一基本两牵动三保障”（产业为基、就业为本，住房牵动和就学牵动，社会保障、农民权益保障和基本公共服务保障），着力推动一批具备条件、有意愿的农业转移人口及其他常住人口落户城镇，加快一批城中村和城镇棚户区改造，加快一批农村人口向城镇转移，力争到 2020 年，全省常住人口城镇化率接近 60%，户籍人口城镇化率达 40%左右。

第五节 聚焦要素支撑

打好“四张牌”离不开真金白银的要素保障，决定打好“四张牌”成效的关键就在于要素保障供给。2014 年以来，河南不断强化“人”“地”“钱”“环境”等要素保障，着力保障重大项目的要素供给，为打好“四张牌”提供了强有力的支撑。

一 加大人才要素支撑

围绕打好“四张牌”，河南省大力实施人才强省战略，不断深化人才机制体制改革、搭建高水准平台、优化创新创业环境等，加快构建内陆人才高地步伐，为打好“四张牌”提供人才支撑。2017 年 4 月 17 日，中共河南省委、河南省人民政府发布了《关于深化人才发展体制机制改革加快人才强省建设的实施意见》（豫发〔2017〕13 号），提出要健全更加灵活高效的人才管理体制，构建更具竞争力的人才集聚机制，完善经济社会发展需求导向的人才开发机制，强化促进创新创业的人才激励机制，加强党对人才工作的领导等政策措施，最大限度激发人才创新创造创业活力。聚焦高端制造、生物医药、人工智能等重点产业发展需求，河南高质量推进全民技能振兴工程项目建设，推动“职业技能提升培训+产业升级”融合发展，全面加大技工人才的供给，缓解技能人才短缺。为了加快实施创新驱动发展战略，河南积极实施高层次科技人才引进工程，积极引进高层次创新人才、高层次创业人才、高层次创新创业服务人才、高层次产业技术创新研发及成果产业化团队、高层次创新创业服务团队，增强经济发展内生动力和活力。为了发展壮大高层次人才队伍，河南省启动实施产业创新创业领军人才工程，面向海内外引进培育产业创新和创业领军团队、产业创新领军人才和科技创业领军人才，形成了与侧重基础研究的中原学者相互支撑的高端人才体系。“十三五”时期，河南高技能人才总量达 226.59 万人，通过省政府特殊津贴等人才选拔培养制度培养专业技术人才总量达 505.69 万人，通过“绿色通道”引进博士等高层次人才逾 1 万人。

二　加大土地要素支撑

为了更好地打好“四张牌”，河南省国土资源厅主动作为、勇于担责，用足用活土地政策，全力保障打好“四张牌”用地。2016 年河南省国土资源厅率先提请省政府办公厅印发《河南省百城建设提质工程用地保障方案》（豫政办〔2016〕212 号），从优化城市发展空间、合理安排年度用地、统筹耕地占补平衡等方面进行了安排部署。为了落实“五个国土”要求，支持河南经济转型升级，河南省国土资源厅印发《推进国土资源供给侧结构性改革的若干政策措施》（豫国土资规〔2016〕8 号），紧紧围绕供给侧结构性改革主线，强力推进城镇规划区内建设用地、农村耕地、农村集体建设用地“三块地”开发利用改革。为了保障新型城镇化、百城提质工程用地要求，全面推进以人为本的新型城镇化战略，河南省国土资源厅办公室印发《河南省推进城镇低效用地再开发工作实施方案》（豫国土资办发〔2018〕28 号），进一步提高了土地资源节约集约利用水平，优化城镇建设用地布局，提高土地供给质量和效率，改善人居环境。2017 年，河南省国土资源厅、省发展改革委、省公安厅、省人社厅、省住建厅、省统计局 6 部门联合印发《河南省建立城镇建设用地增加规模同吸纳农业转移人口落户数量挂钩机制的实施办法》，提出按照大中小城市和小城镇协调发展的要求，依据现状人均城镇用地水平和城镇规模，实行差别化进城落户人口新增城镇建设用地标准。截至 2018 年 9 月，实施百城建设提质工程的 79 个市县共获批建设用地 24.49 万亩，土地出让收入 2313 亿元。2020 年省自然资源厅将有限指标向全省谋划的基础设施、社会民生、生态环保等九大领域 8000 个重大项目倾斜，全力支持打好“四张牌”。

三　加大资金要素支撑

为了深化供给侧结构性改革，河南省财政厅积极落实减税降费政策，围绕深化增值税改革，降税率、扩进项、退留抵，在小微企业税费实施普惠性减免，减轻个人所得税税负，降低收费负担等方面，主动作为，积极推进政策落地见效。为了鼓励和引导民间投资健康发展，加快贯彻落实《河南省人民政府关于创新重点领域投融资机制鼓励社会投资的实施意见》（豫政〔2011〕21 号）、《河南省人民政府办公厅关于进一步促进民间投资持续健康发展的通知》(豫政办〔2016〕109号)、《河南省促进民间投资健康发展工作方案》(豫政办〔2016〕176号)等政策，进一步规范民间投资和民营企业发展的法规政策文件，清除政策限制和障碍。为了推动民间投资大发展大提升，河南省发展改革委开展促进民间投资健康发展专项行动，从持续推动营商环境改善、建立项目推介长效机制、加大民营企业融资支持、鼓励规范参与PPP项目、深化投资审批制度改革五个方面发力。围绕支持符合黄河流域生态保护和高质量发展、中部地区崛起、“一带一路”等国家重大战略项目、制造业高质量发展项目、现代服务业项目、基础设施补短板项目等，河南省发展改革委、地方金融监管局、中国银行河南省分行联合建立重大项目融资对接长效机制，提高金融服务的针对性和有效性，加大对重大项目和重点企业的融资支持力度。2020年面对严峻复杂的局势，河南省财政厅集中财力办大事，安排13亿元支持降低企业用工成本，推动省属金融企业提供重大项目融资约1600亿元，安排14.7亿元支持148个“三大改造”以及234个智能车间、“卡脖子”重点攻关等项目顺利实施，全省科技支出249亿元，4739家企业研发费用投入达到317亿元，为河南打好“四张牌”提供了有力支撑。

四　持续优化营商环境

为了破除制约民间投资进入难、转型难、成本高、融资难和审批环节多、服务效率低的“痛点”“堵点”“难点”问题，河南出台了《河南省优化营商环境三年行动方案(2018~2020年)》、《2020年河南省营商环境整改提升总体工作方案》(豫营商〔2020〕1号)、《河南省营商环境优化提升行动方案(2020版)》(豫营商〔2020〕2号)、《关于进一步优化营商环境更好服务市场主体的实施方案》(豫政办〔2020〕44号)等政策体系和工作方案，形成了全省上下优化营商环境的政策合力。2020年11月28日，河南省第十三届人民代表大会常务委员会第二十一次会议上审议通过《河南省优化营商环境条例》，条例从优化市场环境、优化政务环境、优化法治环境、优化宜居宜业环境、营商环境工作监督等方面，重点针对市场主体关切的权益保护不够平衡、政务服务不够便利、监管执法不够规范、融资难融资贵等方面的短板弱项，制定了有针对性的条款，从制度层面为优化营商环境提供了更有力的法治保障。

第六节　加强监测考评

为了更好地打好“四张牌”，河南强化组织领导，强化工作落实，强化督导考核，发挥好考核评价“指挥棒”作用，建立健全全省打好“四张牌”评价指标体系和评价办法，确保各项决策部署落地生根、开花结果。

一　强化组织领导

建立了省委省政府主要领导牵头、分管省领导分工负责的工作协调推进机制，统筹推进“四张牌”五年行动计划和重大专项实施。成立了省委打好“四张牌”五年行动计划实地督查组，按照全省打好“四张牌”五年行动计划部署要求，实地督查了周口、安阳、商丘、济源等地市打好“四张牌”五年行动计划落实情况，对发现的问题及时部署、立行立改。各市县建立了由市委或市政府主要负责同志牵头负责的打好“四张牌”工作推进机制，协调推进各项工作，明确了目标，细化了任务，将打好“四张牌”要求融入实际工作中，确保行动计划顺利实施，形成全省“一盘棋”的良好工作局面。

二　强化工作落实

按照职责分工，建立工作班子，加强协调联动，研究制定重大专项具体实施方案与政策措施，谋划筛选一批重大项目，进一步明确各项目标任务，分步骤、分阶段推进实施，对重点项目定期开展评估，及时高效解决工作推进中遇到的困难，确保各重大专项落到实处、见到实效。各市县认真研究上级政策，明确了目标任务，紧密结合当地实际，研究制订了各专项行动计划，建立工作台账，对任务进行再细化、再分解、再明晰，明确了责任清单，列出具体措施以及责任单位、责任人，确保责任具体到人，打出符合当地实际、具有当地特色的“四张牌”，明确了时间节点，坚持任务、责任、进度、督查“四落实”，确保每项工作的序时进度和完成时限，确保行动计划各项重大专项落到实处。

三　强化督导考核

把行动计划重大专项实施纳入年度重点督查范围，体现到每年经济社会发展的谋划布局当中，做到同部署、同落实、同检查、同考核。建立了科学规范的考核评价体系，实施全面准确的绩效考核，定期对各级各部门任务推进情况进行严格考核，督促各地真正将贯彻落实打好“四张牌”融入日常、抓在经常，切实发挥好绩效评价“指挥棒”“风向标”作用。紧盯薄弱环节，加强跟踪督查，及时通报情况，对工作推进较慢、任务落实不到的市县和部门，进行重点督导，对工作不力、成效不好的，严厉通报批评，对影响工作推进的梗阻瓶颈、制约因素，进行专题研究，找准问题症结所在，制定切实有效的措施。各市县及时建立了督查台账，完善了考核评价机制，加大对落实“四张牌”的考核比重，加强日常自查整改，及时发现解决问题，更好地推动工作落地落实。

第四章　打好“四张牌”的郑州实践

2014 年 5 月，习近平总书记在视察指导河南时指出，实现“两个一百年”奋斗目标、实现中华民族伟大复兴的中国梦需要中原更加出彩，要求河南围绕加快转变经济发展方式和提高经济整体素质及竞争力，着力打好“四张牌”，以发展优势产业为主导推进产业结构优化升级，以构建自主创新体系为主导推进创新驱动发展，以强化基础能力建设为主导推进培育发展新优势，以人为核心推进新型城镇化。尤其是习近平总书记在郑州调研国际陆港集团时，要求加快建设“连通境内外、辐射东中西”的国际物流枢纽；调研郑州跨境电子商务试点时鼓励郑州向“买全球、卖全球”目标迈进；调研中铁盾构时要求发展现代装备制造业，努力实现优势领域、共性技术、关键技术的重大突破，推动中国制造向中国创造转变，中国速度向中国质量转变，中国产品向中国品牌转变。这是习近平总书记对河南、对郑州发展的殷切期望和嘱托，为郑州决胜全面小康、让中原更加出彩、高质量建设郑州国家中心城市指明了前进方向，提供了根本遵循。

第一节　以打好“四张牌”推动国家中心城市建设

七年来，习近平总书记高度关注郑州发展，多次对郑州发展做出指示和肯定。特别是 2019 年 9 月，习近平总书记在郑州发出“让黄河成为造福人民的幸福河”的伟大号召，并提出黄河流域生态保护和高质量发展国家重大战略。七年来，郑州全市上下牢记习近平总书记的殷殷嘱托，高举习近平新时代中国特色社会主义思想伟大旗帜，在省委省政府的正确领导下，团结带领全市广大党员干部群众，全面贯彻新发展理念，统筹推进“四个着力”，持续打好“四张牌”，以国家中心城市为统揽推动经济社会高质量发展，深入实施开放创新双驱动战略，努力建设国际综合交通枢纽和开放门户、国家先进制造业基地、国家历史文化名城、黄河流域生态保护和高质量发展核心示范区，有效应对各种困难风险挑战，决胜全面建成小康社会取得决定性成就，发展能级实现向国家中心城市的历史性跨越。中国（河南）自由贸易试验区、郑洛新国家自主创新示范区、郑州跨境电子商务综合试验区、国家大数据综合试验区等国家级平台相继落地，郑州成为全国首批唯一的空港型国家物流枢纽。

七年来，郑州市产业结构优化升级迈出坚实步伐，科技创新能力持续增强，发展基础支撑更加坚实，新型城镇化进程明显加快，全市经济社会保持了平稳健康发展的良好态势。七年来，郑州市实现了地区生产总值突破万亿元、常住人口突破千万人、人均生产总值突破 10 万元的“三大标志性突破”，“米”字形高铁、“郑州—卢森堡”空中丝绸之路、中欧班列、多式联运体系等建设突飞猛进，综合交通枢纽地位显著提升，跻身国家中心城市、国家高质量发展区域增长极城市、国家区域协调发展新机制 12 城市、国家物流枢纽承载城市、国家级互联网骨干直联点、中欧区域政策合作案例地区，荣获国家生态园林城市、国家质量魅力城市、中国国际化营商环境标杆城市、中国最具幸福感城市等称号，蝉联全国文明城市“四连冠”，2015 年上海合作组织政府首脑会议、第 11 届全国少数民族运动会、第 11 届中国国际园林博览会、2019 国际乒联世界巡回赛总决赛、WTA 郑州网球公开赛、2020 年国家网络安全宣传周、2020 年金鸡百花电影节、2020 年央视春晚分会场、黄帝故里拜祖大典、国际少林武术节等国内外重要活动在郑州举办，双槐树“河洛古国”考古项目入选 2020 年国内十大考古新闻。郑州市建设国家中心城市的征程风鹏正举，郑州市在河南省的辐射带动能力持续增强，主要指标增速在全国 35 个大中城市中位次不断前移，郑州的国际知名度、影响力、美誉度与日俱增。

第二节　产业结构优化升级的郑州现象

2014 年以来，郑州市认真贯彻落实习近平总书记关于河南、郑州工作的指示精神，主动适应经济发展新常态，推进经济高质量发展，以提高质量和效益为中心，把制造业高质量发展作为主攻方向，做强做优实体经济，推进“三个变革”，提高全要素生产率，强化“三链”协同，加快“三个转变”，着力构建数字经济赋能、先进制造业支撑、现代服务业主导、都市生态农业为基础的现代产业体系，促进产业结构迈向中高端，不断提升制造业发展水平和创新能力，为郑州国家中心城市建设提供有力支撑。2020 年，郑州市地区生产总值突破 1.2 万亿元，三次产业结构比重调整为 1.3∶39.7∶59.0，形成营业额超百亿级企业 13 家，智能手机产量约占全球 1/7，宇通客车产量约占全球 1/8，速冻食品在全国市场占比超过 60%，进入中国城市综合竞争力 20 强。

一　积极实施制造强市战略

坚持把制造业高质量作为主攻方向，着力优化区域产业布局，积极推进服务型制造，坚持创新发展，大力实施智能制造，产业结构调整步伐加快，转型升级取得了显著成效。先后获批郑洛新“中国制造 2025”试点示范城市、国际通信专用通道城市、国家服务型制造示范城市、全国消费品工业“三品”战略示范城市、国家综合型信息消费示范城市和国家工业资源综合利用基地。中牟汽车产业集聚区成功创建国家新型工业化产业示范基地，大信家居获评国家工业设计中心，郑州实现国家工业设计中心“零突破”。“十三五”时期，成功引进上汽乘用车、恒大新能源、奥克斯、华为、海康威视、紫光集团、中国电子、中软国际、APUS、合晶科技、浪潮集团等重大企业和项目，上汽乘用车项目于 2017 年 1 月 22 日签署合作协议，同年 6 月 30 日总装线首车下线，创造了令人瞩目的“郑州速度”。“十三五”时期，全市工业项目投资累计突破 2800 亿元，培育省级以上各类试点示范企业（项目、平台）1200 个（其中国家级 151 个），郑州制造在全国的影响力不断提升。

结构调整成效显著。坚持调整存量与优化增量并举，编制出台《中国制造 2025 郑州行动纲要》《郑州市制造业高质量发展三年行动计划》等规划计划 20 余个，出台加快制造业高质量发展“1+N”政策体系。做强主导产业，聚焦电子信息、汽车、装备制造等重点产业，落实“链长制”，绘制“四个图谱”，建立“四个清单”，实施“四个一”推进机制，培育一批具有生态主导力的产业链龙头企业。2020 年，六大主导产业占规上工业比重为 81.9%，比 2015 年提高 10.2 个百分点；六大高载能产业比重下降到 26.2%，比 2015 年下降了 14 个百分点。已经逐步形成电子信息、汽车、装备制造、新材料、现代食品、铝及铝精深加工6个千亿级主导产业集群，涌现了富士康、宇通客车、东风日产、上汽乘用车等一批主营业务收入超百亿元企业。宇通客车是全球最大的客车生产企业；中铁装备主要产品国内市场占有率连续7年位居全国第一，郑煤机已成为全球规模最大的煤矿综采技术和装备供应商；速冻食品国内市场占有率超过60%；人造金刚石国内市场占有率接近20%。做大新兴产业，制定完善氢燃料电池汽车、智能传感器、5G及北斗、人工智能、软件信息服务业等新兴产业发展规划，推动5G、人工智能等新一代信息技术与制造业深度融合发展，培育形成郑钻精密、明泰交通新材料、欧帕机器人等具有特色的“小巨人”企业。

创新驱动转型升级。“十三五”期间，培育建成高新技术企业2918家、科技型企业7846家，省级以上制造业创新中心、企业技术中心、重点实验室等创新平台3200多个，引育高层次人才1042名，引进重点产业急需紧缺人才4130人，建设院士工作站113家，陆续落地了大连理工大学，浙江大学，中国地质大学，中科院过程所、计算所、微电子所，苏州医工所等创新研究院所等33家。2020年末，全市高新技术企业达到2048家，累计创建制造业单项冠军5个、技术创新示范企业3个，拥有56家国家级研发平台，郑州宇通客车股份有限公司等国家级技术创新示范企业6家，郑州煤矿机械集团股份有限公司等47家省级技术创新示范企业。其中，宇通客车拥有3300余人的科技研发队伍，2019年公司研发投入17.74亿元，占营业收入的5.8%，参与135项国家、行业标准制定。一大批企业在核心、关键领域不断取得突破。旭飞光电参与的“光电显示用高均匀超净面玻璃基板关键技术与设备”项目获国家科技进步一等奖，宇通客车的“节能与新能源客车关键技术研发及产业化”项目、中铁装备的“异形全断面隧道掘进机设计制作关键技术及应用”项目获国家科技进步二等奖，郑煤机的“超长寿命高可靠性液压支架关键技术研究及产业化应用”项目获得2020年度河南省科技进步奖一等奖。汉威科技开发的“智慧水务”“智慧燃气”“智慧热力”“智慧环保”“智慧园区”等典型方案已成为行业标杆，先后承担国家级科研产业化项目10项，获得专利596项。新天科技是国内唯一一家涵盖智能燃气、智慧水务、智慧节水、智慧热力四大产品系列的上市公司，拥有自主知识产权1000余项。

持续推动提质增效。着力优化区域产业布局，制定出台《关于进一步明确区域功能定位和调整主导产业布局的通知》（郑办〔2018〕1号），按照“一区一主业”原则，解决了“产业在哪里发展”的问题。着力打造电子信息、汽车、高端装备制造、新材料、生物及医药、现代食品、品牌服装和现代家居七大产业基地，2020年末，全市共创建新型工业化产业示范基地10个（国家级3个），其中，航空港产业集聚区电子信息产业集群主营业务收入超3000亿元，经开产业集聚区的汽车及零部件产业集群超1000亿元。全面实施“亩均论英雄”综合评价，从用地、用能、用水、排污、环保管控、信贷、财政七个方面实施差别化政策，有效促进各种资源要素向优质企业流动，促进优胜劣汰。持续优化环境，出台了加快制造业高质量发展若干政策意见，实施了黄河人才工程，制定出台新兴产业用地、加强融资租赁、科技金融等政策措施，设立了1000亿元的国家中心城市产业发展基金，强化了服务型制造人才、土地、资金等方面的保障。

强化示范带动作用。主要从三个层面推进示范，企业层面：中铁装备、宇通客车、大信橱柜、领秀服饰4家企业成为国家级服务型制造试点示范，郑煤机、好想你等67家企业成为省级服务型制造试点示范。中铁装备大力发展基于产品全生命周期管理的全断面隧道掘进机服务型制造新模式，构建全生命周期智慧管理平台，实现了由单一的制造商转变为综合服务型制造商，企业连续三年稳居全球盾构行业第一。宇通客车建立了全球完整的7×24小时运营服务体系，推广应用全生命周期管理和提供多元化解决方案。领秀服饰大力开展“以渠道营销为载体的女裤定制化生产服务模式”，实现了由传统制造向“智能人体测量+个性化设计参与+服务技术数据对接与转换+柔性生产”的服务型制造转型，成为中国女裤行业“领跑者”。平台层面：建立了智能终端（手机）全球采购交易、紫云冷链云等一批行业服务平台，建成了世界工厂网、中钢网等一批电商平台，形成了浪潮、中科九洲等20家省级企业上云服务平台，打造了中机六院智能工厂全生命周期、信大捷安移动智能终端公共安全技术等一批公共技术服务平台。园区层面：形成了一批具有较大影响力的服务型制造集聚区。经开区汇集了大批服务型制造示范企业，成为中西部地区服务型制造增长最快的区域之一；高新区是全国重要的服务外包、软件与信息技术服务业、智能传感器研发生产基地，成为中西部地区服务型制造创新引领区；郑东新区是全国区域性金融中心，依托现代金融与制造业融合，成为金融租赁、供应链金融服务的集聚地。

坚持高端化、绿色化、智能化、融合化发展。大力推广服务型制造新模式、新业态，先后出台了服务型制造实施方案、工业互联网、智能制造、企业上云等系列规划和行动计划，加快制造业与服务业、制造业与互联网深度融合，获评国家级服务型制造示范企业（项目、平台）4个、省级43个，成功获评首批国家级服务型制造示范城市，成为长江以北唯一入选城市。汽车领域形成了新品研发、定制生产、智能制造、整车及零部件物流、远程监测诊断与维护的新型制造模式。装备领域形成了产业集群、利益共生、模式创新、整体协同、产品全生命周期管理的工程装备产业生态链。消费品领域形成了生产与研发、创新设计、创意协同发展，个性化定制模式广泛应用，集“产品创新、智能制造、网络营销”于一体的新型制造模式。如大信橱柜建立了企业个性化定制云中心，开发了2700个标准化产品功能模块，综合成本降至成品家居的85%，供货周期缩短到4天以内，远低于国际18~45天的平均水平，成为中国定制家居行业龙头企业。现代食品领域呈现了在智能化环节与现代冷链物流、新零售紧密衔接，供应链管理优化，产业价值链整体迈向中高端的发展新特征。数字经济发展成效显著。阿里巴巴、海康威视、中国电子、紫光集团在郑落地。国家超级计算郑州中心、中原鲲鹏生态创新中心开工。国家大数据综试区核心区实现产值300亿元。下一代信息网络、信息技术服务入选国家第一批战略性新兴产业集群名单，累计创建国家级信息化类试点示范项目50个、省级信息化类示范试点项目146个。“十三五”期间，积极压减低效产能，削减钢铁产能260万吨、水泥101万吨、电解铝51万吨、煤炭2038万吨、造纸50.35万吨，全部工业企业开展绿色绩效评价，推进6家危化品企业和11家重污染企业搬迁改造。加快绿色制造体系建设，建成绿色工厂33个，其中国家级21个，推动制造业绿色发展。

二　持续做大现代服务业

围绕建设国家中心城市，利用综合交通枢纽和历史文化资源优势，逐步确立现代物流、金融保险、信息服务、文化旅游和健康养老等主导产业。突出抓好以资本市场培育为重点的现代金融业，提升郑州龙子湖基金岛集聚效应，打造国际化区域金融中心。完善基金、债券、企业上市、财富管理等服务体系，大力发展绿色金融、普惠金融、科技金融，打通企业融资“最后一公里”，降低民营企业获得信贷的难度和成本。实施企业挂牌上市和并购重组提速计划，持续打造上市挂牌“郑州军团”、并购重组“郑州高地”、资本市场“郑州板块”，支持郑商所打造亚洲重要的期货交易中心。郑州农商行获批筹建，郑州银行成为全国首家 A+H 股上市的城商行。2020 年，金融业增加值完成 1302.9 亿元，占地区生产总值的 10.9%。2020 年末，郑州拥有境内外上市公司 49 家、新三板挂牌公司 181 家；金融机构存贷款余额分别突破 2.4 万亿元、2.8 万亿元，存贷比达 110%以上；郑州商品交易所上市交易期货期权品种累计达 28 个，数量居于国内商品交易所首位。

抓好以“枢纽+开放”体系为依托的贸易流通业，带动现代物流、商务会展、转口贸易等服务功能提升，构建航空货物集疏运网络，优化物流园区布局，加快冷链物流、保税物流、电商物流等特色物流集群发展，2018 年，国际物流园区晋升为国家级示范物流园区。高标准推进郑州新国际会展中心建设，会展经济稳步发展，连续入选 2016 年中国会展最具办展幸福感城市、2017 年中国最具竞争力会展城市。大力发展电子商务，加快建设国家电子商务示范城市，着力打造全球网购物品集散分拨中心和国际知名的网上商都；2020 年，郑州市物流业增加值为 905 亿元，全市 A 级以上物流企业达 101 家。做大郑州技术要素交易市场、国家技术转移郑州中心，培育信息传输、软件服务等营利性服务业，做强技能培训、技术交易、知识产权服务等产业。

持续壮大商贸业，研究出台推动商贸业转型提质总体规划，加快商务中心区和特色商业街区建设，加快建设高铁东站商圈，改造升级二七商圈，提升郑东新区 CBD 商圈商务服务功能，卢森堡旅游签证（郑州）便捷服务平台投运，郑东新区中央商务区成为“中国最具活力中央商务区”。大力发展文化创意旅游业，围绕沿黄文化带、环嵩山文化带、中心城区文化板块“两带一心”城市文化总体格局，加快发展全域旅游，促进旅游产业转型升级。2019 年，郑州累计接待国内外游客 1.3 亿人次，旅游总收入达到 1598.9 亿元。鼓励发展养老、健康服务业、信息消费、体育健身等新兴业态，加快国家信息消费试点城市建设，完善养老服务体系，促进市民健康消费。坚持“房住不炒”原则，持续完善房地产市场分析监测和市场监管，加快完善多主体供给、多渠道保障、租购并举的住房制度，大力培育和发展房屋租赁市场，确保房地产市场的平稳运行。

三　做优现代都市生态农业

以农业供给侧结构性改革为主线，培育农业农村发展新动能，提高农业综合效益和竞争力，进一步提升农业的生态保障功能。近年来，郑州市积极打造“一带四区五组团”格局①，建设环城都市生态农业圈和沿黄生态涵养带，推动都市生态农业转型升级发展，实施田园综合体建设、生态农业建设、湿地农业建设、休闲农业和乡村旅游提升发展四大工程。在郑州主城区2400平方公里生态圈范围内，大力发展花卉、苗木、林果、蔬菜、牧草等产业，建设环城都市生态农业，打造中心城区农业生态隔离带；在沿黄区域，重点实施成片鱼塘改造湿地公园和稻田养鱼（蟹）等种养游结合项目，打造沿黄生态涵养农业产业带；在山区丘陵重点发展核桃、石榴、梨、苹果等果木产业，打造山区丘陵特色林果产业带。着力打造都市农业主题公园和田园综合体，推动第一产业与第二产业、第三产业融合发展，培育一批生态休闲农业示范园区和产业化集群。着力发展可追溯标准化“菜篮子”生产基地，以品牌农业和星级休闲农庄为引领，促进休闲观光农业提档升级。积极培育现代农业产业集群，大力发展农业生产性服务业、循环农业、智慧农业等新业态。着力发展绿色食品加工业，聚焦绿色安全、营养方便、质量效益，重点围绕速冻食品、肉制品、面制品、枣制品、乳制品及饮料制品、果蔬制品六大行业，打造绿色原料基地，完善冷链物流体系，推动产业链、价值链、供应链加快构建、同步提升，实现由食品加工大市向绿色食品强市转变。

2020年，郑州全市粮食作物播种面积288.8千公顷，粮食总产量146.4万吨，新发展环城都市生态农业10万亩，实施第三批都市生态农业示范园2.5万亩，建设高标准“菜篮子”生产示范基地1.2万亩，三全、思念、白

① “一带”，即沿黄生态休闲旅游文化产业带；“四区”，即嵩山人文休闲观光旅游区、中牟东南部现代农业示范区、新郑国家一二三产业融合发展先导区、航空港临空国际都市农业合作示范区；“五组团”，即中牟雁鸣湖湿地农业景观组团、荥阳巩义邙岭百里林果景观组团、新郑红枣农耕文化景观组团、新密绿色林果景观组团、二七樱桃沟休闲农业景观组团。实施生态农业建设等“四大工程”。

象荣登“2019中国品牌价值评价榜”。2020年末，郑州拥有国家级、省级农业龙头企业达67家，中牟西瓜、新郑灰枣、中牟红蜜桃、中牟蒜薹、荥阳菜心等14个农产品成功入选全国名特优新农产品名录。

第三节　创新驱动发展的郑州探索

郑州作为中部省会城市，在科技创新、对外开放方面与沿海先进地区有着明显的差距。2014年以来，郑州市深入贯彻习近平总书记关于科技创新重要论述和视察河南、郑州重要讲话精神，着力打好“创新驱动发展牌”，推动“三个转变”，营造有利于创新创业创造的良好发展环境，深入实施开放创新双驱动战略，着力培育创新主体，优化创新环境，激发创新活力，积极鼓励和支持新产品、新业态、新模式发展，最大限度释放全社会创新创业创造动能，建设国家极具活力的创新创业中心，为郑州国家中心城市建设和经济高质量发展提供强大科技动力。“十三五”期间，郑州市高新技术企业数量达到2918家，增长约5.3倍；技术市场成交额达到212亿元，增长超9倍；万人发明专利拥有量增长约1.65倍，累计获国家科学技术奖32项，累计获批国家级研发平台15个，“智汇郑州”工程累计引进高层次人才1042名、项目团队413个。2020年，郑州市全社会研发投入236.7亿元，研发投入强度超过2%，万人发明专利拥有量18.2件，科技型企业数量达到7846家，各类科技创新研发平台达到3680家，科技创新已经成为驱动郑州经济社会高质量发展的强大引擎。

一　以郑洛新国家自创区为引领打造创新高地

近年来，郑州市深入实施开放创新双驱动发展战略，科技创新领域不断取得重大突破。中铁盾构研制成功世界最大直径硬岩掘进机；仕佳光子研发的光互连芯片实现进口替代，将破解我国高速数据中心所需芯片关键核心技术难题；安图生物医学检测设备智能化取得突破；宇通客车的氢燃料电池客车、自动驾驶客车开展示范运行，关键指标行业领先。大型盾构机、新能源客车、耐火材料、超硬材料等领域的研发水平和产品市场占有率都处于全国领先水平。

2016年，郑洛新国家自主创新示范区获国务院批准设立，成为引领郑州乃至河南省科技创新发展的重大战略载体和增长极。河南省和郑州市对郑洛新国家自主创新示范区发展高度重视，并作为河南省和郑州市发展的重要机遇，举全省、全市之力加快推进落实。在郑洛新国家自主创新示范区建设实施过程中，河南省、郑州市加强顶层设计，针对郑洛新国家自主创新示范区以及郑州片区在规划建设、集聚科技创新资源、激发创新活力、推动开放式创新、优化创新发展环境、科技创新体制机制探索等方面出台各类指导意见、实施方案和政策保障，启动建设了智能传感器、智能装备等关键创新与转化平台，实施大数据与人工智能等自创区产业集群专项，并在2020年颁布实施《郑洛新国家自主创新示范区条例》，为自创区科学、规范、有序发展提供了法治保障。截至2020年末，郑洛新国家自主创新示范区已经成为引领河南全省创新发展的核心区域，郑洛新三片区研发投入占河南全省的50%，高新技术企业总数达到3883家，占河南全省的61.4%，技术合同交易额达306.8亿元，占河南全省的79.8%。郑州、洛阳、新乡国家高新区在全国排名稳步持续提升，其中，郑州国家高新区进入全国前20。除此以外，近年来，国家大数据综合试验区、中国（河南）自由贸易试验区、中国（郑州）跨境电子商务综合试验区等战略平台获批，郑州国家级互联网骨干直联点开通运行、跻身全国十大通信网络交换枢纽，郑州市获批国家促进科技和金融结合试点城市，郑州市国家高新区被认定为国家首批科技服务业试点区域，国家超级计算郑州中心、国家技术转移郑州中心等重要平台获批建设并已经投入运营，国家专利导航产业发展实验区、国家知识产权创意产业试点园区等平台建设持续推进。郑州科技创新的发展位势不断提升。

二　着力集聚创新人才和资源

“十三五”期间，郑州市大力实施“四个一批”计划，加快科技创新资源和人才的集聚。着力培育扶持一批创新引领型企业。华为鲲鹏生态创新中心全面落地实施，新华三智慧计算终端全球总部基地、中国长城（郑州）自主创新基地等重大项目开工建设，阿里巴巴、海康威视等企业到郑州开设分公司。全国首个千亿级科技服务企业启迪科服总部落地郑州。实施高新技术企业倍增计划，连续5年高企年增速超过40%。实施创新引领型产业集群专项，带动科技型企业增长到7846家。着力搭建一批创新引领型平台。

全国第7家超算中心、国家技术转移郑州中心落地建设并投入运营，获批组建食管癌防治国家重点实验室等15个国家级研发平台，累计建成各类研发平台3680个。着力引进建设一批创新引领型机构，加强院地合作，中国科学院过程所、微电子所、计算所等在郑州设立分所；加强校地合作，浙江大学、大连理工大学等高校在郑州建立新型研发机构；加强军地合作，联合解放军信息工程大学组建信大先进技术研究院，打通了军民科技成果双向转移转化通道。累计引进培育各类新型研发机构43个。着力培育一批创新引领型人才，持续深化“智汇郑州”人才工程，健全完善人才引育、投入、流动、激励、评价机制，引进境内外高层次人才1042名、项目团队413个，并实施普惠性人才措施，实行“零门槛”落户，并按标准发放生活、购房、创业等补贴，吸引各领域、市内外青年人才在郑创新创业。

针对郑州高水平科技创新和教育资源缺乏的短板，河南省、郑州市大力支持以郑州大学为代表的高等院校发展。2017年，郑州大学入选国家“双一流”大学建设名单、受国家支持建设世界一流大学。截至2020年底，郑州大学拥有两院院士、学部委员16人，海外院士4人，国家“百千万人才工程”人选24人，世界一流学科建设学科3个，国家重点学科2个，国家重点培育学科4个。2020年，郑州大学获批建设省部共建食管癌防治国家重点实验室，实现河南省“双一流”高校国家重点实验室建设零的突破。河南农业大学牵头的河南粮食作物协同创新中心成为国家首批协同创新中心。除此之外，河南省、郑州市积极与中科院、清华大学、西安交通大学、浙江大学、中国人民大学等国内顶级高校和科研院所建立合作关系，通过联合建设新型研究机构、开设分校区、技术转让、联合攻关等方式实现科技创新资源转移和创新成果转化。

面向2035年中长期和“十四五”时期的发展，党的十九届五中全会上将科技创新放在各项规划任务的首位。郑州市贯彻落实十九届五中全会精神，围绕打好“创新驱动发展牌”，开展“为国家中心城市建设提供强大科技支撑”大讨论，研究出台《关于加快推进郑州国家自主创新示范区建设的若干政策意见》《关于全面加快科技创新推动经济高质量发展的若干意见》《郑州市制造业科技创新专项行动计划（2020~2022）》等重要政策和举措，全市将科技创新作为国家中心城市核心功能，围绕“四个面向”，优化科技创新布局，集聚科技创新资源，完善创新生态环境，深入实施人才强市战略、科技兴市战略、创新驱动发展战略，持续提升高新人才吸引力、尖端技术研发力、创新成果转化力。以中原科技城为引领，聚合龙湖北部、智慧岛、中原科学谷三大片区打造沿黄科创带，着力把郑洛新国家自主创新示范区郑州片区打造成为中原融入全球科创网络的关键枢纽，围绕北斗5G、智能传感、信息安全、材料科学、生命科技、数字文创、鲲鹏生态体系等重点领域，强化企业创新主体作用，大力实施黄河人才计划，努力建设国家极具活力的科技创新中心。

三　实施开放创新双驱动战略

面对创新、开放方面的短板，郑州市深入实施开放创新双驱动战略，为河南省建设中西部科技创新高地、内陆开放高地提供引领和重要支撑。郑州市坚持以开放促创新、以创新促发展，以开放拓平台、引要素，以创新添动力、强支撑，研究出台了一系列支持开放创新载体平台建设和新兴业态发展的政策措施，对外开放水平和创新能力持续提升。积极融入国家“一带一路”发展战略，郑州市成为丝绸之路经济带重要节点城市。近年来，郑州市依托郑州航空港经济综合试验区，围绕新一代智能终端、电子核心基础部件、智能装备制造、航空及冷链物流等新兴产业集群，加快推进智能终端产业全产业链集群发展，国家通用航空产业综合示范区建设，推动飞机租赁业发展取得突破。

2014 年 5 月，习近平总书记调研郑州跨境电子商务试点时鼓励郑州向“买全球、卖全球”目标迈进。郑州市牢记习近平总书记嘱托，大力推进郑州跨境电子商务试点建设。2016 年，中国（郑州）跨境电子商务综合试验区成功获批。郑州跨境电商以 EWTO 核心功能集聚区建设为引领，探索国际跨境电商行业规则制定，深化跨境电商平台体系建设，构建完整的跨境电商生态链和产业链。郑州跨境电商“1210”监管模式得到世界海关组织认可，已逐步推广至 100 多个国家和地区。首创的“跨境电商零售进口退货中心仓模式”入选了全国自贸试验区第六批改革试点经验，被国务院印发推广；“网购保税+线下自提”跨境电商商业模式也已在部分省市复制推广。2020 年，郑州市跨境电商交易额 133 亿美元，多年保持在全国前列。自 2017 年起，连续五年举办全球跨境电商大会，成为国际跨境电子商务规则创新和交流的重要平台。

自2018年起，每年在郑州举办中国·河南招才引智创新发展大会、中国·河南开放创新暨跨国技术转移大会，通过开发使用云服务平台，充实和完善技术成果、高层次专家和重大技术需求三大核心创新数据库，每年签约技术项目300多项，2019年，中色科技与ABB（中国）公司合作承担的“冷轧机电气控制系统”等23项重大关键技术研发项目签约。此外，郑州市以中欧区域政策合作案例地区建设为契机，加快实施《郑州市推进中欧区域政策合作案例地区建设工作方案（2018~2020年）》，持续深化与欧洲城市间在可持续发展、科技创新、产业升级、智慧城市等领域合作，不断取得丰硕成果。

四 全面激发创业创新活力

郑州市大力推动“大众创业、万众创新”，高质量建设国家级和省级“双创”基地、大学生创新创业实践示范基地、小型微型企业创业创新示范基地、创业孵化园等，积极建设线上线下结合的创客空间、创新工场等新型孵化器，推动大型企业、新型研发机构建设专业化众创空间。2016年，国务院确定的大众创业万众创新示范基地当中，郑州航空港经济综合实验区被确定为区域示范基地，依托河南汉威电子股份有限公司建设传感器专业化众创空间。2020年底，郑州市金水区（创业就业方向）、郑州市高新技术产业开发区（融通创新方向）、洛阳市高新技术产业开发区（精益创业方向）入选了国务院办公厅公布的第三批大众创业万众创新示范基地建设名单，依托郑州宇通集团有限公司建设新能源汽车国家专业化众创空间。此外，2015年，郑州市成功举办郑州（首届）国际创新创业大会暨全球众筹峰会，2019年，成功举办第五届中国创客领袖大会，成为国内外创新创业活动交流的重要活动。2020年，郑州市科技孵化载体增长到255家，孵化面积861万平方米。

郑州市坚持围绕主导产业布局“创新链”，围绕创新源谋划“产业链”，围绕科技创新项目建立“服务保障链”，完善“两金一扶”保障体系，推进“两器一园”创新创业综合体建设，健全“产学研政资介”相结合的科技自主创新体系。“十三五”期间，郑州市组织实施重大创新专项160项，支持资金超过3.5亿元，攻克一批关键技术，带动形成一批新兴优势产业。宇通新能源客车动力系统成为行业主流，销量全国行业第一；安图生物新型冠状病毒抗体检测试剂盒，获欧盟和国家药监局批复，为全国疫情防控作出郑州贡献；UU 跑腿等一批创新项目脱颖而出。

五　加快改革优化创新生态

近年来，郑州市突出企业创新主体地位，加快培育创新生态链，汇集改革动力，激发人才活力，加强专利权、商标权、版权等要素市场和产权市场法治建设。建立完善强化科技创新驱动、推动经济高质量发展的“1+N”政策体系，加大企业创新政策激励力度，大力培育高新技术企业、科技型企业，积极引进培育雏鹰企业、瞪羚企业、独角兽企业。改革财政涉企科技经费使用方式，从竞争性点对点支持转变为后补助支持，从择优选拔转变为条件审查，“十三五”期间享受研发费用补助的企业增加近 4 倍，全市财政科技资金从 1.9 亿元增加到 2020 年 9.7 亿元，带动全社会研发投入增加到 236.7 亿元，研发投入 1 亿元以上企业 39 家、超 10 亿元企业 4 家。

依托郑洛新国家自创区郑州片区、郑州国家高新区探索科技管理体制及人事薪酬制度改革，通过“赋权、改制、考核、激励”四步联动，激发了干事创业活力。开展新型产业用地政策试点，在全省率先推出新型产业用地（M0）试点，新增新型工业用地（M1A）支持新兴产业，有效降低了科技型企业用地成本。全力推进科技领域“放管服”改革，率先在全市实现全流程“一网通办”零的突破。实施顶尖人才“全权负责制”，落实科研人员发明成果转化创业、科技成果收益分配、股权期权激励等政策，推动科研机构与企业双向交流。高新区管理体制与人事薪酬制度改革初显成效，将在全省国家级高新区复制推广。

郑州市大力实施“智汇郑州”人才工程。围绕郑州市重点发展的战略主导优势产业以及互联网、大数据、智能化等战略性新兴产业发展方向，分别针对高层次人才（顶尖人才、国家级领军人才、地方领军人才、地方突出贡献人才）、高技能人才、博士后、青年人才，从奖励资金、科研经费、住房、落户、生活补贴、购房补贴等方面出台各种不同层次的支持计划，并通过乡情引才、创新创业建设出台支持政策。2020 年，“智汇郑州”人才工程获评“全国人才工作最佳案例”之一。

扎实推进军民融合深度发展。全力推进一批国防科技关键核心技术攻关，加快开发和实施一批军民两用技术产品。依托新材料、精密机械加工、高端装备制造等军民融合重点领域，有效引导“民参军”“军转民”。加强与省内外央属军工单位对接，加快引进综合实力强、科技含量高的军民融合型企业。建设河南郑州军民融合产业创新基地、河南军民融合产业基地、北斗产业园。

第四节　基础能力提升的郑州模式

近年来，郑州市牢固树立新发展理念和以人民为中心的发展思想，以国家中心城市建设为统揽，坚持项目带动，统筹实施一批重大专项，以提升现代化水平为方向强化基础能力综合竞争优势，为加快郑州国家中心城市建设提供强有力的保障和支撑。

一　提升综合交通枢纽地位

2014 年 5 月，习近平总书记在郑州国际陆港集团视察时，勉励郑州要“建成连通境内外、辐射东中西的物流通道枢纽，为丝绸之路经济带多作贡献”。七年来，河南省和郑州市牢记总书记嘱托，以建设国际综合交通枢纽为引领，积极推动“四路协同、五区联动”，依托空运、高铁、公路、海运等交通运输方式打造多式联运体系，国际枢纽门户地位持续强化，开放平台支撑更加坚实。“十三五”期间，郑州市进出口总额近 2 万亿元、全省占比 70%左右，稳居中部城市第一。尤其是 2020 年，在新冠肺炎疫情冲击下，郑州市进出口总额达到 4946. 4 亿元，同比增长 19. 7%，实现了疫情下的逆势上扬。到 2020 年底，郑州实现国际贸易“单一窗口”申报率 100%，航空口岸“7×24 小时”通关，铁路口岸“7×24 小时”预约通关，联合国工业发展组织总部北方区域协同中心落户郑州，河南省中国公民签证申请受理便利化平台正式启用。郑州被确定为全国 12 个最高等级的国际性综合交通枢纽之一、全国首批唯一的空港型国家物流枢纽。习近平总书记 2019 年 3 月参加十三届全国人大二次会议河南代表团审议，肯定了郑州打造内陆开放高地的做法成效。

“空中丝绸之路”享誉全国。“十三五”期间，郑州开通货运航线 51 条、客运航线 194 条，通航全球 132 个城市，新郑机场二期建成投用。2018 年，郑州获批第五航权，《郑州国际航空货运枢纽战略规划（2018～2035

年）》通过并实施。横跨欧美亚三大经济区国际枢纽航线网络初步形成，成为全国第二个实现航空、铁路、轨道交通、高速公路一体化换乘机场。2017 年 6 月 14 日，国家主席习近平在会见卢森堡首相贝泰尔时，明确提出支持建设郑州—卢森堡“空中丝绸之路”。2020 年，郑州机场完成货邮吞吐量 63.94 万吨、旅客吞吐量 2140.67 万人次，在全国排名分别提升至第 6 位和第 11 位，相比于 2014 年分别提高 2 位和 6 位，运输规模连续 4 年保持中部“双第一”。2015 年，穆尼飞机“郑州号”下线交付，郑州成为中西部地区首个生产通航认证飞机的城市，截至 2020 年底，国家通航产业综合示范区累计入驻通航企业 70 家，机队规模 100 多架。郑州依托航空港经济综合实验区，积极培育发展智能终端及新型显示、智能装备、智能网联和新能源汽车、生物医药、航空制造和服务等新型产业，加快航空物流、电子商务、文旅商贸等产业发展，截至 2020 年底，航空港实验区建成区已达 100.86 平方公里，基础设施覆盖超过 200 平方公里，区内道路通车里程超过 500 公里。“十三五”期间，航空港实验区以智能终端为代表的世界级电子信息产业集群稳步扩容，累计 200 余家企业入驻，从 2011 年到 2020 年，航空港实验区累计手机出货量超过 16 亿部，河南成为仅次于广东的手机生产大省。2020 年，占地 255.41 公顷的新郑国际机场三期工程用地顺利获批，中州航空公司正式开航，成为航空港实验区首家本土货运航空公司，为补齐货运设施短板、加快国际航空货运枢纽建设起到重要支撑。

“陆上丝绸之路”连通亚欧。中欧班列（郑州）网络覆盖全球 30 多个国家 130 多个城市，开行班次、质量稳居全国第一方阵，成为中东部地区唯一获批的中欧班列集结中心示范工程。2020 年，中欧班列（郑州）累计开行 1126 班，累计货重 71.5 万吨、货值 42.8 亿美元。自 2013 年 7 月 18 日开行以来，中欧班列（郑州）累计开行 3886 班，累计货重 210.28 万吨、货值 160.67 亿美元。在全国 63 家开行班列中，中欧班列（郑州）在市场化程度、信息化程度和国内国际双向物流枢纽网络布局等方面保持领先，综合运营能力处于全国第一方阵。“十三五”期间，建成功能性口岸 9 个，使郑州成为内陆地区功能性口岸数量最多、种类最全城市。2020 年，面对新冠肺炎疫情冲击，中欧班列（郑州）发挥独特优势和战略通道作用，中欧班列（郑州）2020 年 2 月中旬率先在全国恢复常态化开行，为保障国际产业链供应链安全稳定提供了有力支撑。“十三五”期间，郑渝、郑徐、郑太等高铁顺利通车运营，以郑州为中心的“米”字形高铁网基本建成，2021 年，郑济高铁即将通车，郑州将成为全国第一个完成“米”字形高铁网络的城市。“十三五”期间，郑焦、郑机城际铁路通车运营，郑登洛城际铁路、郑许市域铁路等工程开工建设，郑州西站投入使用，国家高铁调度中心落户郑州，郑州分别入选首批国家骨干冷链物流基地建设名单、全国第二批城市绿色货运配送示范工程创建城市。

“网上丝绸之路”服务世界。2014 年 5 月，习近平总书记在河南视察时鼓励郑州跨境电商向“买全球、卖全球”的目标迈进，七年来，郑州跨境电商快速发展，交易规模均走在全国前列，跨境电商的“郑州模式”为全世界提供中国方案。2016 年，国务院正式批复设立中国（郑州）跨境电子商务综合试验区；2017 年，河南省正式成立 EWTO 核心功能集聚区。“十三五”期间，跨境电商“1210”模式在全国复制推广，全球网购商品集疏分拨中心基本建成，跨境电商交易额年均增长 25%以上。2020 年，尽管受到新冠肺炎疫情冲击，但郑州海关共验放跨境电商进出口清单 2.43 亿单，货值 306 亿元，比上年分别增长 91.5%和 89.4%，实现跨越式增长。2020 年，郑州打造“电商+口岸”双引擎模式，支持企业开通郑州至东京、纽约、洛杉矶、首尔、列日、布达佩斯、曼谷等城市的跨境电商包机专线，全年郑州海关共监管通过电商包机、国际快递等航空运输方式出口的跨境电商包裹约 1.1 亿单。2020 年，“跨境电商零售进口退货中心仓模式”入选国务院第六批自贸区改革试点经验，入选全国跨境电商 B2B 出口监管试点城市。

“海上丝绸之路”通达顺畅。2015 年，郑州市联合郑州铁路局、青岛港、连云港、郑州海关等单位成立铁海联运服务中心，意在将港口功能向内陆延伸至郑州铁路集装箱中心站，致力于打造郑州无水港。经过几年发展，郑州已经与青岛港、天津港、连云港、宁波港等港口以及世界知名港口形成合作，依托铁路交通优势，打造“铁公水”多式联运大通道。

二　加强重大基础设施建设

大力推进互联网通信基础设施建设。持续实施郑州国家级互联网骨干直联点提升工程，加快推进实施郑州国家级数据中心建设。落实中央关于新基建的要求，2020 年末，郑州市实现 5G 基站在市区和县城全覆盖，城市大脑的前两期建成并投入运营，智慧交通、智慧城管、智慧医疗等 14 个领域 118 个应用场景纷纷上线。尤其是疫情期间，郑州市政府联合阿里巴巴公司，开发数字化疫情防控整体解决方案，为及时提升疫情防控水平提供了有力的支持。2018 年以来，郑州市在打好脱贫攻坚战的同时，加快农村通信网络建设，推进 4G 网络、光纤宽带网络覆盖以及网络提速降费，累计完成农村地区网络建设投资 44.61 亿元，到 2020 年末，郑州全市农村 4G 网络基站达到 14792 个，农村手机用户达到 399 万户，农村固定宽带端口达到 320 万个，并实现了 4974 个 20 户以上自然村光纤接入和 4G 网络全覆盖。

持续推进水生态文明建设。2013 年 7 月，郑州市被确定为全国水生态文明建设试点城市，多年来，郑州市将水生态文明作为生态建设的重要内容，持续加大建设力度。截至 2021 年 3 月，共完成投资 385 亿元，8 个方面、25 项任务、10 个示范项目全面完成，并通过水利部的验收。此外，2014 年 12 月，南水北调主干渠按期通水，90%以上市民喝上丹江水。牛口峪引黄、环城生态水系、石佛沉砂池至郑州西区生态供水等工程建成，贾鲁河综合治理生态修复工程基本建成，全年向城区调引生态水 3.7 亿立方米，南水北调中线观音寺调蓄工程开工建设，双桥污水处理厂、南三环中水公园等污水处理项目投入运营，郑州的城市水生态环境明显改善，河湖水系生态治理成效逐步显现。黄河流域生态保护和高质量发展国家战略提出以来，郑州市启动黄河流域生态保护和高质量发展核心示范区规划建设，坚决“实行最严格的水资源管理制度”，落实“以水定城”原则，扎实推进黄河入河排污口治理、黄河滩区突出生态环境问题专项整治等治理工程。2020 年，黄河流域核心示范区涉黄河 1800 多个问题整治到位。

此外，郑州市持续完善以电力、石油、燃气主干网络为主体的现代能源综合运输体系，实施“引热入郑”工程，有力保障“西气东输”相关工程实施，为郑州市不断提升城市承载力提供坚强保障。

三　以改革创新优化营商环境

近年来，郑州市贯彻党中央要求，推进全面深化改革，不断为国家中心城市建设释放新的改革红利。以“一网通办、一次办成”为牵引的“放管服”改革取得重大突破，截至 2020 年底，全市有 2110 项服务事项实现“最多跑一次”，占全部事项的 90%；1756 项事项实现“一次不用跑”，占全部事项的 80%。依托政务服务网、“郑好办”上线政务服务、便民服务事项 544 项，为市民掌上办事提供了便利。工程建设项目审批时间压缩至最长 61 个工作日、最短 30 个工作日办结。不动产业务办理实现一件事“当场办、当天办”，“互联网+不动产登记”实现 16 个部门数据集成，“登银合作”模式全国领先。

深入推进商事登记制度改革，“十三五”期间，中国（河南）自贸区郑州片区积极深化改革创新打造制度型开放高地，形成了 35 个全国首创的制度创新案例，4 项在全国复制推广。积极推进企业和个体工商户“多证合一”改革，投资项目全面在线审批，市场准入负面清单试点加快实施，公共资源交易实现在线监管全覆盖，成功创建国家社会信用体系建设示范城市，荣获国家“守信激励创新奖”，营商环境不断改善，成为全国第 8 个市场主体超百万省会城市。2018 年福布斯发布“中国大陆最佳商业城市”榜单，郑州居第 12 位。

深化国企改革，“十三五”期间，市属企业剥离办社会职能工作基本完成，645 家国有企业资产清查完成，10.8 万名企业退休人员实现社会化管理，中原环保成为全省唯一入围全国国企改革的“双百企业”，郑煤机改革经验全国推广。机构改革持续深化，市县机构改革全面完成。完善财政管理体制，市县两级财政预算绩效管理框架基本成型，完善政府投资基金体系，规范政府债务管理。实施规划集中统一管理制度，推进城市管理重心下移。启动财政管理体制改革，市属学校去行政化改革基本完成，分级办学体制扎实推进，“联合辅导”模式全国推广。深化农村综合改革。完成确权登记颁证工作，农村承包土地“三权分置”改革、农村集体产权制度改革扎实推进，创新农业农村金融扶持方式，建立都市生态农业建设专项基金，推动农业担保体系向县级延伸。医疗卫生体制改革加快推进，医疗卫生行业综合监管“郑州模式”获评全国优秀信用案例，获批国家城市医疗联合体建设试点城市。

第五节　新型城镇化建设的郑州经验

2016 年 12 月，国家批复《促进中部地区崛起“十三五”规划》，明确提出支持郑州建设国家中心城市。这标志着郑州市的城市建设和城市发展进入了新的历史阶段。尤其是近年来，习近平总书记高度关注郑州的城市发展，2019 年 8 月主持召开中财委第五次会议，把郑州列入国家高质量发展区域增长极城市行列；2019 年 9 月在郑州主持召开黄河流域生态保护和高质量发展座谈会，把黄河流域生态保护和高质量发展确定为重大国家战略；2020 年 1 月在中财委第六次会议上提出强化郑州等国家中心城市的带动作用，为郑州指明前进方向、带来重大机遇、赋予重大责任。

近年来，郑州市以国家中心城市建设为统揽，坚持以人为核心推进新型城镇化，优化市域空间格局，确定了“东强、南动、西美、北静、中优、外联”的城市发展布局，提升城市功能品质、管理水平，优化城市生态和人居环境，推动县域城镇化高质量发展，大力实施乡村振兴战略，努力向建成“三中心一枢纽一门户”目标持续迈进。

一　全力推进国家中心城市建设

“十三五”期间，郑州市在城市发展、新型城镇化建设方面迎来重大机遇。2016 年 12 月，国家批复《促进中部地区崛起“十三五”规划》，明确提出支持郑州建设国家中心城市。2018 年 11 月，郑州跻身国家建立更加有效的区域协调发展新机制 12 个城市。2018 年，郑州市实现地区生产总值突破 1 万亿元、常住人口突破 1000 万、人均生产总值突破 10 万元的“三大突破”，郑州市进入特大城市行列；2019 年，郑州市城镇化率达到 74.6%。2019 年，河南省委省政府出台支持郑州国家中心城市建设的指导意见，要求“让郑州这个龙头高高扬起来”，提出“在全省发挥更大辐射带动作用、在全国同类城市竞争中形成更多比较优势、在国际上赢得更大影响力”的“三个在”发展目标，并给郑州明确了“三中心一枢纽一门户”[①] 的发展定位。

“十三五”期间，郑州市在新型城镇化推进理念上发生了显著变化，转变了“十二五”时期“以拆开路、以拆促建”的思路，转向“以建为主、提升品质、扩大成效”，逐步走向内涵式、集约型、绿色化的城市高质量发展道路。强化规划引领，高标准编制《郑州市城市总体规划（2020～2035 年）》，完成《城市生态保护与建设规划（2017～2035 年）》《沿黄河南岸

① 三中心一枢纽一门户，即国家重要的经济增长中心、极具活力的创新创业中心、华夏历史文明传承创新中心，国际综合交通和物流枢纽，内陆地区对外开放门户。

生态带空间规划》《郑州历史文化名城保护规划（2017~2035年）》等编制工作，制定并实施《国家中心城市行动纲要》。全面落实省委省政府《关于支持郑州建设国家中心城市的若干意见》《郑州大都市区空间规划（2018~2035年）》等部署，加快构建“一核四轴三带多点”空间结构，“1+4”郑州大都市区的规划、交通、产业、生态等领域加速融合，黄河流域生态保护和高质量发展示范核心区建设率先起步。

郑州市域范围内确定了“东强、南动、西美、北静、中优、外联”的城市发展布局，以道路综合改造、老旧小区综合改造、城乡接合部综合改造和城市精细化管理“三项工程、一项管理”为抓手的城市有机更新全面推进，综合管廊、海绵城市等试点工作进展顺利。以32个核心板块开发建设为带动的城市结构优化、形态提升效果不断显现，以精品村、示范村为突破的美丽乡村建设有序实施。以轨道交通为重点的基础设施建设全面提速，“十三五”时期，郑州市政轨道交通由线成网，农业路高架、四环快速化等一大批重大基础设施建成投用。市域城市建成区面积由744.77平方公里扩大至1200平方公里左右，郑东新区、上街区、高新区、中原区、金水区等市辖区范围内基本实现全域城镇化。以智慧规划工程为引领，统筹地下地上建设，清洁取暖、综合管廊、海绵城市等试点城市工作顺利推进。“十三五”期间，郑州市安置房竣工6759万平方米，回迁群众89万人。“四个中心”（奥体中心、文博艺术中心、市民活动中心、现代传媒中心）陆续建成投用，中央文化区成为城市发展新地标。成功举办第十一届全国少数民族传统体育运动会。“十三五”期间，郑州市入选全国综合管廊试点城市和河南省海绵城市建设试点城市。城乡环境面貌、形态品质、承载功能全面提升。2018年，中国社会科学院郑州研究院发布了“国家中心城市指数视角下的郑州方位”等系列研究成果，郑州市在交通、金融、科技等10大领域中有7个进入国家潜在的中心行列。

二　着力推动城镇化发展提质增效

持续推进“畅通郑州”工程。配合推进“米”字形高铁网建设，推进城市轨道交通、城市公交、“井字+环线”快速路网、市域快速通道、高速公路、国省干线公路和县域路网等建设，“十三五”时期取得跨越式发展。城市轨道交通2号线、5号线、4号线、3号线等陆续投入运营，轨道交通运营里程达到206.3公里，“米字+环线”地下轨道交通系统初具规模。“大三环”快速路系统实现闭合，西三环延线、南三环东延高架、东三环高架、金水路西延、金水路快速化、陇海路快速通道、京广路二期、农业路高架、环城高速出入口、国道107东移工程、四环快速化等重要市政道路建成通车，基本消除三环内断头路，中心城区“井字+环线”快速路网体系基本形成，初步实现“半小时市区交通圈”目标。扎实推进“公交都市”示范城市创建工作，优化调整公交线路，加快公交专用道、公交场站建设，提高公共交通路权和智能化水平，积极推进“绿色交通”建设，公交车辆逐步实现全部新能源替代。

城市建设和管理水平不断提升。2015年中央城市工作会议上，习近平总书记强调：“做好城市工作，要顺应城市工作新形势，改革发展新要求，人民群众新期待，坚持以人民为中心的发展思想，坚持人民城市为人民。”五年多来，郑州市牢固树立以人民为中心的发展思想，以服务郑州国家中心城市建设为主线，坚持标准化、精细化、品质化、智慧化贯穿城市管理全过程，提升城市设施和人居环境的现代化、国际化水平。“十三五”期间，郑州市以新型智慧城市、海绵城市、地下管廊建设为引领，统筹地下建设与地上建设，解决“逢雨必涝”“马路拉链”等群众反映强烈的现实矛盾和问题；围绕创建全国全民运动健身模范城市，持续加强公共体育设施建设，加快构建城市15分钟健身圈，广泛开展全民健身运动；文庙、城隍庙、百年德化街、二砂文化创意园、古荥大运河文化区等历史文化和特色文化项目建成使用；大力推进老旧小区改造、厕所革命、垃圾分类、街景整治、建筑外立面与屋顶专项整治等工作，实施中心城区沿河步道贯通工程，持续推进灯光亮化工程；持续推动标准化市场建设和提升改造力度，推进市场外迁；全面推进垃圾分类处理，90个办事处、246.96万户居民推进生活垃圾分类全覆盖，覆盖率达98.08%；20万个停车泊位一键导航，公厕地图囊括2523座公厕；综合执法、城市管理指挥决策平台、智慧市政、智慧照明、物联网共享基站等智慧城管系统建设加快推进。国家中心城市郑州正在成为举世瞩目的中原城市群区域增长极，宜居、宜业、宜乐、宜游的新郑州正在形成。

扎实有序推进县域城镇化。深入贯彻落实河南省关于百城建设提质工程的要求，推动县域城镇化水平提升。着力培育主导产业、提高综合承载力、改善公共服务水平、建设生态宜居环境、提升城乡治理能力五个关键环节，发挥县城连接城乡、承上启下、促进城乡互动的纽带作用。更加注重以人为本，完善土地、财政、社保等配套政策，促进农民工城市化，实现农民和市民权益互联互通，让农村转移人口“进得来、留得住、过得好”。持续加强县城水电气暖、垃圾和污水处理等基础设施建设，逐步强化县城、组团新区以及产业集聚区的城市功能。做好以水润城、以绿荫城、以文化城、以业兴城“四篇文章”，抓好生态环境治污、交通秩序治堵、市容卫生治脏、公共服务治差城市“四治”，推进以老旧小区整治提升为重点的老城区有机更新。2020 年，新郑、巩义、新密、荥阳上榜中国县域经济百强县，巩义入选中国最具幸福感城市。

统筹推进脱贫攻坚和乡村振兴。全力打好打赢脱贫攻坚战，“十三五”期间，全市 248 个贫困村 96549 贫困人口全部实现脱贫摘帽，实施“七免一减”、大病集中救治等精准健康扶贫措施，全市因病致贫 5428 户 18551 人全部脱贫。大力推进美丽乡村建设。出台美丽乡村建设导则，建设美丽乡村 50 个，创建“千万工程”示范村 300 个。规划保留村生活垃圾有效治理，实施农村户厕改造工程。2020 年，中牟官渡镇、巩义竹林镇分别获批全国农业产业强镇、乡村治理示范乡镇。加强农村人居环境综合整治，实施农业垃圾、污水无害化处理全覆盖工程，通过市县两级共同治理，建立起“村收集、乡转运、县处理”的垃圾处理系统。因地制宜、量力而行，培育形成一批产业形态特色鲜明、美丽环境和谐宜居、传统文化彰显特色、设施服务便捷完善、体制机制充满活力的乡镇。落实习近平总书记关于“四好农村路”建设的批示精神，贯彻河南省委省政府关于脱贫攻坚的相关部署，出台《关于加快农村公路建设 2018～2020 年三年行动计划的实施意见》，20 户以上自然村全部通硬化路

三 始终坚持以人为本的发展理念

郑州市牢记习近平总书记关于打好新型城镇化发展牌的嘱托，始终坚持以人为本的发展理念，将城市发展和人民群众对美好生活的向往紧密联系在一起。“十三五”期间，郑州市人民生活水平不断改善，群众获得感幸福感安全感显著增强。全市民生财政支出年均增长 5.6%，居民人均可支配收入从 26254 元提高到 37275 元，年均增长 7.3%，城市、农村低保标准分

别由每人每月520元和290元增长到每人每月730元。五年间，郑州市持续放宽外来人口落户限制，实现人口净流入260多万，每年有超过20万的青年人才到郑州就业生活，“十三五”期间累计新增城镇就业65.7万人，城镇登记失业率始终保持在3%以下。法治郑州、平安郑州建设取得明显成效，基层社会治理创新得到群众好评，打赢重大风险防范化解攻坚战，社会发展大局和谐稳定。

着力破解教育资源不平衡不充分问题。“十三五”期间，郑州新建、改扩建中小学179所，投用140所，新增学位27.6万个；新增普通高中17所，市区开工新建迁建高中段学校13所、新增普通高中学位2.96万个；新增幼儿园397所、新增学位7.99万个。为推动城乡教育资源均衡发展，5年来，郑州投资16.5亿元推进“全面改薄”工程，使得乡村学校办学条件大幅改善。自2018年起，郑州启动“新优质初中”创建和培育三年行动计划，计划创建和培育一批“新优质初中”，探索不同类型学校的发展路径，促进一批义务教育阶段学校逐步成长转化为特色彰显、质量提升的新型优质学校。截至2020年底，郑州市九年义务教育巩固率达到100%，义务教育基本均衡县（市、区）比例达到100%，义务教育阶段大班额占比下降到27.8%。除此之外，“十三五”期间，郑州大学入选全国“双一流大学”建设名单；全面实施中小学校午餐配餐和课后延时服务，得到学生和家长的一致好评；中小学及托幼机构食堂“互联网+明厨亮灶”全覆盖；职业教育规模在全国领先。

全面深化医疗卫生体制改革。“十三五”期间，郑州市坚持以人民健康为中心，以改革创新为动力，大力推进智慧医疗，全面实施健康郑州行动，医改各项工作走在了全省乃至全国的前列，医疗卫生行业综合监管“郑州模式”获评全国优秀信用案例，获批国家城市医疗联合体建设试点城市。诊间支付、“就医一卡通”等便民服务受到群众普遍欢迎；取消药品耗材加成、联合议价等措施有效减轻就医负担，推行日间手术同种术式，住院费用平均下降20%以上；推进按病种收付费改革，104个病种收费标准平均降低12%；推动公立医院药品耗材联合议价、集中采购，药品、高值医用耗材平均降幅分别为11.20%、12.91%；全部推行药品采购“两票制”，执行比例达98%以上，有效降低药品价格。加快推进区域医疗中心建设，全面实施分级诊疗制度，启动布局全市社区卫生服务中心网。全力构建智慧医疗健康体系，推行“通卡就医”，身份证、社保卡就医覆盖 45 家医疗机构，31 家医疗机构实现电子健康卡“亮码就医、脱卡就医”，“十三五”末，所有市级和部分县级二级及以上共 20 家公立医院的就诊记录、电子病历等数据上传平台，汇聚医疗健康数据 1 亿多条、健康档案 480 万余份，初步实现跨部门、跨区域、跨系统的信息数据互联互通和共享。“十三五”期间，全市城乡居民人均期望寿命提高到 80 岁，国家扩大免疫规划疫苗接种率 98.01%，法定传染病发病率实现连续 8 年下降，全市完成疟疾消除工作，肺结核发病率 36.54/10 万，婴幼儿和孕产妇死亡率显著下降，358 个传染病疫情、突发公共卫生事件直报点覆盖全市，居民健康素养水平达到 25.94%，主要健康指标和人口发展指标位居全省前列。持续推进委属医疗卫生项目 32 个，总投资 102.8 亿元，总建筑面积 188.74 万平方米，设置床位数 11050 张，千人口床位、执业医师、注册护士数量分别累计增长 23%、40%、42%。尤其是 2020 年新冠肺炎疫情期间，7 万医务人员不畏生死、冲锋在前；219 名医疗队员白衣逆行驰援武汉、新疆；全国率先实施重点人群健康扫码管理等 5 项举措；岐伯山医院 17 天建成投用，为战疫胜利作出突出贡献。五年来，郑州市被国务院表彰为公立医院综合改革成效明显地市，县域综合医改、分级诊疗、综合监管等工作作为典型全国推介，区县（市）在基层中医药等多项工作中被评为全国先进或入选全国示范单位，公立医院综合改革等 8 项改革入选河南省医改典型案例；分级诊疗、医联体建设、健康城市建设、多元化综合监管、医养结合、安宁疗护等多项工作被纳入国家试点。全市创建国家卫生城市 6 个、卫生城镇 27 个，省市级卫生乡镇、小区（村）及卫生单位 855 个。3 个区县（市）分别被评为国家和省级健康促进示范区县，17 家医疗机构被评为省级健康促进示范单位，健康社区做法作为典型案例被纳入国家项目。

社会保障水平不断提高。实施全民参保计划，2020 年，郑州市城镇职工基本养老、城乡居民基本养老、失业、工伤保险参保人数分别达到 568.14 万人、233.83 万人、250.11 万人、194.49 万人，基本医疗保险参保人数 760 万人，帮助贫困人员参加城乡居民养老保险，达到了对贫困人员应保尽保、应缴尽缴、应享尽享的目标。进一步提高基本养老保险待遇水平，企业退休人员基本养老金从“十二五”末的平均每月 2413.2 元增加到 3061.3 元。城乡居民基础养老金进行了 5 次调整，由每人每月 138 元提高到200元。失业人员月人均失业保险金水平达到1520元，较“十二五”末增长118.7%。深入推行社保卡“就医一卡通、门慢处方共享、三级转诊”，目前已有1310多家药店和30家医院接入就医一卡通平台，各上线医院就诊卡办理量减少1/2，门诊就诊流程时间缩短1/3，有122万人持社保卡办理医院内各项诊疗业务。全面提升社保卡线上线下服务能力，已开设“市—县—乡—村—合作银行”五级社保卡服务窗口2300余个，196个银行网点已经开通了即时制卡服务，实现立等可取。

四　持续优化城市生态和人居环境

“十三五”期间，全面贯彻习近平总书记“绿水青山就是金山银山”的发展理念，绿色发展的观念深入人心。五年累计建成公园、微公园、小游园超千个，城市绿地面积年均增长千万平方米以上，成功举办中国（郑州）第十一届园林博览会，获评国家生态园林城市。推动城市拆墙透绿，开展社区美化行动，绣花匠心打造城市美环境。严格实施规模以上企业“能排双控”，淘汰出清“两高一资”产能，“十三五”期间，累计拆改非电燃煤锅炉1330台5078蒸吨，煤炭消费总量下降33.6%，实现主城区煤电机组清零、全市散煤清零、“散乱污”企业动态清零，1蒸吨以上燃气锅炉基本完成低氮改造，对企业实行“差别化”管控，统筹推进高质量发展与生态环境保护。实施引热入郑工程，采用地热、再生水等清洁取暖方式供暖，全市新增清洁能源供暖面积1418万平方米。市区公交车全部新能源化，推广新能源网约车6370辆，更新新能源出租车8400辆，施工工地扬尘、渣土车管理逐步实现了规范化、智慧化管理。道路、城乡接合部综合环境承载能力提升显著，夏季臭氧污染治理成效显著。截至2020年底，$PM_{2.5}$、PM_{10}年浓度分别下降12.1%、14.3%，全年优良天数230天，比上年增加53天，成功退出全国168个重点城市空气质量排名后20名。

坚持四水同治，建设生态水利、景观水利、民生水利，重拳治理黄河沿线“四乱”问题1822个，全面建成贾鲁河综合治理生态修复工程。落实河湖长“治、管、护”责任，全力消除各类黑臭水体，持续提升国省控断面水质，全市水生态环境明显改善，2020年，郑州市8个国、省控断面全部达到地表水四类水质，其中6个达到三类以上水质；南水北调中线总干渠水质稳定达到二类水质，全市集中式饮用水水源地取水水质达标率达到

100%，城市建成区 10 条河流全部达到四类以上水质，城市黑臭水体动态清零。启动黄河流域生态保护和高质量发展核心示范区规划建设，坚决“实行最严格的水资源管理制度”，落实“以水定城”原则，扎实推进黄河入河排污口治理、黄河滩区突出生态环境问题专项整治，建设沿黄生态廊道和湿地公园群，提升郑州城市生态品质。截至 2020 年，全市土壤环境质量总体保持稳定，全市受污染耕地安全利用和治理修复任务全面完成，污染地块安全利用率达到 100%，重点行业重点重金属污染物排放量与 2015 年相比实现零增长。

强化顶层设计，坚持条块结合。2018 年，印发《关于全面加强生态环境保护坚决打好污染防治攻坚战的实施意见》和大气、水、土壤污染防治三年行动计划，明确生态环境保护工作中长期目标任务，加快产业结构、能源结构、运输结构调整，加强生态屏障建设，加大城乡接合部综合整治力度。编制了《郑州市“十三五”能源发展规划》《郑州市“十三五”可再生能源发展规划》等，出台《郑州市大气污染防治攻坚工作考核办法》《郑州市大气污染防治攻坚战责任追究实施办法》《郑州市环境空气质量生态补偿办法（试行）》等。三年间，市环境攻坚办、市污染防治督导组共实施空气质量考核财政扣款 12930 万元，实施环境空气质量生态补偿资金 9738. 55 万元，市纪委监委、市委组织部约谈县（市）区 93 个次、乡（镇）办 121 个次。自 2020 年 10 月 1 日起施行的《郑州市贾鲁河保护条例》，对贾鲁河区域内水生态保护提供法规支撑。开展“绿色出行”系列普惠活动，通过新闻媒体、微信公众号等方式进行群众监督，有力地营造了保护环境光荣的浓厚氛围。

第五章　打好“四张牌”的市域探索

打好“四张牌”站位高远、立意深刻、切中肯綮，具有很强的指导性、实践性和针对性。自习近平总书记2014年调研指导河南工作以来，河南省委省政府和各地方政府把深入贯彻习近平总书记重要讲话特别是发挥优势打好“四张牌”的重要指示精神作为重大政治任务，作为增强“四个意识”、坚定“四个自信”、做到“两个维护”的具体行动，作为做好新时代经济社会的科学指南和根本遵循，内化于心、外化于行，着力推进转型发展高质量发展，探索了系列具有地方特色的发展新路子。

第一节　打好“四张牌”的洛阳实践

洛阳位于河南西部、黄河中游，因地处洛河之阳而得名，是国务院首批公布的历史文化名城和著名古都，省域副中心城市，也是中部地区重要的工业城市。现辖1市8县6区，2个国家级开发区、2个省级开发区、18个省级产业集聚区。作为中原城市群副中心城市，洛阳认真对标关于打好“四张牌”的部署要求，不断完善提升思路举措，取得突出成效。

一　谋划与实践

2016年，洛阳围绕贯彻新发展理念，把打好“四张牌”要求落实到“十三五”发展目标任务中，谋划确立“9+2”工作布局，提出“四高一强一率先”奋斗目标，将构建现代创新体系、现代产业体系、现代城镇体系、现代基础设施体系等作为“9+2”工作布局的重要内容，将城镇化水平高于全省平均水平、科技创新能力更强作为“四高一强一率先”奋斗目标的重要内容，形成了推动经济社会发展的总体思路。2019年，围绕深入贯彻习近平总书记视察河南重要讲话精神，把持续打好“四张牌”与做好经济社会发展各项工作结合起来，研究出台谱写新时代中原更加出彩洛阳绚丽篇章的实施意见，形成了谱写新时代中原更加出彩洛阳绚丽篇章的政策措施体系。2020年，围绕贯彻落实习近平总书记关于区域协调发展的重要论述以及省委省政府关于加快洛阳中原城市群副中心城市建设、规划建设洛阳都市圈的部署要求，与持续打好“四张牌”要求融会贯通起来，高标准编制《洛阳都市圈发展规划》，着力在区域协调发展上实现新突破。党的十九届五中全会召开后，围绕深入学习贯彻全会精神，研究编制洛阳“十四五”发展规划纲要，持续深化打好“四张牌”思路举措，将“高质量建设现代化洛阳都市圈”摆在牵动全局的首要位置，“现代城镇体系”深化提升为“新型城镇体系”，把“建设中西部科技创新高地、打造全国重要的先进制造业基地和现代服务业基地、成为全国重要综合交通枢纽”等确定为“十四五”时期重要任务。“十三五”期间全市生产总值先后迈上4000亿元、5000亿元两个大台阶，在全国地级以上城市排名由“十二五”末的第49位攀升至2019年的第45位，主要经济指标增速稳居全省第一方阵；主要经济指标增速持续高于全国全省平均水平，稳居全省第一方阵。

二　做法与成效

（一）持续打好“产业结构优化升级牌”，着力推进产业转型攻坚

洛阳市落实习近平总书记“河南要发展先进制造业、加快发展服务业、对传统支柱产业进行脱胎换骨式的改造提升”等重要要求，坚持以制造业高质量发展为主攻方向，以“四双联动”为路径，在基本确立“五强六新五特”现代产业体系基础上，突出新兴产业引领，加快构建“七新五强五特”现代产业体系，着力打造全国重要的先进制造业和现代服务业基地。“十三五”以来全市规上制造业增加值年均增长8.5%，2020年全市制造业增加值1638.1亿元，占GDP比重达31.9%，连续3年被国务院表彰为工业稳增长和转型升级成效明显市，成功入选国家产业转型升级示范区。

一是深化结构调整。瞄准市场培育新兴产业，发挥优势强化主导产业，立足禀赋发展特色产业，大力推进制造业和服务业深度融合，推动产业结构不断优化。三次产业比重由“十二五”末的6.7∶49.6∶43.7优化为

4.9∶45.1∶50.0，实现由“二三一”向“三二一”的历史性转变并持续巩固，规模以上工业企业实现“三大改造”全覆盖，高新技术产业增加值占规上工业比重较“十二五”末提高11.6个百分点，达43.3%。

二是壮大产业集群。坚持上下游延伸、左右链配套、集群式发展，“6+3+X”新型产业园区梯次发展格局加快构建，高端装备制造产业园、轨道交通装备产业园、新能源汽车产业园、洛阳大数据产业园、航空航天产业园等六大产业园提速提效，节能环保产业园顺利开工，绿色建材产业园产能规模全省最大，高端医疗装备产业园填补全省空白，高端石化、生物医药等一批特色园区加快建设，形成3个千亿级产业集群，先进制造业集群加快向万亿级迈进。

三是培育优质企业。深入实施重点企业提质倍增行动和“小巨人”“隐形冠军”“瞪羚”企业培育工程，截至2020年底，115家提质倍增试点企业营业收入较“十二五”末实现翻番，累计培育“隐形冠军”企业45家，入选省“专精特新”优质中小企业57家，在中部地区率先实现科创板上市企业零的突破。同时坚持项目带动，以实施合理有效投资行动计划为抓手，坚持谋划储备一批、审核批准一批、开工实施一批、投产见效一批，确保项目建设长流水、不断线。

（二）持续打好“创新驱动发展牌”，加快构建现代创新体系

落实习近平总书记“根本出路在于创新，关键要靠科技力量”等要求，坚持把创新摆在发展全局的核心位置，着力打通“四个通道”，促进“四链融合”，加快构建现代创新体系，建设国家创新型城市。截至2020年底，全市高新技术企业达到754家，国家级创新平台94个，研发投入强度由“十二五”末的1.74%提高至2.4%，连续两年居于全省第一，科技进步对经济增长的贡献率由55%提高至63%，国家创新型城市创新能力排名跃升至全国第37位，科技创新战略支撑作用进一步凸显。

一是强化创新龙头引领。坚持把自创区、自贸区、高新区“三区融合”作为全市创新发展龙头并持续深化，推动空间、体制、功能、政策深度融合，推进“一区多园”建设，在全省率先完成高新区扩区，形成了以高新区为核心，以涧西区科技园等4个园区为辐射区，以大院大所和重点企业等19个重要创新单元为辐射点，总面积247平方公里的“一核四区多点”空

间布局，综合承载能力不断增强。

二是培育创新主体平台。持续实施创新主体、创新平台“双倍增”行动，广泛汇聚创新资源。培育多层次创新主体，健全完善“微成长、科升高、高企提升”梯次培育机制，做强创新龙头企业 20 家、高新技术企业 754 家、国家科技型中小企业 1880 家。打造高水平创新平台，推进规上工业企业研发平台全覆盖，引进中科院、清华大学、上海交大、大连理工等研发机构。目前创新主体、平台数量分别达 3293 家、2378 个，是“十二五”末的 2.44 倍、2.45 倍，农机装备领域唯一的国家级创新中心落户洛阳。

三是壮大创新人才队伍。把抓好人才“第一资源”摆上战略性、全局性位置，完善“1+4”人才工作政策，打造中西部地区人才高地。注重精准引才，大力实施“河洛英才计划”，柔性引进两院院士 36 名，落地高层次创业创新团队 4 批 24 个。注重有效育才，积极实施“河洛工匠计划”，培育中原学者 12 名、中原科技创新领军人才 10 名、“中原大工匠” 4 人。注重真情留才，出台高层次人才认定、领导干部联系服务专家等措施，探索人才“绿卡”制度和“绿色通道”，构建近悦远来的人才生态。

四是狠抓核心技术攻坚。坚持把科技创新和产业结构优化升级统筹起来，着力突破一批产业关键核心技术，“十三五”期间，承担“卡脖子”问题攻关项目 10 项，总数居全省第一。高铁轴承、工业 CT 等产品树立行业标杆，电子级高纯多晶硅产品打破国外技术垄断，眼科 OCT 影像设备、双动力钢轨铣磨车等创新成果填补国内空白。

五是推动创新成果转化。健全科技成果转移转化机制，以创新“金十条”政策支持大院大所大企业深挖科技资源“富矿”。深化科技与金融融合，争取省政府在洛设立首期规模 100 亿元制造业高质量发展基金，“科技贷”业务授信突破 6 亿元，天使引导基金总规模超过 2.5 亿元，在全省率先开展种子基金业务。加强知识产权保护和运用，成功入选国家第四批知识产权运营服务体系建设重点城市。

（三）持续打好“基础能力建设牌”，增创综合竞争新优势

落实习近平总书记“突出重点、弥补短板、强化弱项”等要求，以构建现代基础设施体系为抓手，统筹推进交通、公共服务和农林水、能源、

信息等基础设施建设。围绕打造全国重要综合交通枢纽，统筹推进重大交通基础设施和现代物流网建设，洛阳加快由交通节点城市向交通枢纽城市迈进。呼南高铁豫西通道具备开工条件，“十字”高铁路网加快构建。济洛西、尧栾西等高速建成通车，王城大道、洛吉快速、洛新快速等全线贯通，30余座城市立交拔地而起，中心城区“井字+外环”快速路网、“三纵三横三环”高速路网加快完善。在全省率先实现中心城区和县城建成区5G全覆盖，“1+6”工业互联网平台上线运营，工业互联网标识解析二级节点注册标识量位居全国前列。

（四）持续打好“新型城镇化牌”，促进城乡区域协调发展

落实习近平总书记“发挥新型城镇化综合带动作用，推进产业集聚、人口集中、土地集约”等要求，坚持以人的城镇化为核心，持续实施城市组团式发展战略，加快完善“四级联动”现代城镇体系，新型城镇化稳步推进，城乡综合承载力大幅提升。“十三五”期间城镇化率年均提高1.61个百分点，达到60%以上。

一是着力加快都市圈建设。加强与洛阳周边地市产业承接、交通连接、生态对接，着力形成一体化发展新格局。与济源、平顶山、三门峡制定“洛济33条”“洛平30条”“洛三32条”等融合联动发展措施，洛济深度融合发展同城化等17项合作事项取得阶段性成效，洛平、洛三联动发展稳步推进，郑洛西高质量发展合作带建设有序展开，洛阳都市圈建设全面启动、提速提质。

二是着力提高城市治理水平。加快转变城市发展方式和运营模式，持续画好画精画美城市建设“工笔画”，建设宜居城市、韧性城市、智能城市。坚持高水平规划，在全省率先形成城乡一体、全域覆盖、要素叠加、“多规合一”的国土空间总体规划体系，历史文化名城保护等各类专项规划加快编制。坚持高质量建设，大力推进城市有机更新，加快实施老旧小区改造，谋划实施总投资2889.68亿元的4136个项目；持续完善城市功能，“十三五”期间建成城市书房204座、洛阳“乐道”1000公里、“乐养居”86个，15分钟“阅读圈”“健身圈”“就医圈”“养老圈”基本形成，城市集中供热、供水、燃气普及率分别达到90.1%、98.2%、97%，城市承载力不断增强，宜居度不断提高。坚持精细化管理，围绕以产“兴”城、以水

“润”城、以绿“荫”城、以文“化”城，突出抓好交通秩序治堵、市容卫生治脏、生态环境治污、城乡建设治违、公共服务治差“五项治理”，全面推行“马路办公”，市县两级数字化管理平台建成运行，城市清洁行动动态长效，城市颜值气质全面提升，入选全国城市体检样本城市，连续4届荣膺全国文明城市。

三是着力强化县域支撑。认真落实习近平总书记县域治理“三起来”重要要求，积极推进县域经济高质量发展和乡村振兴，加快构建以县城为龙头、中心镇为节点、乡村为腹地的县域发展体系。立足豫西丘陵山区特色资源禀赋，因地制宜发展沟域生态经济，打造“洛阳源耕”农产品区域公用品牌，“三品一标”农产品总数全省第一。

四是着力健全城乡融合发展体制机制。作为国家新型城镇化综合试点城市，积极推进农业转移人口市民化、住房保障体系等试点任务，为全国提供可复制可推广的经验。深化户籍制度改革，全面放开县城和建制镇落户限制，探索教育、住房、社保等方面配套措施，实行“人地钱挂钩”政策。完成村镇国土规划建设管理体制改革，实现村镇规划、国土、建设“三所合一”，不断完善村镇建设管理体系。

三　经验与启示

（一）牢牢把握政治方向

洛阳持续坚持把打好“四张牌”作为洛阳发展的“总纲”，反复学习领会、深切领悟思考、汲取真理力量，引导全市上下以永不懈怠的精神状态和一往无前的奋斗姿态，立足新发展阶段、贯彻新发展理念、融入新发展格局、落实新发展定位、厚植新发展优势，把习近平总书记的厚望和重托转化为洛阳现代化建设的生动实践。

（二）坚持在人民至上中凝心聚力

习近平总书记说“人民对美好生活的向往，就是我们的奋斗目标”。洛阳始终聚焦群众所急所需所盼，用心用情用力改善民生，把地铁、高速、立交的大事抓紧，把游园、书房、乐道的细节做实，交出了沉甸甸的民生成绩单。洛阳打好“四张牌”的实践告诉我们，只要始终和群众想在一起、干在一起、累在一起、乐在一起，就一定能够有效汇聚各方智慧和力量，共同绘就更加壮丽的新时代发展新画卷。

（三）在把握大局大势中谋篇布局

在打好“四张牌”的过程中，洛阳市委坚持把发展放在“两个大局”中去考量，放在国家大战略大布局中去审视，推动中原城市群副中心城市建设、洛阳都市圈建设进入省委省政府决策部署，赢得了更高的发展定位，带来了更大的发展机遇，打造了更多的场域载体，各类资源要素正加快向洛阳集聚。只有在把握大局大势中谋篇布局，才能更好地谋势蓄势乘势、识变应变求变，抓住机遇、把握主动，增添更强动能，积蓄更大优势。

（四）在强化担当作为中实干争先

没有等出来的成功，只有干出来的精彩。近年来，洛阳市委市政府对认准的打好“四张牌”路子坚定不移，对看准的事情一抓到底，持续树牢“清新简约、务本责实、实干兴洛”的作风导向，解决了许多长期想解决而没有解决的难题，办成了许多过去想办而没有办成的大事，创造了一系列“洛阳速度”“洛阳质量”“洛阳品位”，形成了广大干部群众为打好“四张牌”一起干事创业、奋勇争先的生动局面。

第二节　打好“四张牌”的鹤壁经验

鹤壁位于河南省北部，1957 年建市，面积 2182 平方公里，现辖浚县、淇县、淇滨区、山城区、鹤山区 5 个行政区和鹤壁国家经济技术开发区、市城乡一体化示范区、宝山经济技术开发区 3 个功能区，是中原城市群核心发展区 14 个城市之一。鹤壁持续落实习近平总书记提出的打好产业结构优化升级、创新驱动发展、基础能力建设、新型城镇化“四张牌”的要求，坚持以新理念引领发展，探索出了高质量发展的鹤壁模式。

一　谋划与实践

近年来，鹤壁市围绕深入贯彻落实习近平总书记重要讲话和指示批示精神，坚持把发挥优势打好“四张牌”作为建设高质量富美鹤城的战略任务，坚持以党建高质量推动发展高质量，抓实政治领航、铸魂补钙、队伍培强、担当出彩、强基固本、激浊扬清、引领融合等高质量党建“七项工程”，打造党的建设高质量试点市；狠抓全国产业转型升级示范区、全国城乡融合发展示范区、全国全域生态环保示范区、国家营商环境创新试验区、全省高质量发展体制机制示范区等高质量发展“五个示范区”创建，建设新时代高质量发展示范城市，在应对挑战中开拓进取，在改革创新中砥砺前行，在转型发展中跨越奋进，高质量发展取得了重大阶段性成果，全面建成小康社会取得了历史决定性成就。省委省政府对鹤壁工作给予了充分肯定，指出鹤壁高质量发展的思路很清、势头很猛，趟出了一条新路子，走在了全省前列，为全省高质量发展做出了示范，希望鹤壁再接再厉，拉高标杆，发挥优势，积蓄势能，在谱写新时代中原更加出彩的绚丽篇章中彰显更大作为。

二　做法与成效

（一）着力打好“产业结构优化升级牌”，加快转变发展方式，老工业基地调整改造得到国务院激励表彰

鹤壁坚持把产业结构优化升级作为推动经济高质量发展的关键抓手，持续转方式、调结构，优存量、扩增量，强动能、创优势，资源型城市转型取得了突破性进展，产业由“一煤独大”变为“多业并举”，4 个产业集聚区全部晋位二星级，市商务中心区晋升三星级，鹤壁综合保税区申建工作全面展开，被确定为全省唯一的省级产业转型升级示范区，全国产业转型升级示范区建设方案通过国家专家评审。2020 年，煤炭行业增加值占工业的比重下降到 5.1%，高新技术产业增加值占比提高到 41.1%，三次产业结构比由 2014 年的 9.7∶71.8∶18.5 调整为 8.0∶56.4∶35.6，产业综合竞争力不断增强。

一是坚持 5G 引领，强化外引内育，新兴产业快速崛起。抢抓新一轮科技革命和产业变革机遇，以 5G 应用引领数字经济，以数字经济引领新兴产业，推动数字经济和实体经济深度融合，带动了“四新”经济蓬勃兴起、新兴产业迅猛发展。全省首个 5G 产业园已签约入驻企业 297 家，京东、华为、阿里、联想、浪潮、腾讯、360、曙光等头部企业扎堆集聚。仕佳光电

子产业园、京东（鹤壁）数字经济产业园、国家863鹤壁科技创新园、中国（鹤壁）机器人硅谷等重大项目进展顺利，小狮科技、航田、费舍尔、阿凡达等企业纷纷入驻，光电子、机器人、无人机、智能传感器4个主要行业快速壮大，京东将鹤壁作为河南区域总部、投资134亿元的智能制造产业新城加快建设，华为公司在河南布局的边缘计算、数字乡村两个实验室均花落鹤壁并挂牌运营，人工智能产业快速发展。超前谋划智慧应急、海绵城市、空间地理、网络安全+商用密码等产业，中部地区（鹤壁）综合应急救援基地项目被列入省“十四五”规划和应急体系建设专项规划；建设海绵城市产业园，成立海绵城市科技公司，可以为全国提供一流的海绵城市建设解决方案；与中国测绘学会联合打造全国首个空间地理信息与5G融合应用试验区，与航天宏图合作建设华中总部卫星运营中心，与360联手建设大数据协同安全技术国家工程实验室、商用密码研究院等，数字经济发展在全省保持先发优势。

二是坚持“四化”方向，加快转型发展，传统产业焕发生机。聚焦制造业高质量发展，坚持高端化、智能化、绿色化、融合化发展方向，以实施“三大改造”为抓手，强力推进传统产业转型升级。数字赋能步伐加快，累计培育智能化改造示范企业53家，建成省级以上绿色工厂7家（其中国家级4家）、省级智能工厂（车间）25家，推动2481家企业实现上云，实施技术改造项目209个。汽车电子电器、现代化工与新材料、绿色食品3个千亿级产业集群加速形成。

三是坚持融合路径，突出整合提升，特色服务业加速壮大。坚持生产生活并重、生产优先，推动现代服务业同先进制造业、现代农业、数字经济等深度融合，重点发展现代物流、文化旅游产业。现代物流以“物流+贸易”“物流+加工”“物流+仓储”为主攻方向，构建形成“通道+枢纽+网络”现代物流体系，并被确定为省区域物流枢纽承载城市、全省城乡物流配送试点城市。深入推进文化和旅游融合发展，抓住国家《大运河文化保护传承利用规划纲要》将浚县列为核心区、鹤壁列为拓展区机遇，加快构建“一山两河五板块”的全域旅游发展格局，积极创建国家文化产业和旅游产业融合发展示范区、国家全域旅游示范区，打造全国知名旅游目的地，总投资62.1亿元的22个大运河文化带项目集中开工，2020年接待游客1085.9万人次，实现了逆势增长。健康养老产业稳步提升，集健康管理、医疗保健、休闲养生、生态康养等业态于一体的健康养老体系加快构建。节会经济品牌持续彰显，中国民俗文化节、中原文博会、食博会、镁博会、“中国诗河·鹤壁”诗歌大赛等知名度影响力越来越大。

四是坚持一流标准，优化营商环境，发展氛围更加浓厚。组建市委主要领导任主任的市委营商环境建设委员会，设立市委营商办和正县级规格的市优化营商环境服务中心，建成全国首个智慧党政服务平台、全省首个5G政务服务大厅，市本级政务服务事项全部实现“一网通办”和“最多跑一次”，企业开办时间压缩至1个工作日，土地摘牌即可开工，基于“一张蓝图”的工程建设项目审批系统在全国推广并被推荐列入《中国营商环境报告2021》，政府效率排名中国“百高市”第27位，政府采购营商环境评价全省第一，营商环境评价连续两年全省第三。拓展“服务管家”品牌效应，在选派974名“服务管家”的基础上，选聘90名营商环境监督员、50名首席金融官、50名警务专员、50名法律服务专员，“五位一体”服务机制获国务院通报表扬，省委专门派出调研组到鹤壁总结经验，调研成果印发各省辖市学习借鉴。强力推进“护航”“暖心”“清风”工程，确定了214名企业护航员，选聘了148名廉政监督员，开展执法司法突出问题集中整治等专项行动，探索“首错免罚”等柔性执法方式，建立“互联网+营商环境”投诉平台，保障企业安心生产经营。在全省率先启动新时代民营经济“两个健康”示范市创建，建成市县乡贯通的“鹤商家园”“同心家园”“乡贤家园”，实现了所有市场主体和商协会服务全覆盖。大力弘扬企业家精神，在全省首家设立并成功举办首届“鹤壁市企业家节”，授予8名企业家“鹤壁功臣”“荣誉市民”称号，亲商、重商、安商、护商的氛围日益浓厚。

（二）着力打好“创新驱动发展牌”，推进新旧动能转换，被确定为全国创新驱动示范城市

鹤壁坚持把创新作为引领发展的第一动力，围绕产业链布局创新链，推动自主创新、协同创新和应用创新相结合，全面提升科技成果转化能力，加快创建国家创新型城市，近三年高新技术产业增加值平均增速达到20%以上，天海电子、国立光电、海格化工被评为国家级专精特新“小巨人”企业，被评为河南省科技投入绩效评价结果优秀地区，科技创新能力排名

全省第四。

一是把人才作为实施创新驱动战略的第一资源，激发创新动能。深入实施“兴鹤聚才”计划、“挂职博士”百人计划和“中原英才”计划，着力打造高素质干部队伍、优秀企业家队伍、高层次人才队伍“三支队伍”，对顶尖人才“一事一议”，强化人才服务联系，提高住房、医疗、子女上学、职称评定等保障水平，“人才流动便利度”评价排名全省第三，建成中国中原人力资源服务产业园鹤壁基地、院士工作站5家、中原学者工作站1家。

二是把平台建设作为实施创新驱动战略的根本基础，强化创新支撑。以经开区、示范区、产业集聚区及孵化器、众创空间、星创天地等为支点，着力夯实创新载体，建成国家可持续发展实验区、国家农业科技园区、省高新技术产业开发区等6个省级以上创新园区，拥有各类创新平台240个，其中，省级以上企业技术中心27家、省级以上工程技术研究中心40家、国家地方联合实验室和省级重点实验室各1家、省级新型研发机构3家、省级以上科技孵化器和众创空间9家。

三是把重点专项作为实施创新驱动战略的关键举措，提升创新能力。聚焦具有全局性影响、带动性强的关键共性技术，整合优化科技资源配置，组织实施“十百千”层级创新专项，制定重点产业技术路线图，近三年共突破核心关键技术39项，荣获国家和省级科技进步奖23项。如仕佳光子公司光分路器芯片项目填补了国内空白，打破了国外垄断，获得国家科技进步二等奖，产品占领了全球60%的市场份额，无源光分路器入选国家级制造业单项冠军示范产品名单。

四是把科技与金融结合作为实施创新驱动发展战略的重要手段，增强创新活力。扎实推进科技金融结合，创新推出“科技贷”“专利贷”等科技金融产品，两项创新改革举措在全省推广，省促进科技与金融结合7个试点中，鹤壁绩效考核排名第三。持续加大全社会研发投入，科技投入占一般公共预算支出比例和增幅、全市研发投入强度增幅居全省前列。科技大市场被评为省技术转移示范机构，2020年技术合同成交额突破亿元大关，同比增长了1倍多。加大科技项目引进力度，在首届中国河南跨国技术转移大会上，总投资31.3亿元的7个科技项目成功签约。

五是把开放合作作为实施创新驱动战略的有效方式，拓宽创新渠道。

主动对接融入国家科技创新区域协同格局，实施技术创新体系完善工程和开放式创新工程，市政府与中科院半导体研究所等22个高校和科研院所签署合作协议，相关企业与北京航空航天大学等100多个高校和科研院所建立了合作关系。成功举办第一届中国（鹤壁）5G产业创新创业大赛总决赛，总投资72.6亿元的26个项目顺利签约。阿里云创新中心通过开展科技类“双创”孵化服务，已签约入驻阿里系企业56家。

六是把优质服务作为实施创新驱动战略的有力保障，积蓄创新势能。深化“大众创业、万众创新”，万人市场主体拥有量高于全省平均水平，在“中国创翼”“豫创天下”等科技创新创业大赛中，17个参加决赛的项目14个获奖。建立“微成长、小升高、高变强”创新引领型企业梯次培育机制，实施科技型中小企业“春笋”计划和高新技术企业“倍增”计划，近三年全市高新技术企业数量增长了2.8倍，国家科技型中小企业数量增长了11.8倍。

（三）着力打好“基础能力建设牌”，提升综合保障水平，被确定为全国首批新型智慧城市试点城市

坚持智能、绿色、安全、创新发展方向，紧盯新型基础设施、交通、能源、水利、生态环保等重点领域，着力实施了一批强基础、增功能、利长远的重大项目，优化结构布局，推进扩能增效，整体构建集约高效、配套协调的现代化基础设施体系，正在创建全国基础设施高质量发展试点城市。

一是全域规划、系统布局新型基础设施。实施新型智慧城市5G新基建（智慧合杆+边缘计算+应用场景）项目，形成智慧合杆生产制造、推广建设、场景应用一体化示范，5G实现了县城以上城区全覆盖以及垂直行业应用按需覆盖，智慧合杆建设、边缘计算能力、应用场景拓展走在了全省前列。推进政务数据中台建设，打造“智慧城市大脑中枢”，接入数字化城市管理、重点污染源监控等40多个系统，云计算大数据中心上行了36家单位的120个业务系统，让政府决策更科学、社会治理更精准、公共服务更高效。小邻通依托智慧运营平台、腾讯微瓴智能物联系统，已建成16个智慧社区。

二是超前谋划、集约构建现代交通体系。加快建设快捷通畅、绿色高

效、安全可靠的“三纵三横”综合交通运输通道，境内铁路、高速公路、干线公路均形成了“十字交叉”的交通格局，整体构建起了以市区为中心的 15 分钟通勤圈和通达县城 30 分钟交通圈。全市铁路营业里程达到 160.4 公里，铁路网密度 7.35 公里/百平方公里。全市公路里程达到 4581 公里，公路密度为 210 公里/百平方公里，位居全省第三，在全省率先实现所有自然村通硬化路，被确定为全省智慧公路建设试点市。市区中心城区公共交通站点 500 米全覆盖，新增公交车实现 100%纯电动，建制村通客车率达到 100%，形成了“城市公共交通+万村通客车”的全域公交发展模式。

三是抢抓机遇、科学推进重大水利工程。坚持节水优先、空间均衡、系统治理、两手发力，聚焦水资源、水生态、水环境、水灾害“四水同治”，加快建设重大水利工程，推动水利基础设施网络持续完善。南水北调中线调蓄工程项目取得实质性进展，51 个“四水同治”项目完成投资 21.8 亿元，卫河、共产主义渠防洪除涝生态治理项目完工，治理河段防洪标准提高到 10~20 年一遇。饮用水水源地水质达标率连年保持 100%，建成农村饮水安全集中式供水工程 589 处，农村自来水普及率达到 89%。高标准完成全国海绵城市建设试点任务，全市 46.5%的建成区达到海绵城市建设标准。全市单位生产总值用水量降至 35.5 立方米，节水器具普及率 95%以上，工业用水重复利用率 96%以上，农业灌溉用水有效利用系数 0.695，成功创建国家节水型城市。

四是绿色优先、持续强化现代能源支撑。坚持集中式和分布式并举，积极开发利用可再生能源，全市发电总装机 406 万千瓦，其中可再生能源发电装机占比为 22.6%。坚强智慧电网建设扎实推进，全市变电总容量达到 512.3 万千伏安，增长了 42.2%。油气长输管道为 155 公里，天然气销售量达到 1.2 亿立方米。能源消费结构持续优化，可再生能源发电量占总发电量比重提高到 8.5%，关闭退出落后煤炭产能 195 万吨，城郊和平原地区实现天然气“村村通”。积极推进热电联产，鹤热入安供热项目正式签约，2021 年供暖季可向安阳市区供热。国家北方地区冬季清洁取暖示范市建设连续三年考核优秀、全国唯一，《人民日报》以《用上新能源 日子很温暖》为题，点赞鹤壁农村清洁取暖工作。

五是整体推进，不断擦亮生态鹤壁品牌。深入开展“全域植绿、绿满鹤壁”国土绿化提速行动，近两年完成造林面积绝对量居全省第二，累计完成造林绿化 52.4 万余亩，新建改建公园游园 210 个，新建提升各类绿地面积约 950 万平方米，新建 1000 亩以上的郊野公园和湿地公园 8 个，森林覆盖率、城市绿地率、绿化覆盖率分别达到 33.8%、39%、44%，获评 2020 年度森林河南生态建设责任目标考核“优秀”等次，成功创建国家森林城市、国家园林城市。建成淇河国家湿地公园，淇河水质连年保持全省 60 条城市河流首位，淇河分段管控成果被中央深改委列为全国试点总结报告典型案例。统筹打好蓝天、碧水、净土保卫战，$PM_{2.5}$、PM_{10}平均浓度持续下降，空气质量优良天数持续增加，河流断面全部达标，建成区黑臭水体全部消除，农用地污染耕地安全利用率、建设用地污染地块安全利用率均保持 100%。南太行地区山水林田湖草生态保护修复工程完工，在全省率先完成绿色矿山建设任务，循环经济、节能减排、海绵城市等形成“鹤壁模式”。

（四）着力打好“新型城镇化牌”，统筹全域协调发展，圆满完成国家新型城镇化综合试点任务

坚持以人为核心推进新型城镇化，扎实推进鹤壁东区快速崛起、城市建成区有机更新、县城和小城镇提档升级，乡村活力迸发，城市创建捷报频传，城乡面貌日新月异，城市可持续发展度全省第五，农村全面小康社会建设综合评比全省第一，乡村振兴现实基础排名全省第二，城镇化率保持全省第三。

一是建设高质量发展示范城市创新引领区。坚持规划引领，高质量完成国土空间规划编制、自然生态用途管控、同步信息平台建设“三项试点”任务，在全省率先编制完成“多规合一”的国土空间规划，形成“鹤壁模式”，自然资源部部长陆昊专题到鹤壁调研并给予充分肯定。对标雄安新区，高标准规划建设鹤壁东区，将智慧城市、海绵城市、公园城市、景区城市、步行城市等理念融入其中，总投资 184 亿元的 6 大类 35 个重点项目全面铺开，大数据及云计算、人工智能、地理信息、网络安全等新兴产业方兴未艾，一座高质量发展高品质生活的现代化城市强势崛起。

二是全面提升城市建成区发展能级。统筹推进百城提质和城市创建工作，总投资 1734 亿元的 1289 个百城提质工程项目完成投资 722 亿元，带动城市品质显著提升、城市面貌加快改善；全面推动城市治理提质，“10 分钟生活圈”

建设有序展开，在全国率先推行“四级路长制”和“智慧停车”试点，78 条背街小巷得到整治提升，27 条成为示范街巷或精品街区，20 座淇河书屋免费对外开放，成功创建全国双拥模范城并代表河南在北京主会场参会，以全省第一的成绩成功创建全国文明城市提名城市。强化淇滨区、开发区、示范区“三区”协同，深化宝山、山城、鹤山“三山”统筹，注重空间规划、产业发展、开放招商、基础设施、政策要素、管理治理等协同联动，打造上下游产业链和优势产业集群，构建共生互补的产业生态体系。城市基础保障能力持续提升，集中供水、供气、供热分别达到 98.8%、98.9%、98.4%；137 个老旧小区改造项目完工 115 个，惠及群众 2.9 万户，进度全省领先。

三是加快发展县域经济。坚持以县域治理“三起来”为根本遵循，巩固提升鹤淇一体化成果，深入推进鹤浚一体化发展。明晰县域主导产业，浚县重点做强绿色食品、现代家居两大产业，规上企业实现增加值占比达到 78%；淇县加快壮大食品加工、新材料等产业集群，高新技术产业增加值占比达到 39.3%。浚县、淇县均被评为全省乡村振兴示范引领县，淇县还被确定为全省首批践行县域治理“三起来”示范县。深入贯彻乡镇工作“三结合”重大要求，突出抓好重点小城镇建设，开展“五强”“五优”创建，钜桥镇、灵山街道、白寺镇、石林镇 4 个乡镇（街道）入选全省“美丽小镇”，鹤壁被确定为全省唯一的小城镇环境综合整治全域试点。

四是大力推进乡村振兴。深入实施“藏粮于地、藏粮于技”战略，粮食生产连年丰收，畜牧业产值占农业总产值的 56.9%，高于全省 20 个百分点，被确定为整市建制国家现代农业示范区。大力发展种质种业，永优玉米、谊发大白猪、黄淮肉羊、永达乌骨鸡等良种成为品牌，农作物及畜禽良种覆盖率均达 98%以上，年畜禽良种供种能力占到全省的 20%左右，10 万套祖代鸡项目养殖规模位居全国第三。探索推进产加销一体和一二三产业融合发展模式，形成了 4 大类 11 个省级农业产业化集群，2020 年实现销售收入 418.7 亿元，吸纳农民就业 4.52 万人，农业产品加工产值与农业总产值的比重为 3∶1。依托建设全国首批农业农村信息化示范基地，构建了“一平台七系统”农田大数据支撑体系，建成了“数字乡村综合服务中心”和农畜产品质量安全监管系统，打造了“鹤壁优品”电商品牌，形成了数字乡村“鹤壁模式”，被确定为数字乡村领域全国首个农村综合改革标准化试点市和全省唯一的整市创建数字乡村示范市，浚县、淇县上榜“数字农业”全国百强，淇滨区被列为国家数字乡村试点。大力实施美丽乡村“1311”工程，深入推进134个乡村振兴示范村建设，创成省级“千万工程”示范村90个，乡村绿化覆盖率达到35.8%，农村卫生厕所普及率达到91.1%，“草粉生态”改厕模式入选全国农村厕所粪污处理及资源化利用典型模式。因地制宜发展乡村旅游，精心打造9个美丽乡村示范带，涌现了桑园、赵庄等21个乡村旅游特色村。加强传统村落保护，省级以上传统村落达到58个，其中国家级22个。

五是持续保障改善民生。集中财力做好普惠性、基础性、兜底性民生工程，用于民生的支出占到财政支出的八成左右。全力打赢脱贫攻坚战，现行标准下18130户54156名建档立卡贫困人口全部脱贫，103个贫困村全部出列；推动巩固脱贫攻坚成果同乡村振兴有效衔接，实施集体经济“双清双培”计划，经营性收入5万元以下的村全部清零，100万元以上的村达到24个。城镇新增就业等各项指标连年超额完成省定目标，居民人均可支配收入连年跑赢经济增速，绝对值居全省第五。全面实施全民参保登记计划，社会保险实现法定人群全覆盖。积极发展健康养老，构建起市、县（区）、街道、社区四级社会化养老服务体系，全国第四批居家和社区养老服务改革试点工作通过国家验收，是国家第二批安宁疗护试点城市、省智慧卫监试点市。全面提升基础教育普及普惠水平，普惠性学前教育资源覆盖率达到85%，九年义务教育巩固率达到99.4%，高中阶段教育毛入学率达到92.2%，被确定为全省唯一整建制创建教育信息化2.0示范区。加快完善公共文化服务体系，科技馆等一大批便民惠民工程建成投用，公共文化机构全部实现免费开放，行政村农民体育健身工程实现全覆盖，公共文化服务体系绩效考核全省第四。深化平安鹤壁建设，全域创成省级食品安全县区，居民幸福感、公众安全感和法治环境满意度全省领先，被确定为全国市域社会治理现代化试点市，荣获全国社会治安综合治理最高奖“长安杯”。

三　经验与启示

（一）高站位、重谋划，抓住机遇、科学运作，才能占得先机、争得主动

鹤壁推动落实“四张牌”要求之所以取得良好成效，从根本上讲，就

是贯彻党中央、省委决策部署坚定坚决，思想上勇于“破冰”，观念上敢于“突围”，立足鹤壁实际，精心谋划运作，顺应了时代潮流，契合了发展主题，找准了发展路径。进入新发展阶段，鹤壁要始终紧扣党中央节拍，抢抓国家战略实施机遇，谋划到位、运作到位、落实到位，把机遇转化为更多项目实体、更多民生福祉。

（二）想清楚、做明白，谋篇布局、精准施策，才能先人一拍、快人一步

鹤壁以省出台支持建设高质量发展城市指导意见为契机，站位全局找坐标、定方向、明思路，谋产业之篇、布结构之局、卡住关键点、落下实效子，抢占了上风口，下好了先手棋。进入新发展阶段，鹤壁要进一步解放思想，担实责任，主动作为，着力推动产业基础高级化、产业链现代化，使高质量富美鹤城建设步伐更快一些、效果更好一些。

（三）创优势、成特色，抓铁有痕、踏石留印，才能善作善成、行稳致远

鹤壁贯彻落实打好“四张牌”重大要求，不标新立异，不全面开花，破除惯性思维，聚焦弱项短板，发挥优势特长，走特色化、差异化发展路子，推动鹤壁发展实现了跨越超越、蝶变嬗变。进入新发展阶段，鹤壁要坚持问题导向，紧扣鹤壁实际，注重彰显特色，一锤接着一锤敲，一步紧着一步做，推动新时代高质量发展示范城市建设开创新局面、实现新突破。

（四）言必行、行必果，建章立制、严格奖惩，才能凝聚合力、落地见效

鹤壁创新实施了“1+5+10”重点工作推进机制、专班推进机制、清单管理机制等一系列工作机制和方法，召开全市三级干部大会表彰先进，硬起手腕严格责任追究，有力推动了各项工作落地落细落实。进入新发展阶段，鹤壁要善于把总结本地经验与学习借鉴先进经验结合起来，努力探索出更多有助于工作开展、有利于工作推进的工作机制和方法，并以制度固化下来，确保推动高质量发展取得更大成效。

（五）抓重点、重点抓，扭住关键、靶向发力，才能纲举目张、事半功倍

紧盯制约高质量发展的主要矛盾和矛盾的主要方面，以开放招商“一举求多效”，以项目建设“一招应多变”，以营商环境“一优带百先”，以城市创建“一发动全身”，聚焦重点领域和关键环节持续用力，取得了“落一子而满盘活”的良好效果。特别是进入新发展阶段，要坚持经济效益、社会效益、生态效益相统一，进一步找准着力点，选准突破口，把准关键处，更好地实现以重点求突破、以重点带全局、以重点促发展。

第三节　打好“四张牌”的漯河探索

漯河 1948 年设立县级市，1986 年升格为省辖市，现辖临颍、舞阳两县，郾城、源汇、召陵三区，三个功能区城乡一体化示范区、国家级经济技术开发区、西城区，农业基础良好，是一个特色鲜明、享誉四方的食品名城。漯河坚持把学习习近平总书记讲话精神、发挥优势打好“四张牌”的要求落实和融入具体工作中去，并使之成为推动高质量发展的新动力，成效显著。

一　谋划与实践

近年来，漯河坚持从政治视角看待、从政治高度推动、从政治效果评判打好“四张牌”的各项工作要求，把打好“四张牌”与贯彻落实习近平总书记关于河南工作系列重要讲话和重要指示批示精神，与打好“三大攻坚战”，与决胜全面建成小康社会等结合起来，坚持不懈抓推进抓落实，全市产业结构持续优化，创新驱动发展能力持续增强，城乡协调发展水平持续提高，基础能力优势持续提升，仅 2020 年就有 33 项工作获得国家级和省级表彰推广，成功创建第六届全国文明城市，荣获 2020 中国宜居宜业城市、中国快递示范城市、全省现代物流转型优秀地市、省级新型智慧城市建设试点市等称号，为中原更加出彩增添了更多漯河浓彩。2016 年 12 月，省委省政府发布打好“四张牌”五年行动计划后，市委主要领导立即做出批示“要结合漯河实际贯彻落实好”。2016 年 12 月，市委召开七届二次全会暨经

济工作会议，就进一步发挥优势打好“四张牌”进行了全面部署。2017 年 2 月，市委市政府在充分调研、反复研究的基础上，制定出台了《持续深入贯彻落实习近平总书记调研指导河南工作时的重要讲话精神进一步发挥优势打好“四张牌”实施方案》（漯发〔2017〕8 号），明确了全市推进落实打好“四张牌”的思路、目标和主要举措等并狠抓推进落实，全力把打好“四张牌”各项工作落到实处。2017 年 12 月 29 日，市委召开经济工作会议，在反复论证、深入研究的基础上，准确把握漯河经济社会发展阶段性特征，汇集全市人民智慧，明确了新时代漯河经济社会发展“四三二一”工作布局。“四”就是推动经济转型升级、促进城乡融合发展、筑牢安全发展底线、改善人民生活品质“四个重点”，“三”就是创新驱动、改革推动、开放带动“三个动力”，“二”就是项目支撑、要素支撑“两个支撑”，“一”就是党的建设“一个保证”。“四三二一”工作布局，以经济转型升级为重点带动产业结构向中高端迈进，以创新驱动为动力推动创新能力整体跃升，以项目和要素为支撑强化基础能力综合竞争优势，以城乡融合发展为核心促进城乡协调发展，更好体现了“四张牌”的要求和内涵。

随后 2018 年、2019 年召开的市委全会上，都把打好“四张牌”各项要求贯穿漯河经济社会发展各项工作任务中。2020 年 12 月，市委召开七届十三次全会暨经济工作会议，对漯河“十四五”经济社会发展做出了全面部署，提出了《关于制定漯河市国民经济和社会发展第十四个五年规划和二〇三五年远景目标的建议》，都把持续打好“四张牌”作为指导思想和重要内容予以突出体现，提出了明确要求，形成了一以贯之、一抓到底践行“四张牌”的漯河蓝图。

二 做法与成效

（一）打好“产业结构优化升级牌”，打造漯河经济升级版

漯河坚持以发展优势产业为主导推动产业结构优化升级，巩固扩大现有特色优势，增创发展新优势，推动产业结构向中高端迈进，不断提升产业供给体系质量和效率。

一是加快壮大工业经济。全面落实习近平总书记提出的产业链价值链供应链“三链同构”的重大要求，始终把食品产业作为优先发展的战略支

撑产业，深入实施“12345”计划，即沿着完善链条、丰富品种、提升质量、扬长补短、健全功能这一路径，着力实施“食品+”工程，促进食品产业与装备制造、造纸、医药、化工、物流、饲料及宠物食品、包装、印刷等产业融合发展，打造纵向、横向两大产业链条，大力发展会展、研发、检测三大平台，积极构建质量标准、监测预警、安全追溯、销售网络四大体系，全面打造食品产业生态圈，努力建成全球最大的肉类加工基地、全国最大的冷链物流产业基地、全国知名的休闲食品生产基地、全国重要的一二三产业融合发展示范基地、行业领先的食品产业人才培育基地五大基地，致力推动食品产业做新、做优、做强。漯河坚持“三链同构”推动食品产业向纵深发展的经验做法受到国务院大督查表扬，成为全国唯一四获国务院大督查表扬的地级市。目前，漯河已连续成功举办十八届中国（漯河）食品博览会，食品产业已经成为全市经济高质量发展的“中流砥柱”，漯河已经成为河南省万亿食品产业的重要支撑、全国重要的食品研发基地和食品加工业集聚地，全国首家中国食品名城已经成为漯河最亮丽的名片。深化实施重点企业倍增工程、“三大改造”工程、“十百千”亿级企业和产业集群培育工程、“小升规”工程，千方百计培育一批抗风险能力强的航母企业，形成一批龙头企业带动、“三链同构”领先的产业集群。2020年，规模以上工业实现营业收入同比增长3.7%，全市102家纳入“十百千”亿级培育工程的企业实现营业收入1149.4亿元，同比增长11.8%；实现利润43.8亿元，同比增长20.5%；实现税金61.6亿元，同比增长10.9%；累计产销率达100.0%。双汇、卷烟厂、际华3515、金大地、卫龙集团等一批龙头骨干企业生产经营形势良好，有力助推了工业经济转型发展。

二是加快现代服务业发展。把服务业扩量提质作为助推高质量发展的重要阵地，按照有所为有所不为的原则，紧盯优势、潜力、短板、市场，着重发展最大优势的现代物流业、最大潜力的电子商务、最大短板的现代金融业、最为急需的检验检测以及最有市场的全域旅游、文化产业、医养结合、信息服务等产业，促进现代服务业扩量提质增效。金融产业、传统商贸、楼宇经济、总部经济发展稳中向好，商务中心区和特色商业区实现晋星升级，冷链物流规模与实力继续领跑全省，豫中南地区性现代物流中心、检验检测中心建设迈出重要步伐，中国（漯河）电子商务产业园成为国家电子商务示范基地。2020年，全市第三产业增加值749.9亿元，增长

3.2%，三次产业结构比为9.5：42.8：47.7。服务业投资增长7.8%，占固定资产投资的58.4%。商品房销售面积371.7万平方米，增长11.2%。全年邮政行业业务总量34.2亿元，增长53.0%；快递业务总量14416.5万件，增长61.6%，快递业务收入9.7亿元，增长47.5%。

三是加快现代农业建设。深入推进农业供给侧结构性改革，着力稳定粮食产能、调整优化结构、转变发展方式，建设国家现代农业示范区。持续实施高标准粮田建设工程，实施优质种养业发展工程，发展现代农业产业化联盟。扛稳粮食安全重任，坚持藏粮于地、藏粮于技，严格耕地保护，严禁耕地“非农化”，防止耕地“非粮化”。2020年新增高标准农田12.2万亩，粮食产量190.7万吨，优质专用小麦种植面积占麦播面积的47.4%，居全省第1位，粮食安全责任制考核居全省第2位，国家玉米产业技术体系2020年黄淮海区域玉米竞争力提升行动论坛暨田间开放交流日在漯河举办，新组建3个小麦产业化联合体和1个玉米产业化联合体，省级现代农业产业园达到2家。

四是建设网络经济强市。推动工业互联网与5G深度融合应用，全面推动企业生产运营、园区运行管理和公共服务智能化升级。大力发展电子商务，充分发挥电子商务产业园带动作用，用好食品产业电商交易及综合服务平台，大力发展跨境电商、网上交易等新业态新模式。全面推进行政权力事项在线办理，“一证通办”获得国家级“2020政府信息化管理创新奖”，建成全省首个地级市“互联网+监管”平台，努力实现群众企业办事全流程“一次也不跑”。

（二）打好“创新驱动发展牌”，加快迈进创新型城市

致力于激发市场活力、深化内外联动、强化创新驱动，加快推动形成三力联动、三力齐发的混合型新动力，构筑高质量发展重要动力源。坚持把创新摆在发展全局的核心位置，充分发挥科技创新的基础、关键和引领作用，加快培育发展新动能。

一是培育壮大创新主体。坚持以科技创新为核心，以应用型创新为主攻方向，以开放式创新和推动“双创”为主要途径，坚持需求和问题“两个导向”，坚持开放式创新和推动双创“两条腿走路”，培育创新主体，搭建创新平台，培养创新人才，完善创新机制，实施创新项目，弘扬创新文

化，营造创新环境，致力以高质量创新引领高质量发展，同时积极推动业态创新、模式创新、观念创新、管理创新、体制机制创新等全方位创新，推动经济社会发展新动能加快形成。2020 年，新增国家级高新技术企业 28 家，国家科技型中小企业入库数量达到 152 家，高新技术产业增长 8.5%，占规模以上工业的 42.2%。

二是建设创新创业载体平台。深入实施“大众创业、万众创新”，因地制宜建设一批众创空间、科技企业孵化器，吸引各类企业、创新创业者集聚，促进创新创业要素集聚、服务专业、资源开放共享。加快创新创业孵化载体建设，搭建创新创业服务平台。加大政府投入，引入社会资本，加强公共研发平台和共性技术研发平台建设。全国首家食品云产业互联网平台、全国首家食品行业标识解析综合型二级节点、全国第二家“星火·链网”骨干节点在漯河上线，仅 2020 年就吸引中国农科院和 10 所高校食品研发机构入驻，漯河食品产业公共研发平台建设得到省政府主要领导同志肯定性批示，《人民日报》做了专题报道。

三是推进开放式创新。强化科技开发合作，办好科技合作项目，深化与科研院所和高等院校合作，大力促进中科院等国内外高水平院校和科研院所在漯转化科技成果项目。积极引进创新型人才，深入实施高层次科技人才引进工程，培养、引进了一批漯河经济社会发展急需的高端人才、创新人才和创新团队。

（三）打好“基础能力建设牌”，增创综合竞争新优势

坚持集中精力抓好产业发展、城乡基础设施、城乡公共服务等各类项目建设，构筑现代基础设施网络，夯实发展基础，蓄积发展后劲。

一是建设现代综合交通系统。加快铁路交通设施建设，完善公路路网建设，实施交通畅通工程，加快内河航运建设，大力发展多式联运，漯河港建成投运，临港经济活力初现，形成了公路网、铁路网、港口相互连接，陆路、水路交通便捷的现代综合交通运输体系。

二是建设信息基础设施。建设高效泛在的信息网络系统，实施城市基础网络完善、宽带乡村等重大工程，加快 5G 网络建设，5G 智能制造产业园建设加快推进，不断提升新一代信息基础设施建设与应用水平。目前，全市主城区及临颍、舞阳县城中心区基本实现 5G 网络覆盖。

三是建设生态水系工程。加快推进“四水同治”，加强水生态保护和修复、水灾害防治，构建河畅、水清、景美的生态水系，加快建设中原生态水城，编制完成了四水同治“1+9”规划体系。2020 年，实施中原生态水城项目 147 个，完成年度投资 49 亿多元。经过持续建设，一幅碧水穿城、人水相依的城市画卷正在加快形成，漯河水韵绿城的特色更加凸显。

四是建设森林漯河。建设森林生态系统，积极争取国家储备林项目，加快林业生态市建设。完善农田林网，高标准打造农田防护林体系。建设湿地生态系统和城市生态系统。深入实施国土绿化提速行动，扎实推进城市公园化、城郊森林化、廊道林荫化、农田林网化、乡村林果化、庭院花园化。2020 年，新增生态造林 4.4 万亩，创建国家森林乡村 24 个、省级森林乡村 12 个，城市绿化覆盖率达到 42.76%，绿地率达到 37.97%，漯河“绿”的基底更加宽阔浓郁。

五是建设高品质营商环境。把营商环境作为发展的“命门之穴”，严格执行国家和全省优化营商环境条例等法规，不折不扣落实惠企惠民政策，全面深化工程建设项目审批制度改革、商事制度改革、融资机制创新等工作，建立落实营商环境年度考核、第三方评价等机制，致力打造审批最少、流程最优、机制最活、效率最高、服务最好的营商环境，漯河市营商环境综合评价一直居于全省第一方阵，2020 年在全国 261 个地级市信用监测评价中跃居第 25 位，持续保持全省第 1。

（四）打好“新型城镇化牌”，形成城乡融合发展新格局

坚持以人的城镇化为核心，加快农业转移人口市民化，提高城市综合承载能力，统筹中心城区、县城、小城镇和新农村建设，形成城乡发展一体化的新格局。

一是促进农业转移人口市民化。全面深化户籍制度改革，提升公共服务保障水平，推进城镇常住人口基本公共服务均等化，落实和完善农业转移人口随迁子女就地就近入学政策，全面提升城镇医疗卫生服务质量和效率，保障进城农民原有农村权益。

二是推动城市基础设施扩容提质。完善公共服务设施，以医疗、教育建设为重点，配套完善文化服务、运动建设、养老等社区服务设施，实施城市便民工程，推进城市棚户区和城中村改造。加强环境设施建设，深入

推进百城建设提质工程暨城市“双修”工作，提升城市规划建设管理水平。保障性住房管理服务水平不断提高，棚户区改造建设项目基本建成率达到110%。2020年，安排中心城区建设项目328项，完成投资132亿元以上，重点用于市区道路、断头路、桥梁工程、交通公路、道路路口渠化、雨污分流管网、集中供热管网、老旧小区背街小巷改造等民生事项。

三是推进城乡发展一体化。加快城乡一体化示范区建设，大力发展县域经济，有重点地推进小城镇建设，实施乡村振兴战略，加快美丽乡村建设。2020年，农村户厕改造、农村生活污水处理、农村危房改造提前超额完成省定目标，农村饮水安全实现全覆盖，达标率100%，自然村通硬化路率高于全省标准，连续四年荣获全省农村人居环境整治工作先进市，稳居乡村振兴战略实绩考核第一方阵。

三　经验与启示

（一）必须把党的领导作为根本保证

漯河的经验就是坚持把党的全面领导贯穿始终，充分发挥各级党委的领导核心作用和基层党组织的战斗堡垒作用，充分调动广大党员的积极性，带动广大干部群众积极投身其中，汇聚起了推动打好“四张牌”的磅礴之力。实践证明，党坚强的领导力、组织力和执行力，是“打好四张牌”的最可靠的力量。

（二）必须把系统观念作为重要理念

打好“四张牌”内涵丰富、涉及面广，漯河正是坚持系统观念、整体谋划、融合推进，打好总体战，将其与“四城同建”、决胜全面建成小康社会等紧密结合起来，一体部署、一体推动、一体落实，取得了相互协调、互促共进、相得益彰的效果。

（三）必须把过程管控作为重要方法

漯河在实践探索过程中，切实加强打好“四张牌”各项工作任务的过程管理，通过出台方案、制定台账、明确责任、限定时限等把任务量化细化具体化、落细落小抓落地，定期开展督导检查，工作成效纳入县级领导干部综合评价体系，形成了有部署、有检查、有考核、有讲评、有奖惩的一整套工作落实闭环。

（四）必须把为民惠民作为最终目的

打好“四张牌”说到底是为了满足人民群众日益增长的美好生活需要，漯河正是始终坚持做到问需于民、问计于民、问效于民，着力解决了一大批与打好“四张牌”相关的“急难愁盼”问题，群众的获得感、幸福感、安全感和满意度显著提升。这些认识和经验，必须长期坚持并不断巩固发展。

第四节　打好“四张牌”的驻马店实践

驻马店位于河南省中南部，因历史上设皇家驿站而得名，素有“豫州之腹地”“天下之最中”的美称，全市辖 9 县 1 区，人口 965 万人，面积 1.5 万平方公里，是人口大市、农业大市和新兴工业城市。驻马店牢记习近平总书记“让中原更加出彩”的殷切期望，打好产业结构优化升级、创新驱动发展、基础能力建设、新型城镇化“四张牌”，加强和改善党的领导，开创了高质量发展新局面。

一　谋划与实践

驻马店市委市政府坚持以习近平新时代中国特色社会主义思想为指导，认真贯彻落实习近平总书记提出的打好“四张牌”的重大要求，按照中央和省委省政府的决策部署，抢抓乡村振兴、大别山革命老区振兴发展、淮河生态经济带建设、河南加快发展等重大机遇，发挥区位交通、人口市场、农业资源、生态环境等比较优势，坚持以城镇化拉动工业化，走引进型经济发展之路，主要经济指标增速始终位居全省前列，三大攻坚战成效显著，城乡面貌发生巨大变化，“十三五”圆满收官。先后获得全国文明城市、全国双拥模范城、国家卫生城市、国家森林城市、国家园林城市、国家节水型城市、中国优秀旅游城市、全国法治政府建设示范市等殊荣，2020 年以全国第 15 位的优异成绩蝉联全国文明城市称号，GDP 总量跻身全国百强。

二　做法与成效

（一）着力打好“产业结构优化升级牌”，把加快新旧动能转换作为重点任务，加快产业转型升级，不断提高供给质量和效益

第一，实施现代农业强市专项。扛稳粮食安全政治责任，实施“藏粮于地、藏粮于技”战略，不断改善农业基础设施和技术装备，粮食安全“压舱石”更加沉稳。完成838万亩高标准农田建设任务，划定973.5万亩粮食生产功能区，2020年粮食产量达到162亿斤，为保障国家粮食安全作出了重要贡献。着力优化农业结构，培养壮大优质小麦、花生、白芝麻等特色农业品牌。畜牧业产值近300亿元，居全省第一位，肉、蛋、奶产量分居全省第一、第二、第三位，肉牛、生猪饲养量分别居全省第一、第二位。优质瓜菜面积稳定在180万亩以上，优质食用菌鲜品产量稳定在50万吨以上，中药材面积稳定在15万亩左右。推动农村一二三产业融合发展，加快发展农产品加工业，农产品加工业已成为第一大支柱产业和首个超千亿级产业集群。坚持把一二三产业融合发展作为延伸产业链、提升价值链、打造供应链的重要举措，加快现代农业产业园建设，建成各类农业产业园区58个。其中，国家级现代农业产业园2个、省级7个，实现了国家、省现代农业产业园全覆盖。以绿色、有机食品、农产品地理标志品牌建设为引领，打造正阳花生等区域公用品牌，成功创建国家农业标准化示范市，有效期内“三品一标”农产品达到251个。大力发展观光农业、休闲农业、农家乐、田园综合体等新业态新模式，全市休闲农业经营主体达到1190个，年接待游客1200万人次，带动农户5万户。确山县、遂平县为国家级休闲农业示范县。加快土地流转，全市流转土地329.3万亩，占家庭承包耕地面积的28.8%；大力发展生产托管服务，土地托管服务面积380.7万亩。将农业生产资料供应，农产品生产、储运、销售等环节连接成一个有机整体，与一些知名农产品加工企业和农村电商等建立利益联结关系，实现从种到收全程机械化，加强了农业产学研结合，增强了土地托管的后劲和活力。

第二，实施先进制造业强市专项。坚持工业强市战略，制定出台《关于加快产业强市建设的政策意见》等（1+5方案），大力实施“双百工程”和“百千亿级”产业集群培育工程，推进主导产业集群化、骨干企业集团

化、产业企业融合化发展，形成了以食品加工、装备制造、化工医药、服装鞋帽、电子信息、建筑防水、户外休闲等产业为主导的现代产业体系。推动制造业集群发展，鹏辉锂电池等骨干企业不断壮大，培育了食品千亿级产业集群和装备制造、轻纺服装2个500亿级产业集群以及7个百亿级特色产业集群。全市年主营业务收入50亿元以上的企业3家、10亿元以上的企业40家。推动制造业园区化发展，11个产业集聚区建成区面积135.2平方公里，入驻企业1892家，其中规上工业企业676家，从业人员30.8万人。推动制造业智能化发展，创建国家级绿色工厂8家、国家级能效“领跑者”标杆企业1家，9家企业被评为河南省智能工厂，17个车间被评为河南省智能车间。积极实施“三大改造”，全市战略性新兴产业、高新技术产业分别占规上工业的24%、30%。

第三，实施现代服务业提升工程。服务业“两区”建成区面积10.1平方公里，2个服务业“两区”被评为二星级；全市服务业“两区”入驻服务业企业513家，从业人员3.7万人。服务业年均增速都在20%以上，对税收贡献率超过60%。鼓励引导现代物流、现代金融、信息服务、文化旅游、健康养老等主导产业加快发展，科技服务、商务服务、家政服务、电子商务等新兴产业快速壮大规模。现代金融业实现新突破，全面完成农商行改制任务，市金融服务平台建成投运，郑州银行、洛阳银行、兴业银行、光大银行驻马店分行设立，向中国际在香港主板成功上市，2020年金融机构存贷款余额分别达到3860亿元、2245亿元，分别比2015年增长72.7%、101.3%。现代旅游业实现新提升，围绕打造全域旅游发展新格局，谋划实施一批现代文旅项目，高质量完成竹沟革命纪念馆复建工程，精心开发将军故里游、革命圣地游等系列红色旅游线路，打造全国有影响力的红色旅游载体。

（二）着力打好“创新驱动发展牌”，深入实施创新驱动发展战略，为高质量跨越发展提供了强力科技支撑

第一，壮大科技创新力量。目前，全市建成国家级创新平台载体10个、省级创新平台载体138个。拥有国家高新技术企业186家、评价入库国家科技型中小企业273家、河南省创新龙头企业2家、科技小巨人企业3家、河南省节能减排科技创新示范企业17家。大力实施人才强市战略，成功举办

中国博士后科技服务团（河南驻马店行）活动，引进院士 14 名、中原学者 2 名，建立博士后科研工作站 6 个、中原学者工作站 2 个，站内科研人员达 400 名，开展科技合作项目 118 项，总量居全省第一方阵。大力发展“院士经济”，形成“引进一个院士，带来一个团队，培养一批人才，带动一个产业”的创新资源集聚效应，发展“院士经济”，将院士“才富”变成农业“财富”，为农业高质量发展厚植科技优势，提供科技支撑。全市共建立国家级农业科技园区 1 个、院士工作站 12 个，建成了河南省小麦抗性遗传育种院士工作站和河南省博士后研发基地。驻马店市“小麦遗传育种院士工作站”获得全国优秀院士工作站称号。

第二，提升自主创新能力。围绕重点产业实施省级科技项目 173 项，极大地提升了农业机械、医药化工、电子玻璃、煤化工、夏南牛、畜禽设备等产业骨干企业的自主创新能力水平，有 11 项成果获省科技进步奖。

第三，加大科技研发投入。通过实施“十百千”转型升级创新专项、产业升级专项、“四个一批”创新引领专项等，市本级财政投入科技项目资金近 6600 万元，争取省级资金 8271 万元，撬动企业研发投入 60 亿元，全市研发投入由 2015 年的 6.3 亿元增长到 2020 年的 20 亿元，全市高新技术企业由 2015 年的 26 家发展到 2020 年的 186 家，国家科技型中小企业达到 273 家，2020 年高新技术产业产值达到 600 亿元，是 2015 年的 3 倍多。

第四，优化科技创新环境。出台《关于实施创新驱动提速增效工程的意见》《支持企业强化科技创新的意见》等文件，完善创新政策体系，在创新主体培育、平台建设、人才引育、科技成果转化、开放合作等方面建立长效机制。五年来对全市首次认定的高新技术企业、新增的省级创新平台载体、高层次创新人才（团队）、重大科技成果落地转化等，发放各类奖补资金超 1 亿元，激发了企业科技创新热情。

（三）着力打好“基础能力建设牌”坚持把提升基础设施支撑保障能力作为事关高质量跨越发展的重要任务，突出重点、补好短板、强化弱项，加快构建现代化基础设施体系

第一，加快建设现代综合交通系统。开工建设周驻南高速、息邢高速、上罗高速、许信高速，总投资 293.2 亿元，建设里程 371 公里，项目全部建

成后，将形成“五纵四横”的高速公路网络。规划建设普通干线公路578.6公里，总投资约138.8亿元，将实现县县通一级公路，二级以上公路比例达到65%。新改建农村公路10324公里，危桥改造20157延米，圆满完成所有行政村通硬化路的交通脱贫工作任务，成功创建泌阳、上蔡、汝南3个省级“四好农村路示范县”。

第二，加快建设水利支持系统。全市完成防洪减灾除涝、民生水利、水土保持、水资源开发利用、生态水系工程共5大类105个项目，累计投入178亿元；推进实施淮河流域滞洪区建设、板桥水库除险加固、宿鸭湖水库清淤扩容等一批重大水利工程，建成板桥、薄山、宿鸭湖3座大型灌区续建配套与节水改造工程。在全省率先完成四水同治“8+1”规划，完成投资58亿元，占省定任务的280.4%。

第三，加快建设能源支撑系统。合理开发利用火电、风能、太阳能、生物质能等资源，全市发电总装机规模达到315.9万千瓦，其中可再生能源装机总量107.9万千瓦，占电力总装机的34.2%；可再生能源发电总量18.2亿千瓦时，占发电总量的25.4%。驻马店—武汉1000千伏特高压交流工程等重大能源项目加快推进。光伏发电项目成效显著，建成并网村级小电站985个、集中式光伏电站8座，合计并网规模71.9万千瓦，年可节约标煤56.3万吨，减排二氧化碳近125.7万吨。生物质发电项目稳步推进，建成投运的上蔡生物质发电项目，总装机3万千瓦；已开工生物质热电联产项目2个，总装机容量6.5万千瓦。豫南LNG应急储气中心项目建成投运。西气东输一线新郑至驻马店、二线南阳至驻马店实现互联互通，年输气能力达30.6亿立方米，双气源保障作用进一步凸显。

第四，加快信息化建设。建成2个云计算中心，投入使用500个机架，打造全市政务云平台，实现全市政务数据交换共享和行政审批无纸化。规上工业企业光纤入户率达到100%，13个企业获得两化融合管理体系证书，29家企业启动两化融合管理体系贯标，两化融合管理体系对标企业达到483家，规上企业上云总数达到1000家，上云率达到99%。

（四）着力打好“新型城镇化牌”，打造全国一流地级市

以实施百城建设提质工程为抓手，以人的城镇化为核心，坚持规划引领，强化基础建设，推动产城融合，统筹城乡建设发展，加快构建“一中

心五组团一带六极”现代化城镇体系。市中心城区建成区面积突破100平方公里，常住人口突破100万人，城镇化率达到46.1%。在一个创建周期一举成功创建全国文明城市、国家卫生城市、国家森林城市，凝聚形成了“敢于争先、团结拼搏、克难攻坚、善作善成”的创文精神。

第一，突出规划引领。调整完善《驻马店市国土空间总体规划（2020～2035年）》方案，完成《城市综合交通体系专项规划》《中心城区中小学专项规划》等26项专项规划。编制完成驻马店市中心城区近期建设规划、功能片区空间规划和市城乡一体化示范区规划。编制完成172个乡镇总体规划、10个县（区）域村镇体系规划和2650个行政村建设规划。

第二，加快城镇基础设施建设。市中心城区围绕“一中心五组团”发展布局，实施重点城建项目2000多个，完成投资1000多亿元，打通100多条断头路，完成近千条背街小巷改造，对练江河、小清河等7条河流进行集中整治。围绕生态水系环境治理，加强园林绿化建设，美化城区环境，使城镇人居环境更加优美，群众的幸福指数和优越感不断增强。

第三，提升城市精细化管理水平。出台《中心城区精细化管理工作实施方案》，将数字城管、清扫保洁、门前三包、以克论净、工地扬尘治理、油烟治理等各项城市管理工作与网格化管理有机结合。提升智慧化管理水平，市智慧城管现已接入4个区级平台、17个街道办事处，相关联动单位56个，并与9个县级平台实现运行数据互联互通，城市智慧化水平持续提升。

第四，统筹城乡协调发展。加快推进乡镇基础设施和公共服务设施建设，积极推进以生活垃圾、污水治理为主的人居环境整治，开展“美丽小镇”和产业强镇创建工作，全市乡镇政府所在地均已建立市场化保洁机制，创建国家级卫生乡镇5个、省级卫生乡镇41个，创建了3个省级“美丽小镇”，建成了3个国家级农业产业强镇。深化农村人居环境整治，全市通硬化路的行政村和自然村比例分别达到100%和98%，标准化卫生室和公共文化服务中心实现行政村全覆盖，村内主要公共活动场所亮灯率达96.6%，村庄绿化覆盖率达33.4%，农户卫生厕所普及率达85.4%，98.5%的行政村坑塘得到整治，农村生活垃圾得到有效治理。加快“四美乡村”建设，积极开展“千万工程”示范村、“四美乡村”示范村创建，至2020年底，全市创建省级“千万工程”示范村145个，“四美乡村”示范村914个，涌现了遂平县阳丰镇朱屯村等一大批特色产业突出、人居环境优美、乡风文明的“四美乡村”典型。

三　经验与启示

（一）必须坚持以习近平新时代中国特色社会主义思想为指引，把握好大势、方向

近年来，驻马店之所以能在复杂严峻的变化变局中打好“四张牌”，始终把牢住正确方向，经受住风险挑战，牢牢掌握住发展的“时”和“势”，有效解决了发展中的许多矛盾问题，根本在于习近平新时代中国特色社会主义思想的科学指引。实践证明，只有高举习近平新时代中国特色社会主义思想伟大旗帜，坚定理想信念的“主心骨”，我们才能充满信心与力量，战胜前进征途上的一个又一个困难。

（二）必须坚持党的全面领导，优化政治生态，凝聚各方力量

驻马店市委坚持把方向、谋大局、定政策、促改革，着力提升对全局大势的掌控能力，对重大问题的研判能力，对重点任务的攻坚能力，对重大项目的谋划能力，对决策部署的落实能力，全市各级党组织精诚团结、坚强有力，风清气正、干事创业的良好政治生态持续巩固，确保了中央和省委省政府各项决策部署的贯彻落实。实践证明，面对复杂形势和艰巨任务，必须坚持党的全面领导，以政治生态的巩固营造干事创业的浓厚氛围，汇聚起推动高质量跨越发展的强大合力。

（三）必须坚持以人民为中心，保持社会大局稳定，激发全民创业发展动力

打好“四张牌”，驻马店市委市政府坚持以人民为中心的发展思想，着力解决就业、教育、医疗、住房等群众关心的民生问题，用小实事累积成大民生，用实干实绩彰显为民情怀。实践证明，必须始终坚持人民主体地位，坚持共同富裕方向，多谋民生之利、多解民生之忧，切实改善人民生活品质，全力维护社会大局和谐稳定，充分激发广大人民群众投身发展的创造力和积极性。

（四）必须坚持新发展理念，统筹推进高质量发展

市委市政府坚持把创新作为引领发展的第一动力，加快推进科技、文化、制度等各方面创新；认真落实“五位一体”总体布局，切实增强发展整体性；坚持生态优先、绿色发展，着力打造美丽驻马店；坚持扩大开放借好外力，切实解决内生动力不足的问题；持续增进民生福祉，人民群众的获得感幸福感安全感不断提升。实践证明，无论是稳增长、促改革、调结构，还是惠民生、防风险、保稳定，都必须坚持把新发展理念贯穿始终，推动质量变革、效率变革、动力变革，实现更高质量、更有效率、更加公平、更可持续、更为安全的发展。

（五）必须坚持改革创新开放，走以城镇化拉动工业化、引进型经济发展之路

驻马店作为欠发达地区，市委市政府审时度势，不断完善发展思路，确立了走以城镇化拉动工业化、引进型经济的高质量跨越发展之路，取得了明显成效。实践证明，落后地区要想在各地竞相发展的大潮中脱颖而出，实现赶超发展、跨越发展，必须坚持改革创新开放，敢闯敢创敢干，谋非常之策，行非常之举，下非常之功，坚定走好自己的路。

（六）必须坚持抢抓发展机遇、真抓实干，善于化危为机、跨越发展

短短几年时间，驻马店之所以能打好“四张牌”，发生脱胎换骨、翻天覆地的变化，就在于认准了一个道理：幸福都是奋斗出来的。实干而不是空谈，自强而不是伸手，靠发展赢得尊重。实践证明，只要始终立足“两个大局”、胸怀“国之大者”，准确识变、科学应变、主动求变，从眼前的危机、眼前的困难中捕捉和创造机遇，坚持把干事热情和科学精神结合起来，撸起袖子加油干，就一定能实现高质量跨越发展。

第六章　打好“四张牌”的县域模式

河南县域经济在打好“四张牌”中具有基础作用。作为县域经济大省，河南县域经济 GDP 规模在全省中的占比约为 65%，财政收入总量在省域财政收入总体中的比重约 40%，社会消费品零售总额在省域总体中的比重在 60%，所容纳和支撑的人口总量在省域人口总体中占 70%以上，2019 年，河南省县域经济支撑容纳的常住人口 6925.22 万人，占河南全省省域常住人口的 71.83%。河南省发展县域经济，把产业结构优化升级、创新驱动发展、基础能力建设和新型城镇化作为落实新发展理念、深化供给侧结构性改革的重要抓手，作为转变发展方式、提升发展质量效益的关键举措，奋力打造中原更加出彩的县域经济有力支撑。作为河南县域经济打好“四张牌”的典型代表，巩义市、栾川县、新县和睢县，交出了一份令人欣喜的县域经济成绩单，凸显了河南县域经济打好“四张牌”的县域模式特色。

第一节　打好“四张牌”的巩义实践

巩义由河南省直辖，郑州市代管，位于郑州、洛阳之间，总面积 1043 平方公里。巩义市辖 5 个街道、15 个镇，市政府驻紫荆路街道，常住人口 83.83 万人；境内有郑西高铁、陇海铁路、连霍高速、310 国道、S314 沿黄快速通道和中原西路等横穿东西，焦桐高速、237 省道纵贯南北；有北宋皇陵、巩义石窟、巩义窑址、慈云寺石刻、康百万庄园、张祜庄园、刘镇华庄园等全国重点文物保护单位 10 处，另有市级文物保护单位 86 处。

巩义市围绕发挥优势打好“四张牌”，推动习近平总书记调研指导河南时的重要讲话精神在巩义落地生根、开花结果。全市经济社会发展保持平稳健康态势。2014~2020 年，生产总值由 607.6 亿元增长至 826.6 亿元，年均增长 7.3%；规模工业增加值年均增长 7.5%；固定资产投资年均增长

11.9%；社会消费品零售总额由219.8亿元增长至279.1亿元，财政总收入突破百亿元大关，由43.3亿元增长至100.7亿元，年均增长15.1%；居民人均可支配收入由21968元提高至31630元。在全国综合实力百强县市、全国工业百强县市的位次持续巩固、稳步前移，获评中国最具幸福感城市，入选中国率先全面建成小康社会范例城市。

一　巩义打好“四张牌”的实践做法

巩义把加快推进转型升级作为事关长远发展的关键所在，按照“主攻二产、突破三产、优化一产”的思路，加快产业结构调整，推进三次产业融合协调发展，促进新旧动能转换，培育新的经济增长点。推进工业转型升级创新发展。以建设千亿级铝精深加工基地和河南省（巩义）军民融合产业基地为抓手，坚持“亩均论英雄”，着力推动传统产业提档升级，积极培育壮大新兴产业，补好科技创新短板，推动产业集聚区扩容增效，着力打造郑州大都市区先进制造业功能承载区、示范区，当好郑洛工业走廊上的重要支点。先后出台实施两轮工业转型升级创新发展三年行动计划，研究制定《巩义市制造业高质量发展实施意见》、《巩义市工业企业分类综合评价实施方案》、新兴产业培育壮大计划、工业企业创新驱动发展行动方案，建立重点企业（项目）服务工作机制。聚焦制造业高质量发展，突出抓好传统产业转型升级、过剩产能化解、科技创新、战略性新兴产业培育引进。大力开展“项目建设年”活动，大力实施军民融合发展战略。以旅游业为突破带动第三产业提质升级。坚持以创建国家全域旅游示范区为载体，从单打独斗向合作发展转变，从景区景点向发展产业转变，从政府投入向市场投入转变，抓好重大旅游项目和公共服务设施建设，发挥山水优势，推动文旅城融合发展。积极发展物流业，大力发展电子商务，积极探索互联网与传统产业融合发展的新路径。积极发展现代农业，大力推进休闲农业和乡村游发展，促进一二三产业融合发展，围绕自然资源优势和特色，积极打造休闲农业品牌，探索具有地方特色的休闲农业发展道路。强力推进招商引资。始终把招商引资摆在突出位置，持续掀起大招商、招大商热潮，成立招商引资工作领导小组，统筹协调全市招商引资工作，全市上下把精准招商作为推动产业结构转型升级的“一号工程”来抓，形成了精准招商“一盘棋”的工作局面，全市累计组织外出招商小分队500余支，走访企业650余家，确保工作落到实处。坚持搭建平台抓招商，连续多年举办“巩义市开放招商洽谈会暨重点招商引资项目签约仪式”，邀请国内外重要客商参加并开展项目对接洽谈和重大项目签约活动。

坚持把科技创新摆在前所未有的高度，以科技创新新突破实现巩义高质量发展。突出抓好科技创新、战略性新兴产业的培育和引进，全社会研发投入占GDP比重达到1.6%以上。强化创新平台建设，申报设立河南省工业公共技术研发设计中心，申报设立河南省制造业创新中心培育单位。开展科技创新中心建设，搭建集人才、信息、技术等优势于一体的综合服务平台。强化产学研合作。深化与科研院所、高等院校之间的合作关系。围绕构建自主创新体系，积极申报入选河南省创新示范项目。充分发挥区位优势，组织举办各种培训活动，与企事业单位和高校共建实习实训基地。积极引进创新引领机构，组建国检中心等分支机构。强化知识产权引领。加强宣传培训，坚持示范带动，强化服务跟踪。培育知识产权优势企业，打造行业核心技术，带动企业提高市场竞争力。

坚持突出重点、弥补短板、强化弱项，加强基础设施建设，蓄积发展后劲。牢固树立“交通先行”理念，统筹推进市内外交通路网建设；积极向上争取，推动郑巩洛高速纳入河南省高速公路网规划；加快“四好”农村路建设进度；大力发展多式联运，加快建设现代综合交通体系。夯实绿色生态基底。其一，兴建水利工程。连续五年实施伊洛河治理工程，在南部山区连续三年实施“五小水利”工程，建设20余座塘坝，改善生产生活用水状况。治理水土流失现象。补充水源、改造配套、管网延伸、更换改造等，突出抓好农村饮水安全巩固提升工程。其二，着力打造“绿水青山”。谋划实施巩义市生态水系建设项目，将城区及周边的伊洛河、东泗河、西泗河、后寺河和坞罗水库水源地进行贯通，打造“水城交融、人水和谐”的亮丽水城。统筹推进国家储备林、困难山地造林、生态建设造林、生态廊道造林、河道景观绿化。其三，突出民生保障。启动实施城乡供水一体化工程，打造“大水源、大水厂、大管网”的供水格局。完善科学发展载体。持续强化产业集聚区载体功能，增强要素集聚和辐射带动能力，推动产业集聚区、专业园区持续上规模上层次。加快建设净水材料应急产业园、民营科技创业园、高端装备制造园等专业园区。高标准、高质量谋划建设小微企业园。按照“一镇一策”“一园一策”，注重产业培育，严把入园企业关，突出地方主导产业，努力打造创新创业综合体，加快形成有影响力的产业集群。持续提升医疗基础设施和公共卫生应急体系建设水平；不断改善镇级医疗条件，改扩建镇卫生院，实施疾控中心实验楼改建项目。大力实施“人才强市”战略，认真落实“智汇郑州”政策，探索人才培养交流合作机制；建立在外高层次人才库、专业技术拔尖人才库、文艺人才库等。出台《引进高层次急需紧缺人才工作方案》，探索引进国家“双一流”大学硕士及以上优秀毕业生。加强企业家队伍建设，组织评选“科技领军人才”“中青年企业家”“巩义工匠”。深入推进全民技能振兴工程，开展农村劳动力职业技能培训、返乡农民工创业辅导。

按照郑州“西美”功能定位，坚持以人为核心的城镇化，着力优化空间布局，提升县城对全域发展的承载力、带动力，形成“大城小镇”的空间结构。大力推进百城建设提质工程。将百城建设提质工程与创建全国文明城市相结合，2017 年以中西部第 1、全国第 9 的成绩成功创成全国文明城市，连续 3 年获评全省百城建设提质工程先进县市。紧紧围绕“一张蓝图保发展、一体共治建生态”的工作思路，高标准推进国土空间总体规划编制，有序开展相关专项规划和详细规划编制，强化重点区域城市设计，提升规划管理水平。围绕“新城区完善功能、老城区提升品质”，加快推进基础设施配套和公共服务完善。积极开展城区架空管线专项整治、生活垃圾分类、重要节点夜景亮化等工作，纵深推进城市精细化管理。

加快推进农业转移人口市民化。深化户籍制度改革，启用网上审批系统，将 17 种与群众生活相关的服务下放到派出所受理；全面实施城乡居民基本医保制度，开通城乡居民医疗保险、大病二次保险、困难群众大病补充医疗保险一站式报销；切实做好农村土地承包经营权确权登记颁证工作，出台《关于完善农村土地所有权、承包权、经营权分置办法的实施意见》，进一步推动全市土地流转规范有序开展；切实保障被征地农民合法权益，制定出台《巩义市人民政府关于解决被征地农民社会保障问题的若干意见》《关于对被征地农民参加基本养老保险实施补贴的意见》，为彻底解决被征地农民社会保障遗留问题提供政策支撑。大力实施乡村振兴战略，以“摘星夺旗创三宜”活动为载体推进乡村振兴，持续改善农村人居环境。扎实开展美丽乡村建设，投资 3.9 亿元，统筹实施基础设施建设、历史风貌保护、乡村产业发展；大力推进农村人居环境整治，加强农村精神文明建设，积极创建各级文明镇；持续壮大农村集体经济，实施省、郑州市扶持集体经济发展试点项目。

二　巩义打好“四张牌”的主要成效

转型转出新天地。产业结构持续优化，一二三产业比重由 2014 年的 1.8∶65.4∶32.8 调整为 2020 年的 1.5∶58.1∶40.4。制造业高质量发展成效明显，2020 年居于“全国工业百强县（市）”第 42 位、全省首位，已累计实施工业技术改造项目 860 项，转移退出电解铝、钢铁、碳素产能 326 万吨，中部铝港产业园、融创大数据等一批产业示范引领性项目落地巩义，中孚实业高性能铝合金特种铝材、恒星科技超精细钢丝、明泰铝业电子材料产业园、明泰铝业车用铝合金板项目、泛锐熠辉碳陶生产线等项目先后投产达效，军民融合产业园区建设被纳入《河南省“十三五”经济建设和国防融合发展规划》，巩义军民融合产业基地获得省国防科工局正式批复，成为全省第 8 家军民融合产业基地。万达铝业成为国内铝加工行业第一家获得军工认证的民营企业，泛锐熠辉轻质高强复合材料项目被列入河南省军民融合产业重点项目库。文旅城融合发展能力进一步提升。巩义旅游的影响力和知名度进一步提升。成功获评全国“文旅融合特色创新示范市”。竹林风情古镇、涉村镇石居部落、河洛镇偃月古城等项目相继竣工营业。成功举办嵩顶冰雪文化旅游节、春节庙会、长寿山红叶节等活动。杜甫故里诗词大会影响力不断扩大。全市累计接待游客达 6768 万人次，旅游综合收入 242.8 亿元。被确定为河南省首批全域旅游示范区。巩义被确定为河南省内贸流通体制改革发展省级综合试点。万洋国际商贸城创成河南省品牌消费集聚区，建业百城天地等建成运营，正上·豪布斯卡商业综合体加快推进。物流业发展基础提升，上海期货交易所铝期货指定交割仓库——河南国储 339 处、431 处核定库容增加至 5.5 万吨，总库容居于河南省第一位；巩义至乌鲁木齐、巩义至青岛货运班列顺利开通。电子商务发展势头强劲，云运通网络运输平台、标兵新科技网络销售、泛锐熠辉设备资源共享平台、巩东新区数字经济产业园等项目加快实施，生产性服务业逐步向价值链高端迈进；创成河南省电子商务进农村示范县（市）。现代农业结构优化和发展后劲提升。粮食生产总产量稳定在 16 万吨左右，农业种植业结构持续优化，优质小麦种植面积快速增长。农业机械化水平持续提高，创成全国主要农作物全程机械化示范县（市）；农产品质量安全监管得到强化，创成国家农产品质量安全县市。巩义市级以上农业产业化龙头企业达到95家，其中省级2家、郑州市级3家、省级农业产业化集群1个。具有地方特色的休闲农业发展初具形态，长寿山风情古镇通过农业部五星级评定，全市休闲农业经营主体达到53家，带动农户3500户，年接待500万人次，初步形成了北部邙岭、伊洛河沿岸、南部山区三个休闲观光农业产业带。精准招商“一盘棋”工作局面初步形成。外出招商签约并履约亿元以上项目77个，总投资3279.7亿元；累计引进省外境内资金404.1亿元，年均增长5.8%，实际利用外资16.77亿美元，年均增长3.4%，总量连年居于全省直管县（市）首位。实际利用外资总量连年居于郑州6县（市）首位，先后获评“浙商最佳投资城市”“河南省对外开放先进县（市）”“河南省利用外资先进县（市）”等荣誉称号；被商务部认定为国家外贸转型升级基地。

创新驱动展现新作为。科技创新能力显著增强，泛锐熠辉等科技型企业势头强劲，全市高新技术企业达到106家，国家科技型中小企业达到113家，省级以上研发平台达到60家，高新技术产业增加值占比由48.2%提高到65%。全市院士工作站达到3家，成功学院众创空间成为巩义首家省级众创空间，通达中原被认定为河南省工业公共技术研发设计中心，由中孚实业牵头成立的“河南省高效能铝基新材料创新中心”成为河南省首批制造业创新中心培育单位，巩义市5G联创工业设计中心挂牌成立，新一代信息技术与制造业深度融合步伐加快。科技创新综合服务平台吸引中船重工713所、深圳军民融合研究院、泛锐熠辉等多家科研单位入驻。深化产学研合作步伐加快，与中科院、北京科技大学、东北大学等高等院校的合作关系持续深化，全市400多家企业与100多家科研单位开展着不同形式的产学研合作。自主科技创新取得进展，永通特钢高强不锈结构钢研发及产业化项目被4名院士组成的专家组认定为国际首创，泛锐熠辉二氧化硅气凝胶新材料项目入选河南省创新示范项目。河南神举科技发展有限公司、河南明泰铝业股份有限公司等9家企事业单位与成功学院共建实习实训基地。组建国检中心分支机构，建立“河南省辐照产业基地”，成立“河南省辐照联盟协会”，全面推进电线电缆产业转型升级。知识产权引领优势凸显。河南天祥新材料股份有限公司被国家知识产权局评为国家知识产权优势企业，6家企业通过国家知识产权管理体系认证，每万人发明专利拥有量达到 3.27 件，商标有效注册量达到 7149 件。

基础能力建设迈上新台阶。现代综合交通体系建设持续推进，S312 沿黄快速通道、中原西路快速通道、南部山区旅游通道等开放通道全线贯通，公路通车里程达 2187 公里，全市公路密度达到每百平方公里 197.75 公里。郑州轨道交通 S2 号线巩义支线项目稳步推进。农村通行条件持续改善，农村公路总里程达到 1865.7 公里。累计新建改建农村公路 273.24 公里；市政道路建设方面，陇海路东延、苏秦路、瑞阶路等 33 条市政道路竣工通车，共开通城市公交线路 15 条，营运总里程 176.7 公里，创成河南省“首批公交优先示范城市”。巩义市象道物流有限公司创成公铁、铁海联运示范企业，构建现代综合交通体系步伐进一步加快。绿色生态基底得到加强，连续五年实施的伊洛河治理工程，提升了两岸人民群众的生命财产安全保障度。在市南部山区连续三年实施的“五小水利”工程，显著改善了当地群众生产生活用水状况。实施水土保持治理工程 14 项，有效治理了水土流失现象。农村饮水安全巩固提升工程，进一步提高和改善了农村居民的饮水条件。初步实现城乡居民饮水“同城、同网、同质、同价”。“水城交融、人水和谐”的亮丽水城初具形态；建成森林小镇 5 个、森林乡村 31 个，林木覆盖率达 42%。全市森林覆盖率由 29.5%提高到 35.2%，获评河南省级森林城市。科学发展载体逐步完善，巩义市产业集聚区被列入国家级开发区目录，豫联产业集聚区先后被评为“十快”产业集聚区，并晋升二星级产业集聚区；巩义市产业集聚区和豫联产业集聚区规模工业增加值年均增长 10%以上。商务中心区成功晋级省二星级服务业“两区”，耐火材料产业集聚区被评为河南省中小企业特色产业集群。净水材料应急产业园、民营科技创业园、高端装备制造园等专业园区建设初具形态。社会民生基础得到加强，建成 25 个产业扶贫示范点，促进 2005 户贫困户年均增收 3000 元以上。扶贫先扶志做法入选全国智志双扶典型案例；建立“扶贫驿站”127 个，惠及贫困户 8000 余人，全市 42 个贫困村 29756 名贫困人口全部脱贫，结对帮扶对象淮滨县实现脱贫“摘帽”。就业创业扶持累计新增城镇就业 5.2 万人。城乡办学条件显著改善，新（改扩）建中小学校及幼儿园 130 所，新增学位 30690 个。市博物馆晋升为国家二级博物馆，20 个镇（街道）图书馆、文化馆分馆实现全覆盖。成功举办国际马拉松赛、全民运动会等大型群众性健身活动。医疗基础设施和公共卫生应急体系建设水平持续提升，全市医院床位数由3205张增加到4049张。人力资源素质得到提升，与人民日报社人民智库达成战略合作协议，与郑州成功财经学院签订人才培养交流合作协议，将蒙曼、王立群、范军等13位文化名人聘为文化产业发展顾问。自2018年以来，每年引进80名国家“双一流”重点大学硕士及以上优秀毕业生。组织评选了“科技领军人才”“中青年企业家”“巩义工匠”。开展农村劳动力职业技能培训28023人，返乡农民工创业辅导3373人。

新型城镇化彰显新气象。城乡面貌持续改善，常住人口城镇化率由2014年的50.47%提高到61%，年均提高1.5个百分点。县城质量明显提升，2017年以中西部第1、全国第9的成绩成功创成全国文明城市，连续3年获评全省百城建设提质工程先进县市。序化、洁化、绿化、亮化持续实施，新增绿化面积290万平方米。新规划永安路、唐三彩路等11条道路及21个路口渠化如期完工，49个老旧小区进行有机更新，3个示范区完成规划设计，47个城乡接合部综合改造稳步实施。改造提升老旧小区362个、背街小巷56条。加快推进燃气、热力设施全覆盖，铺设燃气管道1200公里，新增供热面积255万平方米，城区燃气、供热普及率分别达到97%、69.2%，较“十二五”末分别提升8%、35%。创成全国无障碍环境达标市，城市环境更加整洁、有序、舒适、愉悦。农业转移人口市民化持续推进，城乡居民基本养老保险参保率稳定在95%以上；城乡低保标准分别由每人每月460元、240元提高至700元、511元。扶持农民就业创业，累计新增农村劳动力转移就业4.5万人。竣工交付保障房项目28个9954套，回迁群众7102户26384人。乡村振兴全面推进，实施美丽乡村项目208项，大南沟村、韵沟村等15个美丽乡村示范村更美更靓，海上桥村入选国家传统村落名录，小关镇被确定为省乡村振兴示范镇。人居环境整治，累计拆除违建42.4万平方米，实施户厕改造56620户，生活污水治理22213户，农村生活垃圾治理实现全覆盖，户用无害化卫生厕所普及率达94%，生活污水治理覆盖180个行政村。被评为全省改善农村人居环境工作先进县（市）。创建各级文明镇15个、文明村177个。实施省、郑州市扶持集体经济发展试点项目24个，全市集体经济空壳村全部清零。

三 巩义打好“四张牌”的经验启示

用打好“四张牌”贯彻落实习近平总书记重要讲话精神和党中央决策部署，用打好“四张牌”的实际行动体现“四个意识”“两个维护”，巩义积累了宝贵的经验启示。

（一）持续推进习近平新时代中国特色社会主义思想入脑入心、落地落实

巩义坚持把学习贯彻习近平新时代中国特色社会主义思想作为首要政治任务，落实省委“五种学习方式”“五比五不比”要求，在学懂弄通做实上下功夫、求实效。坚持跟进学习，落实“第一议题”制度，对总书记重要讲话和指示批示精神，第一时间学习、第一时间贯彻、第一时间行动。坚持专题学习，围绕《习近平谈治国理政（第三卷）》、总书记给郑州圆方集团全体职工的回信、党的十九届五中全会等开展集中学习研讨。坚持以讲促学，深入开展“党课开讲啦”等活动，市级领导同志主动到分包镇（街道）、分管系统上党课、做宣讲，带动全市党员干部群众学深悟透精神实质。坚持专家领学，通过“问学前沿”高端讲堂培训干部，“万名党员进党校”实现党员培训全覆盖。坚持学以致用，推动全市各级党组织学习贯彻习近平新时代中国特色社会主义思想不断往深里走、往实里走、往心里走。实践证明，坚持“举旗帜、聚民心、育新人、兴文化、展形象”，唱响主旋律、壮大正能量、提振精气神，为打好“四张牌”提供了有力的思想保证、舆论支持和精神动力。

（二）始终坚持把加强党的领导、强化政治建设贯穿始终

巩义市委常委会坚决扛稳全面从严治党主体责任，深入贯彻新时代党的建设总要求，着力以党建高质量推动发展高质量。研究制定了《关于加强党的政治建设推进全面从严治党向纵深发展的实施意见》，坚决扛稳加强党的领导的政治责任，推动巩义全市上下增强“四个意识”、坚定“四个自信”、做到“两个维护”。

健全完善市委依法治市委员会、市委国家安全委员会、市委编制委员会、市委审计委员会等议事协调机构的工作机制，切实加强对相关工作的

领导。严格执行《重大事项请示报告条例》，及时向郑州市委报告巩义的决策和落实情况。坚持“一个党委、三个党组”工作制度，召开了市委、人大、政协工作会议，定期听取市人大常委会、市政府、市政协、市法院、市检察院党组工作报告。持续开展重点工作月督查观摩活动，建立“五个一”制度，市级领导同志主动深入一线，调查研究，解决问题，调动各方面积极性，团结一心、步调一致推动工作。实践证明，始终坚持把加强党的领导、强化政治建设贯穿始终，为打好“四张牌”的各项事业提供了坚强保证。

（三）夯实基层基础，打造忠诚干净担当的骨干队伍

巩义市在郑州市率先启动“亮赛比”活动，传导压力、夯实责任、交流方法，营造比学赶超的浓厚氛围，形成事业为上、实干担当的生动局面。深入推进基层党建重点任务“挂图作战、集中攻坚”行动，推动基层党组织全面进步、全面过硬。城市党建，把党的组织优势贯穿“三项工程、一项管理”全过程，用党的组织资源统筹调动社会资源，在改善环境、服务群众中强化党组织的领导地位，健全完善组织体系。农村（社区）党建，实行县处级领导联镇包村责任制，有序推进村级组织换届。机关党建，巩固“灯下黑”整治效果，推动党建工作与业务工作深度融合、相互促进。坚持政治导向、事业需求导向、基层导向，坚持“凭实绩论英雄”，以正确用人导向激发干部活力。强化干部动态考核、精准识别，健全干部精准识别评价、培养锻炼、监督管理及适时使用的有机链条，完善科级领导班子和领导干部年度考核评价体系，多渠道、多层次了解领导班子和干部。实践证明，夯实基层基础，打造忠诚干净担当的骨干队伍，是打好“四张牌”的坚强保障。

（四）始终坚持以人民为中心，推进为民造福工作走深走实

巩义市坚持把以人民为中心的发展思想落实落细。巩固“不忘初心、牢记使命”主题教育成果，持续加强党员干部群众思想观念教育，引导党员干部把增进群众的获得感作为工作的成就感，把群众立场落实到工作全过程。坚持人民至上，疫情期间全力救治病人，疫情得到控制之后，及时调整工作重心，突出做好稳岗位、保就业、惠民生工作。坚持走好群众路线，把“摘夺创”作为抓基层、打基础的重要举措来抓，充分发动群众、

依靠群众，不断提升基层治理水平。坚持群众需求导向，围绕群众眼里的“一件事”，推进政务服务模式创新，群众有了切实的获得感，党群干群关系得到了进一步改善。实践证明，始终坚持以人民为中心，保障了打好“四张牌”的为民造福工作走深走实。

（五）不断深化改革扩大开放，增强发展的动力和活力

巩义市坚持以改革解决发展难题，以开放激发发展活力，着力打造全省一流的营商环境。有序推进各项改革。“互联网+政务服务”和“最多跑一次”改革持续深化，1777 项政务服务事项网上可办，不动产登记、商事登记、工程建设项目审批及公民个人事项办理全面提速，“非接触式办税”“不见面开标”得到好评，企业和群众办事更加方便。持续优化营商环境。召开全市优化营商环境暨招商引资大会，出台《巩义市优化营商环境三年行动计划（2020～2022 年）》《巩义市打造一流营商环境 2020 年工作要点》。严肃查处破坏营商环境案件，严厉打击涉商涉企违法违纪行为，开展“营商环境千企问卷”活动，加强社会信用体系建设，政务环境、商务环境和市场环境不断优化。实践证明，不断深化改革扩大开放，增强了打好“四张牌”的动力和活力。

第二节　打好“四张牌”的栾川模式

栾川位于河南省西部，因传说远古时期鸾鸟群栖于此而得名。栾川县总面积 2477 平方公里，辖 12 镇 2 乡 1 个管委会（重渡沟管委会）、213 个行政村（居委会），总人口 35 万，其中农业人口 29.9 万；素有“四河三山两道川、九山半水半分田”之称，“洛阳后花园”和“洛阳南大门”的美誉。栾川县切实把增强“四个意识”、坚定“四个自信”、做到“两个维护”体现在具体行动上；近五年来，牢记习近平总书记打好“四张牌”的嘱托，切实加强自身建设，经济实力显著增强，质量效益稳步提升。全县地区生产总值年均增长 8.3%，人均生产总值突破 75000 元，一般公共预算收入突破 20 亿元大关，城镇居民和农村居民人均可支配收入分别达到 34915 元和 13900 元，比 2010 年翻了一番多。绿色发展蹄疾步稳，高质量发展迈出重大步伐。

一　栾川县打好“四张牌”的主要做法

加快构建“212”现代产业体系。以培育新材料、现代中医药等战略新兴产业为着力点，以传统矿业“三大改造”为突破口，以推动旅游、康养、特色农产品加工融合跨越发展为主攻方向，努力打造钨钼氟新材料产业集群、现代中医药健康产业集群。着力推进钨钼新材料产业转型发展，在加快推动矿业城市转型升级方面先行先试、积极探索，着力打造矿业城市转型升级示范区。立足栾川钨、钼、萤石资源禀赋，做优做强钨钼氟新材料产业，高标准、高起点实施钨钼产业精准式链式发展，加快壮大钨钼资源→采矿→选矿→冶炼→化工→冶金→精深加工等全产业链条。加快资源整合，支持龙头企业积极推进区域性资源整合，提高资源综合利用水平。积极实施尾矿资源综合开发利用和多金属综合回收工程，引导和鼓励钨钼新材料采选企业加大资源综合回收力度，打造新的经济增长点。强化技术引进，强化与专业科研院所合作，引进尾矿资源利用相关技术，努力实现变废为宝。组织专门力量，对现有尾矿库资源进行普查，分类推进尾矿库综合利用工作。拓展钨钼新材料产业融资方式，鼓励各类合格投资者按照市场化方式发起设立各类产业、科创基金，投资钨钼新材料产业。对符合融资条件的企业，鼓励金融机构加大授信、贷款支持力度。对因市场或者周转原因而暂时困难的企业，协调金融机构不抽贷、不断贷，继续给予支持。对重点龙头企业给予延长流贷期限，加快续授信审批时间。

着力打造生物医药产业新优势。其一，强化组织领导，通力配合生物医药产业发展。县委县政府制定《关于促进中医药传承创新发展的实施方案》，成立生物医药产业专班工作领导小组，不定期与企业电话沟通或者到企业实地调研，更加真实、客观地掌握中医药产业发展中的问题及成效，更精准地指导推进现代中医药产业转型和高质量发展。其二，打基础增后劲，狠抓生物医药产业项目建设。支持君山制药建成中药材仓储场地，配备除湿、防虫防霉变专业设备，持续开展中药材科学仓储的方式方法研究。其三，依托栾川县得天独厚的“天然药库”自然条件，打造中药材种植基地。以君山制药、沃康产业园、深山生物科技、森源祥药材科技等优势企业为主要载体，发挥山茱萸、猪苓、连翘、柴胡、天麻等中药材资源优势，推动中药材标准化种植。按照“木本上山、草本入川、林药间作和野生抚育”等多种种植模式，加大对优良中药材品种的选育和道地药材种植，加快中药材栽培技术推广步伐。其四，开发新模式，提升中医药产品竞争力。积极发挥辖区中药材优势，以企业为依托，打造名品中药材饮品，融入“栾川印象”品牌，提高产品竞争力。结合各乡镇实际，出台《连翘产业发展实施意见》，鼓励广大农户积极参与连翘种植；依托合作社+农户的形式，积极申报连翘产品商标，不断发展壮大连翘产业。

持续厚植特色生态农业优势。其一，科学谋划布局，特色生态农业政策引领发展。先后出台《栾川县加快发展特色猕猴桃产业实施意见》《栾川县加快发展中蜂产业实施意见》《栾川县加快食用菌产业发展实施办法》《栾川县农业产业项目扶持和奖补实施办法》等政策文件，大力扶持特色农业产业发展。2020年累计投入统筹整合资金3118.8万元，实施各类农业产业发展项目76个。其二，产业带动扶贫，助推乡村振兴。强化“扶持农业产业化就是扶持农业，扶持龙头企业就是扶持农民”的思想，强力推进“龙头企业+基地+农户”的产、供、销一体化经营模式，着力培植特色产业龙头企业。其三，优化发展模式，突出地域优势，打造特色生态农业产业带。

创新引客入栾营销工程，打造旅游产业发展的“栾川模式”。一是策划文旅活动，打造节会品牌。连续举办高速免费、奇境栾川迎新马拉松赛、“老家河南·栾川过年”奇境栾川冬游季等系列活动。举办央视春晚评析会暨电视文艺媒体人三下乡活动；策划三八节“游奇境栾川、竟最美女神”活动，策划“金秋送福·红叶传情”奇境栾川多彩季活动，逐渐形成丰富多彩的四季文化节会品牌。二是以创新为引领，不断丰富全域旅游新内涵。实施“旅游富县”战略，建设“全景栾川”，发展全域旅游，打造全景栾川，始终保持转型发展的活力和动力。三是注重实现“多规合一”。高标准编制《全景栾川旅游目的地发展规划》和《栾川县“十三五”旅游业发展规划》，将紧邻县城区的老君山等主要景区与县城实行城景一体化规划发展。强化资金支持，县财政每年安排3000万元旅游发展专项引导资金，并注册成立栾川县惠民扶贫开发有限公司，融资4.8亿元，扶持40个村，依托乡村旅游带动群众增收致富。四是支持洛钼集团等企业“走出去”，通过兼并、重组、参股控股等形式，在国内外收购优质资产，构建销售渠道。发展循环经济，成立栾川县钼钨新材料产业发展研究综合协调推进工作机构。立足资源特色、联动性建设、集聚化发展的原则，突出集群、创新、智慧、绿色发展方向，构建上下游衔接的区域产业链。

全面落实创新驱动发展战略。实施重大科技项目，引领科技创新前沿。引导鼓励支持县域重点企业积极争取实施省、市重大科技创新专项，实现资源综合回收利用，推进智能化研究，实现挖潜、降耗、增效。依托栾川现有钨钼氟新材料产业优势，提高自主创新能力。突出钨、钼、萤石产业的采、选、冶的延链、补链、强链，高起点、高标准谋划钨钼新材料及氟化工项目，做大产业规模，增强产业集群效应，提高县域产业整体竞争力。引导龙头企业内部挖潜、改造升级、调整产品结构、提高管理水平、降低经营成本，持续壮大产业实力，引领全县钨钼产业转型升级。延伸氟化工行业产业链条，扩大产能，提升氟化工行业市场竞争力。依托县域优势，建设创新创业载体。依托县域旅游和自然资源优势，充分整合县域农业资源，帮助小微企业创新发展，积极推进“栾川印象”农产品区域化品牌创新发展，研究开发一系列特色农产品，促进相关农业企业协同创新。打造依托旅游产品开发、现代中医药、健康产业发展等为主题的星创天地，孵化带动其上下游领域小微企业及相关主体创业创新。大力推进众创空间建设，充分利用互联网优势，破解地域交通限制，搭建创新创业平台。

着力构筑现代基础设施网络。持续完善城乡交通网络。聚焦“一枢、二横、三网、四纵”路网建设，“十三五”期间，栾川先后开工建设尧栾高速、栾西高速、栾卢高速、渑栾高速，其中尧栾高速于2020年底建成通车，改建S328庙祖线鸡冠洞至祖师庙段、G311庙子蒿坪至南阳交界段、G241洛宁交界至栾川龙王幢段等干线公路。严格落实脱贫攻坚交通行业村村通客车任务，更新村村通客车。持续推进水生态工程。严格落实“河长制”，结合栾川实际，对全县46条河流建立“一河一策”“一河一档”，因河施策，扎实落实治理任务，探索建立“河长+法官+检察长+警长”联动长效工作机制，采取“一对一”方式，逐河确定“法官、检察长、警长”，实现河库周边“白天见警车、夜晚见警灯”的场景。坚持以保护优先、自然恢复为主，打造全域水系，因地制宜推进生态脆弱河流和地区水生态修复。以全面解决贫困人口饮水安全问题为目标，实施农村饮水安全巩固提升工程。聚焦“水资源、水生态、水环境、水灾害”，持续加强水利工程建设，不断提升水利行业监管能力。

全力推进新型城镇化建设。栾川县紧密围绕小城镇品质提升，优化城市管理服务，扎实开展相关项目，多措并举，齐头并进，加快新型城镇化进程。规划先行、优化布局新型城镇化。以总体规划为统领，以乡镇总体规划和国土空间规划为抓手，统筹城市设计、专项规划和控制性详细规划，着力编制栾川县新型城镇化规划。大力实施小城镇品质提升项目。进一步加快乡镇现代化基础设施建设进程，积极探索，认真谋划，统筹栾川县城乡发展。一是制定以“十个一”为主要建设内容的《小城镇品质提升工程实施方案》，从制度上进一步完善道路、供排水、电力、医院、学校、休闲文化广场、产业园区、垃圾处理、农贸市场、超市商场等新型城镇化建设任务。二是持续加大投入，完善城镇功能，规划建设停车场、天然气管道、农村信息化工程，扩大农村污水治理覆盖面。三是实施棚户区改造及老旧小区改造工程。依托老旧房屋改造、特色民居建设、农村危房改造等，提升小城镇建设品质，打造宜居宜业宜游新栾川，不断提升群众满意度和幸福感。四是积极开展传统村落保护工作，投入专项资金，保护和发展栾川县古迹、古建筑。五是实施百城提质工程，坚持规划引领、科学谋划、完善机制、强化保障，建设全域旅游基础网络，开发全域旅游智慧体系，大力推进供暖、供气管网建设，建设一批度假养老旅游项目。

深入推进农村人居环境改善。以农村垃圾治理、污水治理和厕所革命为抓手，推动栾川县农村环境整治，着力改善农村人居环境。研究出台《栾川县农村垃圾治理工作实施方案》，制订农村垃圾治理百分考核细则，建立农村环境治理常态化督查暗访机制，促进农村垃圾治理工作走向常态化。积极实施农村生活垃圾处理。积极推进农村“厕所革命”工作。按照“五有”“六好”工作标准，建立健全农村垃圾治理长效机制，确保垃圾治理“扫干净、转运走、处理好、保持住”。完善村规民约，建立农村环境卫生宣传栏和曝光台，公开评比宣传卫生示范户。

二 栾川县打好“四张牌”取得的成效

资源型产业转型发展实现新进步。传统资源型产业结构调整取得新进展，洛钼集团、龙宇公司、丰瑞氟业、申雨钼业、金鼎公司等龙头企业逐步做大做强，引领矿产资源整合、产品结构调整、管理水平提高。依托现有钨钼采选基础，精深加工能力得到提升，打造国内知名的钨钼新材料基地取得进步。基于现有钨钼氟新材料产业优势的自主创新能力得到提高，洛钼集团、龙宇公司、金鼎公司和丰瑞氟业等龙头企业，通过内部挖潜、改造升级、调整产品结构、提高管理水平、降低经营成本，持续壮大产业实力，正在引领全县钨钼产业转型升级。氟化工行业产能扩大，产业链条延伸拉长，氟化工行业市场竞争力得到提升。传统产业集群优势凸显，自2016年以来，栾川县工业经济稳居全市前列，规模以上工业增加值年均增长9.3%，钨钼氟新材料产业始终保持强劲发展态势，聚焦转型升级，健全发展链条，努力构建互融互促、高质高效的现代经济格局。生物资源禀赋产业新优势凸显，生物资源加工基础后劲增加，君山制药GMP自动化车间技改扩建项目的智能自动化制剂车间及管理中心已投入使用，解决了现代化中药材饮片加工问题。中药材种植载体实力提升，以君山制药、沃康产业园、深山生物科技、森源祥药材科技等优势企业为主要选育和道地药材种植载体，正挖掘发挥当地的山茱萸、猪苓、连翘、柴胡、天麻等中药材的资源优势。标准化种植基地建设得到加强，白土连翘基地、叫河山茱萸基地、潭头百蕊草基地等已基本建设完成。制定完善了伏牛山道地中药材品种清单，初步将连翘、山茱萸、柴胡、丹参、辛夷、猪苓、黄芩、苍术、黄精等列入，其中山萸肉、连翘已获得道地药材认证。成立君山中药材种植有限公司，逐步形成了以“基地+农户+科研院所+企业”的产业链模式。中医药产品竞争力得到提升，以君山制药、深山科技为代表的栾川县现代中医药产业呈现高成长的良好前景。打造了茵陈红枣茶、分心木茶、葛根茶、蒲公英茶、金丝皇菊等名品中药材饮品，融入“栾川印象”品牌。君山制药专门成立的君山生物科技有限公司，已开发生产了雾克茶、石斛皇菊茶等产品。

“中国旅游强县”建设初步成型。大力发展旅游产业，2020年全县共接待游客1158.01万人次，实现旅游综合收入73.96亿元，分别恢复到上年同期的70.69%、76.8%。栾川依托丰富的生态资源，建成老君山、鸡冠洞2家5A级景区；重渡沟、龙峪湾、伏牛山滑雪乐园等8家4A级景区；蝴蝶谷、蟠桃山、陶湾康养小镇等7家3A级景区；摄影赏花、乡情体验等23个多业态主题庄园；打造重渡村、庄子村、协心村3个国家级乡村旅游重点村，大红村、黎明村、观星村、拨云岭村等13个河南省乡村旅游特色村，慢居·十三月、静语流年、花宿等88家精品民宿。挖掘“栾川味道”创建

“河南山珍美食之乡”，形成了以游“奇境栾川”、品“栾川味道”、住“栾川山居”、购“栾川印象”、听“栾川故事”为支撑，集冰雪体验、温泉度假、森林康养、红色教育、科考研学、避暑休闲、田园观光等业态多元、体验丰富、特色各异的全域旅游格局。栾川县先后荣膺“中国旅游强县”“全国休闲农业与乡村旅游示范县”“全国森林旅游示范县”“国家级旅游业改革创新先行区”“国家级全域旅游示范区”“河南省文化和旅游消费示范区”等称号。形成了旅游治理“1+3+N”模式，开展农家宾馆 10 个“一”、44 个“有”标准提升行动，明确经营农家宾馆的 35 个必备条件，规范提升了农家宾馆管理服务水平。打造了旅游“六加”融合新模式。依托旅游“六加”融合，全县 15 个乡镇中有 13 个乡镇拥有旅游景区，每个乡镇均有一个乡村旅游示范村和一条沟域经济示范带。依托“旅游+扶贫”：做好旅游扶贫策划的顶层设计，旅游发展带动了全县 1.3 万名贫困群众从事旅游服务，旅游扶贫业已成为全县脱贫攻坚的重要途径。依托“旅游+农业”：注重发挥栾川土特产品绿色、生态、有机优势，加快市场化步伐，累计发展旅游商品企业 35 家，开发高附加值旅游商品 45 大类 3000 多个品种。依托“旅游+工业”：把露天矿和尾矿库开发之后的生态恢复与工业游有效结合，既保护了青山绿水，又解决了企业附近群众在家门口就业问题，还带动了旅游发展。依托“旅游+百城提质”：按照“百城提质”建设标准要求，在县城规划、项目建设、城市管理等方面，结合旅游县城打造，统筹规划、统筹推进、统筹实施，宜居、宜业、宜游的现代化旅游县城魅力初显。依托“旅游+美丽乡村”：近年来累计实施美丽乡村项目 150 余个，同时通过全域绿化和打造生态景观廊道，切实改善乡村人居环境，提升美丽乡村建设水平。特别是在主要道路和重点景区沿线的 8 个乡镇，按照突出乡土特色、保持自然风貌的原则，全面实施了民居“平改坡”改建工程，打造了又一道亮丽的风景线。依托“旅游+沟域经济”：加快推进乡村振兴战略，结合乡村不同沟域的生态特点，因地制宜，差异化发展，对不同沟域，按照保护自然、留住乡愁的要求，科学规划、分类推进，有效促进了栾川旅游转型发展的新突破。县域市场潜力活力得到充分激发。2016 年以来，通过发展全域旅游，全县农家宾馆数量由 750 户增加到 1442 户，农家宾馆直接从业人员由 2200 人增加到 3880 人，带动从业人员由 13.4 万人增加到 17.1 万人。连续三年举办的高速免费活动更是开启了“旅游+交通+扶贫”

新模式，共接待游客 395.04 万人次，实现旅游综合收入 26.33 亿元。全县 61 个村被列为全国乡村旅游扶贫重点村，占建档立卡贫困村的 81%；31 个贫困村把乡村旅游作为扶贫主导产业，乡村旅游作为扶贫主导产业村占建档立卡贫困村的 37%；1.3 万余名贫困群众通过从事旅游产业实现稳定脱贫，占全县建档立卡贫困人口的 32%。2014 年，全景栾川课题报告编入旅游专业研究生教材。2016 年国家旅游局将栾川模式总结为“全域景区发展型”，在全国推广。2018 年，重渡沟带贫模式入选世界旅游联盟旅游减贫案例。2019 年，栾川县旅游产业扶贫的做法入选全国精准扶贫典型案例。2020 年 7 月 8 日，《人民日报》头版头条刊发通讯《生态饭才是长久饭》，对栾川县发展全域旅游、生态旅游，带动群众精准脱贫的做法给予推广。

“大众创业、万众创新”驱动发展的格局基本形成。围绕洛阳市“565”现代产业体系，栾川县以“212”现代产业体系为重点，加大创新创业力度，孵化培育一大批创新型企业，大力实施新技术新成果转化，形成新的产业业态和经济增长点，建设一批孵化载体，全县“大众创业、万众创新”驱动发展的格局基本形成。创新主体培育更有活力。高新技术企业达到 8 家，目前正在培育企业 6 家；国家级科技型中小企业达 44 家；新增创新龙头企业 1 家，科技小巨人（培育企业）2 家。2020 年高新技术产业增加值占规模以上工业增加值的比重达 62%。研发平台（载体）建设逐年增加，2016 年以来，市级以上各类研发平台和双创载体累计达到 62 家，其中包括国家级企业技术中心 1 个，国家级星创天地 1 个，省级以上平台达到 12 家，市级研发平台（载体）达到 40 家。省、市科技项目实施稳步推进。充分发挥县域主导产业优势，推进企业以实施项目为载体大力开展研发活动，加大研发投入。共实施省、市级各类重点项目 16 个，建设了一批示范基地，深化了科研院所与企业合作，受益了一大批群众，推动了县域选矿等工艺进步。全社会研发投入不断增大。“十三五”期间，全县研发投入不断增大，开展研发活动的企业数量不断增多，目前全县年度研发投入超过 4 亿元，占 GDP 比重达到 1.49%，累计使企业享受省、市研发财政补助资金 1962.5 万元，科技创新活力不断释放。科技特派员作用充分发挥。全县累计签订省、市、县三级科技特派员 66 名，采用线上、线下的方式为县乡镇及经营主体提供科技服务，针对服务对象技术需求，积极主动为企业排忧解难。乡村振兴科技支撑进一步夯实。实施“栾川印象”创意农业示范项目和核桃高产栽培技术创新引导计划等一批优质科技项目，以项目为载体，引进新品种、开发新产品，建设各类示范基地14个，累计带动农户5000余户，实现农民户均增收1000元以上，实现了“创新引领、科技示范、辐射带动、致富一方”的科技创新引导示范效应。

基础设施综合承载能力显著提升。目前，基础设施项目已累计完成投资87.8亿元，新建成路网工程总计52.8公里，4座跨河大桥相继竣工，配套设施全面完善，完成四个村整村迁并，安置群众3233户12201人。交通行业村村通客车任务得到严格落实。更新村村通客车30余台，补贴资金近800万元，实现全县213个行政村全部通客车，2019年6月被授予“河南省万村通客车提质工程示范县”。内外交通更加通畅。洛栾高速、尧栾高速已建成通车，栾西高速、栾卢高速正加快建设，栾川高速十字枢纽即将形成；全县干线公路里程达259.6公里，农村公路1650公里，全县213个行政村道路全部实现硬化，2041个自然村道路硬化率达95%。成功创建省级“四好农村路”示范县。投资16.9亿元高标准规划、设计、建设17.8公里伊河水生态文明建设工程，治理河道25公里，新增水域面积2.25平方公里，成为栾川一道独特亮丽的风景线。县城集中供暖覆盖面积达到55万平方米，分布式供暖面积达到16.5万平方米；与新奥燃气公司合作，实施伊川至栾川管道天然气建设，城区燃气普及率从不足50%提高到85%。围绕百城提质建设，打通“断头路”5条；完成鼎室山路、滨河北路畅通工程、胭脂河路、伏牛南路水厂段建设，扩宽“卡脖路”4条；双龙桥改造、北沟河桥加宽、兴栾桥竣工通车；建成立体停车场2处，规划新增停车位3000余个。完成兴华路、伊尹路等5条城区主要道路人行道和32个老旧小区、52条背街小巷升级改造；建成城市书房9座、城市游园21处，新建公厕21座，改建23座，新增绿地面积56.2万平方米，县城绿化覆盖率达42.1%。产业集聚区承载能力提升。2016年以来，产业集聚区基础设施项目累计完成投资87.8亿元，新建成鸾州大道、北凹滨河路、科技北路、绿苑路、安方路、城东核心区路网、朝阳滨河路、金牛湖库区道路等路网工程，总计52.8公里；开元大桥、寨沟大桥、湾滩大桥、堂上大桥4座跨河大桥相继竣工；供排水管网、道路绿化亮化、电网等工程同步完成；建成了日处理污水4万吨的第二污水处理厂和110千伏变电站；完成朝阳、樊营、高崖头、湾滩4个村整村迁并，安置群众3233户12201人；建成标准化厂房4座，建筑面积4

万平方米，入驻各类企业8家；教育、科技、医疗卫生、体育、文化、物流等社会性基础设施全部配套到位，正常运转，有力保障了集聚区内企业生产和项目的快速推进，集聚区的承载功能更加完备，建业、洛钼、龙宇、中钛等一大批企业成功入驻。良好水生态格局持续推进。“河长+法官+检察长+警长”联动长效工作机制，大大提高了涉河“四乱”问题整改力度。因地制宜推进生态脆弱河流和地区水生态修复，建设多种形式的水系景观30余处。先后实施农村饮水安全巩固提升工程257个，新建和改扩建水厂7个，新建和修复水源101处、水井57眼、蓄水池231座，饮水管网延伸和改造634公里，巩固提高15.71万人饮水质量，全县农村自来水普及率、供水保障率、集中供水率均达到90%以上。水利行业监管能力不断提升，全县完成水利工程建设投资达19.2亿元，治理河道60余公里，巩固提高15.71万人饮水质量，治理水土流失面积108平方公里。

新型城镇化建设加快推进。新建潭头等5个乡镇垃圾填埋场，垃圾处理实现全覆盖，实施合峪等7个乡镇污水处理厂提标扩建工程。截至目前，乡镇均建有标准化污水处理厂，全县生活污水处理率达到60%以上。累计改造农村危旧房2506户8392人，发放补助资金3133.2万元，实施农村改厨、改厕等六改一增3641户，卫生厕所普及率达85%以上。投入资金2000余万元，共对三川镇抱犊寨、潭头镇大王庙村等8处国家级和省级传统村落进行开发利用和保护。完成长春南路、养子口大岭、湾滩等棚户区改造项目，涉及500余住户；改造老旧小区29个，涉及79栋楼1919户，改造背街小巷22条，涉及面积3.8万平方米。城镇基础功能不断完善，公共服务持续优化，县城区新建公厕十余座，新建城市书房6座，实施社区农网改造4个，完成3座中小学教育教学项目建设，新（改、续）建城市道路近10公里，打通断头路、卡脖路4条，治理连通水系3条，新增水域面积2.25平方公里，新（改、续）建街头游园10个、公园3个，新（改）建热力管网1.28公里，新（改）建燃气管网6.8公里。农村人居环境持续改善，一是顺利通过河南省农村垃圾治理验收工作，成为省级农村垃圾治理达标县。2019年开展垃圾分类村20个，2020年选定不低于20%的行政村（43个行政村）开展垃圾分类试点工作，2021年将垃圾分类试点村比例扩大至50%（107个），以行政村为单位建设垃圾分类收集点，并配备一大批分类式垃圾桶，全县农村生活垃圾处理基本达到全覆盖。二是积极推进农村“厕所革命”工作。2018 年以来，按照上级要求下达栾川县改厕任务 4 万户，经初步摸底排查，计划采用水冲式改造 1.6 万户，采取三格化粪池改造 1 万户，采取其他方式改造 1.4 万户。通过现场观摩、技术培训等方式召开大型改厕工作推进会 5 次，提高了广大干部群众对改厕工作的认识。工作开展以来，已完成 3.9 万户，取得了明显成效。积极争取中央、省、市改厕资金 2000 余万元用于农村户厕改造补助，极大提升了广大人民群众的获得感和幸福感。

三　栾川县打好“四张牌”的经验启示

打好“四张牌”，壮美如歌，栾川书写了精彩的篇章，也积累了宝贵的经验启示。

（一）始终坚持以“绿色青山就是金山银山”理念作为引领

栾川县意识到作为欠发达地区，越是在经济转型发展的关键时刻，越要树牢“绿色青山就是金山银山”理念，越要增强生态文明建设的战略定力，越要向绿色转型要出路、向绿色创新要动力。立足县域特点和资源禀赋，深入践行“两山”理论，确立“绿色发展”理念，树牢大健康产业导向，加快培育医药制造、农副产品加工和生态旅游产业集群。让绿色经济释放发展红利，用生态建设助力全面小康，以高质量发展实现绿水青山和金山银山画等号。

（二）始终坚持把打造创新驱动载体摆在发展全局的核心位置

栾川县始终以“创新一子落”激发“发展全盘活”，坚持以习近平新时代中国特色社会主义思想为指导，认真贯彻落实习近平总书记视察河南时的重要讲话精神，树立创新驱动发展理念，坚持把科技创新摆在发展全局的核心位置，抓好创新驱动发展载体，加大创新驱动发展投入，加强创新资源共享，营造创新驱动发展的良好环境，激发全域创新创业活力。

（三）始终坚持在创新基础设施建设进程中探索新机遇

栾川县围绕打好“基础能力建设牌”，坚持优先发展、创新发展、高端发展、集约发展，突出重点、分步实施、弥补短板，高标准规划、高质量建设、高效率推进，全面加强城市基础设施、交通基础设施、网络基础设施、水利基础设施等建设，构建安全、合理、高效的基础支撑体系，逐步建立全域覆盖、普惠共享、城乡一体的基础设施服务网络，夯实发展基础，提升综合竞争优势，为山区县域经济振兴提供坚实保障。奋力在打好“基础能力建设牌”中创造发展新机遇，培育发展产业转型新优势，努力打造资源禀赋开发利用新高地，不断提升对经济社会发展的支撑力，发现促进经济社会持续健康发展新机遇，推动县域振兴发展。

（四）始终坚持以新发展理念引领建管品质化、基础配置均衡化、生态文明一体化、公共服务均等化的新型城镇化

栾川县始终牢记习近平总书记“两个更好”重大要求，贯彻落实创新、协调、绿色、开放、共享的发展理念，以人的城镇化为核心，补短板、扩内需，推进以城镇建管品质化、基础配置均衡化、生态文明一体化、公共服务均等化为主要内容的新型城镇化建设，提升居住、教育、就业、文化、医疗、健康、养老等各类公共服务水平，提升群众生活品质，更好满足人民对美好生活的需要；确保“一张蓝图干到底”，走出了“人文产城景”深度融合的新路子。

第三节　打好“四张牌”的新县探索

新县，隶属于河南省信阳市，位于大别山腹地、鄂豫两省交界地带；总面积 1612 平方公里，辖 15 个乡镇、1 个街道，县政府驻新集镇；总人口 37.07 万，常住人口 28.36 万。新县是全国著名的革命老区和将军县，是许世友、李德生、郑维山等 93 位将军的故乡。

打好“四张牌”，是习近平总书记 2014 年 5 月 9~10 日在河南考察时对河南工作提出的总体要求。新县始终不忘初心、牢记使命，坚持“红色引领、绿色发展”理念和“山水红城、健康新县”发展定位。特别是 2019 年 9 月，习近平总书记亲临新县考察调研，对老区 70 年发展变化给予肯定，对老区更好发展寄予殷切嘱托，广大干群从总书记的亲切关怀中感受到了莫大的幸福和巨大的鼓舞，自豪之情、感激之情油然而生，奋斗激情、干事热情空前高涨，“学讲话、抓落实、争出彩”成为全县上下的思想共识和

行动自觉。全县上下坚定不移抓落实，争先进位谋出彩，在加快老区振兴发展、实现“两个更好”中迈出了坚实步伐。GDP 从 2015 年的 108.8 亿元增加到 2020 年的预计 168 亿元，年均增加约 12 亿元。产业结构实现由“二三一”向“三二一”的历史性转变，以文化旅游为主的现代服务业占比超过 42%。“四个一百亿”产业集群持续壮大，县域经济竞争新优势不断培育，老区高质量发展方向越来越明，路子越走越宽。

一 新县打好“四张牌”的实践做法

立足县域特点和资源禀赋，深入践行“两山”理论，确立“红色引领、绿色发展”发展理念和“山水红城、健康新县”发展定位，树牢大健康产业导向，加快培育医药制造、智能制造、农副产品加工和文化旅游“四个一百亿”产业集群。突出第一产业特色化供给，坚持以市场为导向，以科技为支撑，以土地流转为抓手，以提高资源利用率、土地产出率和劳动生产率为重点，纵深推进农业供给侧结构性改革，推动农村产业结构和层级升级。出台《加快特色农业发展意见》《新县油茶产业发展五年行动纲要》等，推动农业产业化经营，优化农业区域结构、品种结构、产业结构，设立 1000 万元特色农业发展专项基金，重点扶持奖补茶叶、油茶、中药材、食用菌、淮南黑猪等特色农副产品种植养殖和加工产业。制定实施现代生态农业产业发展规划，成立农业标准化委员会，建设农产品大数据库和质量溯源平台，扶持农业产业化龙头企业和合作社发展，鼓励“三品一标”认证和农业品牌打造。强化第二产业智能化引领，高标准规划建设县产业集聚区，以推进“医药制造品牌化、智能制造高端化、食品加工绿色化”为目标，支持企业转型升级，抓好延链补链强链，打造医药制造、装备制造和食品加工三个全产业链园区。出台《支持羚锐集团做优做强实现高质量发展的实施意见》，支持羚锐围绕“一药一卫”主导产业新上项目、扩大产能、“二次创业”，打造中医药、医疗器械、生态农业、健康管理等大健康产业体系，推动以羚锐为核心的医药制造产业率先实现“一百亿”目标。围绕精密制造、先进传感器、物联网等方向，支持长园装备打造华中地区最大的智能服装装备研发生产基地、骏诚科技建设以先进传感器为核心的物联网科研制造基地，支持德龙玩具、冠通电子、和鑫耐火材料等传统机械制造企业改造升级和创新转型，融入区域产业链。聚焦三次产业融合化提升，依托丰富的红色历史、绿色生态、古色乡村资源，发展以田园风光为依托的文化采风游，开发以乡愁记忆为核心的古色乡村游，制定加快旅游业发展的奖励扶持办法，出台乡村民宿管理办法、评定标准和奖励措施，组建文化旅游平台公司，建立“每年6个1000万元”财政投入机制，建成大别山国家登山健身步道、大别山露营公园，持续叫响“九镇十八湾”“赏花济”乡村旅游品牌。实施“百村传承、百村振兴”三年行动计划，改造提升鄂豫皖苏区首府革命博物馆、红色首府革命旧址群，实施红色旅游经典景区三期项目。以大别山干部学院为龙头，打造党性教育培训基地，抢先布局青少年研学旅行产业，实现文化旅游、教育培训、体育健身等业态融合发展。

突出创新驱动发展。坚持机制创新，以营商“软环境”筑牢发展“硬支撑”，组建监督专班，制定6方面26类负面清单，在信阳市率先引入营商环境第三方评价，推行营商环境系统评议和职能部门星级评定，分季度对39个职能部门及其99个重点内设股室进行民意测评和星级定位。建立“亲清”营商微信监督平台，创新开展“局长就是营商环境”活动，常态化开展书记县长企业家恳谈日活动，39个行业部门通过全媒体“亮职责、亮服务、亮承诺”。高标准实施市民之家，推进“一窗受理、集成服务”改革，以综合窗口受理率，“一网通办”前提下的“最多跑一次”实现率，“零跑动”事项覆盖为目标引领。做优人才服务。认真贯彻落实省、市“人才新政”，着力用“政策指数”加快人才集聚，举办大别山乡村文旅创客大会，制定《新县深化人才体制机制改革的实施意见》《新县引进人才工作暂行办法》，实施“红城英才”计划，深入开展招才引智专项行动，着力引进和培养紧缺人才，鼓励引导更多人才创新创业、服务发展。建立利益补偿和引导机制，构建中小企业融资服务体系和智力支持体系。出台《新县科技特派员“一村一员、联村驻户”助推乡村振兴行动实施方案》，实现科技特派员覆盖所有贫困村。创优产业生态，聚焦制造业高质量发展主攻方向，坚持用“真金白银”激发企业创新活力，围绕省定十大新兴产业发展行动和产业集聚区“二次创业”“百园增效”的决策部署，实施创新驱动提速增效工程和“十百千”转型升级创新专项。把科技创新和产业结构优化升级统筹起来，借助机械科学研究总院帮扶优势，大力推进科技创新平台建设、创新引领型企业培育，设立5000万元专业园区发展基金，推动制造向“智造”迈进。

加快基础设施建设。加快省城乡融合示范县建设，编制《新县国土空间规划（2020~2035）》，狠抓“三块地”改革，实施自然保护地整合优化和生态保护红线评估调整。实施城市更新，深入推进百城建设提质工程。着力推进水利工程建设，积极配合袁湾水库建设工作。实施电网升级和网络扶贫工程。全面推进生态文明建设。深入践行习近平生态文明思想，坚定打通“两山”转换通道。全面落实河（湖）长制，开展水污染防治攻坚大排查大整治大提升活动。推进“美化大别·绿满山河”国土绿化行动，推深做实“林长制”，积极创建森林城市。全力推进信息化建设。加快省数字乡村建设试点县建设，持续推进智慧新县建设，实现县域精细化、动态化管理，构筑城市可持续发展能力。深化与阿里巴巴集团沟通合作。巩固国家级电子商务进农村综合示范县成果，推动在线服务、电子商务等新业态融合发展。创新金融全程服务。出台《新县金融机构支持地方经济高质量发展考核办法》《降低企业获得信贷难度和成本行动方案》等政策文件，实施“861”金融暖春行动和普惠小微帮扶等银企对接活动。

加快推进新型城镇化。推进城镇建管品质化，抢抓百城建设提质工程机遇，着力补短板促提质，全面提升城市品质。以高质量规划绘最美蓝图。按照“城乡规划一张图、基础设施一张网、产业布局一盘棋”要求，突出“青山、绿水、蓝天、红城”特色，把全县1612平方公里作为一个整体，统筹空间布局、土地利用、生态建设、社会事业及公共服务发展等规划，全力推进“多规合一”“一规到底”，编制《新县国土空间规划（2020~2035）》《新县总体城市设计》，打造“城在山中、水在城中、楼在绿中、人在画中”的山水园林城市。以高质量建设筑最强支撑。把好山好水好风光融入县城，实施“点亮红城”工程，打造“城市绿景”，保障市民充分享受“推窗见绿、出门赏景、起步闻香”的惬意生活。以高质量管理扮最靓颜值。将城区分成18个片区，推行“两全、三包、四定、五结合”常态化管理机制，持续开展以交通秩序、集贸市场、店外经营、背街小巷、小广告为主要内容的城区公共秩序综合整治。推进城市清洁行动，实施“五小”勤务，推行市场化作业，推进五线入地、露天烧烤和内河专项治理。强化居民小区、商贸市场、校园周边、城中村和城乡接合部环境卫生管理，探索“以克论净”环卫清扫保洁作业模式。在信阳市率先建成投用数字化城管平台，推动物业管理进小区、进社区，全面延伸城市管理触角，做到“小巷与大街一样明亮，平时与节日一样有序，雨天与晴天一样整洁”。以高质量经营建最佳保障。做好城市经营文章，积极探索“以城建城、以城养城、以城兴城”的发展模式，用好用活上级政策，成立县发投公司，建立健全多元化、多渠道投融资机制，做好土地收储供应，有效保障城市建设需求。推进基础配置均衡化。坚决落实习近平总书记“千村示范、万村整治”重要批示精神，全域建设美丽乡村。一是全域规划。抢抓省“乡村规划千村试点”机遇，把县域当作一个大景区来规划，把行政村当作景点来整治，把农户庭院当作小品来改造，实施乡村建设五年行动计划。成立乡镇规划建设委员会，编制《乡村振兴空间布局规划》《农房建设风貌管控导则》《新县农房建设试点图集》以及29个实用性村庄规划，推进各类规划在村域层面多规合一、一规到底。二是分类发展。以“五有”（产业振兴有特色、人才振兴有队伍、文化振兴有魅力、生态振兴有活力、组织振兴有保障）为引领，以“三有四化五通六配套”（有产业、有新型农业经营主体、有集体经济，道路硬化、街道亮化、村庄绿化、环境美化，通水、电、路、有线电视、通信网络，配套学校、公厕、综合文化服务中心、垃圾中转站、标准化卫生室、党群服务中心）为标准，以“四美三宜两园”（科学规划布局美、村容整洁环境美、增收致富生活美、乡风文明身心美，宜居、宜业、宜游，农民幸福生活的家园、工商资本下乡创业的乐园）为指导，把村庄建设、特色产业发展、农民住房、公共基础设施等与生态环境、自然景观、历史文化有机结合，分类推进小康示范村、美丽宜居村和乡村振兴示范村建设。三是补齐短板。开展河南省城乡交通运输一体化示范县创建，推进城镇环卫一体化、市政配套一体化、城乡供水一体化、污染治理一体化、文明创建一体化。实施“六清十创十覆盖”工程，大力开展“三清、五改”活动，重点整治“八乱”现象。推进生态文明一体化。全域保护秀美生态，努力让老区青山常在绿水长流空气常新，打造人与自然和谐相处、共生共荣的宜居城市。一是三级联动聚合力。坚持县、乡、村三级联动，持续巩固国家生态文明建设示范县成果，每年与各乡镇签订目标责任书，落实村级网格责任，形成“横向到边、纵向到底”污染防治网格化管理体系。二是三净合一优生态。推进气水土“三净合一”，坚决打好大气、水和土壤污染防治攻坚战，实现大型餐饮服务单位油烟排放线上监测、城区和乡镇空气质量监测全覆盖。统筹推进“四水同治”，开展水污染大排查大整治大提升活动，综合治理域内92条河流，实现无动力污水处理设施全域覆盖。实施化肥减量增效和农药减量控害行动。三是三位一体固成果。推动治理清洁保护“三位一体”，非法采砂点和采砂企业全部关闭。加强大别山水土保持生态功能区保护，实施“美化大别·绿满山河”国土绿化三年行动计划，打造林长制信息管理系统，实行天然林、公益林永久性商业禁采、禁伐、禁改。

推进公共服务均等化。坚持循序渐进、量力而行，着力推进基本公共服务常住人口全覆盖。一是做强社会保障。完善公共就业创业服务体系，实施职业技能提升行动，举办“互联网+返乡就业”招聘会、乡镇巡回招聘会，多措并举解决农村转移劳动力、城镇困难人员等重点群体就业创业问题。积极完善社保体系，将883户家庭纳入城镇特殊困难群体关爱工程。二是做优社会服务。推进医疗、医保、医药“三医联动”改革。加快县域紧密型医共体建设。

二 新县打好“四张牌”的主要成效

产业转型升级迈上新台阶。旅游业展现新气象，2020年共接待游客926.5万人次，实现旅游综合收入69.3亿元。创成国家首批全域旅游示范区，创建4A级景区4家、3A级景区14家，建成乡村旅游点27个、红色旅游教学点39个，5个景区入选全国红色旅游经典景区名录。鄂豫皖苏区首府革命博物馆晋升国家一级博物馆。全国全域旅游工作推进会、第五届民宿大会、大别山文旅创客大会相继在新县成功举行。全域旅游的新县实践7次走进国家和省级大会，5次登上央视新闻联播。旅游扶贫经验获评“2020年度中国旅游产业影响力典型案例”。入选“河南省文旅消费示范区”，“九镇十八湾、全域游新县”品牌叫响全国。工业取得新成效，毅辉智能、华隆茶业创建成为省级智能车间，羚锐制药被评为省智能制造标杆企业，2家企业获评国家绿色工厂。全县认定国家高新技术企业9家、国家科技型中小企业20家、省级工程技术中心2家。现代农业发展实现新突破，截至目前，全县建成高标准农田14.6万亩，培育省市级农业产业化集群3个、龙头企业31家，创成省农产品质量安全县、省农业科技园区。成立农业标准化委员会，制定20个特色农产品标准，“三品一标”认证基地面积增加到57.4

万亩，是信阳市唯一拥有 2 个农产品地理标志县区。

创新驱动发展取得新突破。新县坚定走好改革先行、创新崛起之路，先后获得“绿水青山就是金山银山”实践创新基地等多项荣誉，发展乡村旅游、助推脱贫攻坚、助力乡村振兴的做法获得总书记肯定。累计培育国家高新技术企业 9 家、国家级科技型中小企业 20 家，2 家企业获评国家绿色工厂，羚锐生物、新林茶业获评省级工程技术中心，华隆茶业成为省级智能车间，羚锐制药获评河南省智能制造标杆企业，河南省智能制造点评现场会在新县观摩。科技型企业数量、R&D 经费投入和工业税收稳居信阳市前列。连续举办四届科技创新创业大赛，83 项作品获得省级奖励，75 项作品获得国家专利证书，“双创大赛”成为老区科技创新烫金名片。制造向“智造”迈进，羚锐先后建立药物研究院、博士后科研工作站、院士工作站等科研创新基地，毅辉智能实现“机器换人”。创新环境得到优化。不见面审批事项占比 97.5%，办件网上受理率 99.8%。优化重大项目审批管理体系，用地规划许可、工程建设许可、施工许可、竣工验收办理时限分别压缩 50%、50%、70%、80%。

基础能力建设得到新提升。新县先后荣获国家园林县城“四连冠”、国家生态文明建设示范县、全国“绿水青山就是金山银山”实践创新基地、全省首批空气质量国家二级标准城市、首批国家全域旅游示范区等系列国家级荣誉，创成全国文明城市、国家级电子商务进农村综合示范县。城乡面貌加速蝶变，完成自然保护地整合优化和生态保护红线评估调整。新建农村公路 73.5 公里，S205、田铺—周河—八里长河旅游公路全线通车，城乡循环公交全面开通。推进 13 个棚户区改造，完成香山西路、首府街区升级改造，千里跃进主题公园、心弦广场至卓湾大桥西侧城市双修工程顺利完工，5G 信号覆盖县城区。改造升级 4 个农贸市场，建成投用垃圾分类智慧展厅及餐厨垃圾末端处理设施，城区垃圾分类覆盖率超 60%。实现乡镇新时代文明实践所、图书馆分馆全覆盖，创成全国文明城市。深化“六清零、一整治”，获评全省农村人居环境整治先进县，田铺乡创成全国文明村镇。提前完成国三及以下排放标准营运柴油货车淘汰任务，空气质量连续两年达到国家二级标准，位居全省第一。完成 16 个乡镇集中饮用水源地规范化建设，荣获全省唯一的“2020 中国净水百佳县市”。建成连康山生态文明体验步道，在全省率先建成林长制信息管理系统，全年新造林 6.38 万亩，先后在生态环境部2020年深入学习贯彻习近平生态文明思想研讨会、第二届中国环境战略与政策学术年会做交流发言。

新型城镇化建设展现新风采。新县城镇化率从2016年的48%上升到2020年的53.9%。“一城风雅颂，两岸家春秋”的城市美誉度显著提升。先后荣获国家园林县城“四连冠”、国家卫生县城“五连冠”、全国文明城市、全国“绿水青山就是金山银山”实践创新基地、首批国家全域旅游示范区等20多项国家级荣誉。打造主城区和中心镇10分钟、一般村镇20分钟“公共文化服务圈”；建成非遗研学基地2处、非遗扶贫工坊6处、非遗展示馆8处，2个项目入选第五批省级非物质文化遗产代表性推荐项目。“三铺五坊”“九铺十八坊”等非遗文化品牌持续叫响。全县3个乡镇、1个村成为全国文明村镇，12个乡镇、49个村成为省市级文明村镇，获评全国新时代文明实践中心建设试点县。创作《映象大别山》实景演出系列红色文艺作品，新县革命纪念地入选第一批河南省红色教育基地名单，建成市级以上社会实践教育基地9个，培训青少年学生超10万人次，叫响“大别红营”研学旅行品牌，红色文化深入人心。

三　新县打好“四张牌”的经验启示

五年征程，壮美如歌，书写了精彩的篇章，也积累了宝贵的经验启示。

（一）始终坚持以政治建设为统领

新县坚持以习近平新时代中国特色社会主义思想为指导，观大势、谋全局、干实事，教育引导各级党组织和广大党员干部不断增强“四个意识”、坚定“四个自信”、做到“两个维护”，把党的领导落实到经济社会发展各领域各方面各环节，确保了老区发展正确方向。实践证明，只要坚持和加强党的领导，更加自觉地用党的创新理论武装头脑、指导实践、推动工作，始终紧跟总书记步伐、紧扣党中央节拍，就能从胜利不断走向新的胜利。

（二）始终坚持以高质量发展为主题

新县不断适应经济发展阶段变化，紧密结合县情实际，深入推进“三区三县六示范”建设，努力推动经济发展质量变革、效率变革、动力变革，全力补短板、强弱项，经济发展实现量的合理增长和质的稳步提升，走出了一条振兴发展新路子。实践证明，只要坚持把发展作为第一要务，完整、准确、全面贯彻新发展理念，就能不断破解发展难题、厚植发展优势，推动实现更高质量、更有效率、更加公平、更可持续、更为安全的发展。

（三）始终坚持把改革创新作为第一动力

新县大力弘扬谋在前、干在前、走在前的精神，坚持通过深化改革破除发展瓶颈、增强发展动力，统筹推进技术创新、产业创新和制度创新，一批制约发展的体制机制障碍得以破除，一些影响发展的问题瓶颈得到解决，发展新优势和新动能不断积蓄。实践证明，只要坚持深化改革创新，不断转变思想观念、完善体制机制，就能改出新局面、创出新天地，为加快老区振兴发展、实现“两个更好”提供不竭动力。

（四）始终坚持以人民为中心的发展思想

新县把增进人民福祉、促进人的全面发展作为各项工作的出发点和落脚点，坚决打赢打好三大攻坚战，坚持每年财政收入的七成以上投向民生领域，持续办好人民满意的实事，推动了群众获得感、幸福感、安全感的持续攀升。实践证明，只要坚持人民至上、紧紧依靠人民、不断造福人民、牢牢植根人民，不断实现人民对美好生活的向往，就能赢得人民群众的支持和拥护，凝聚起战胜一切艰难险阻的强大力量。

第四节　打好“四张牌”的睢县经验

睢县古称襄邑、拱州、睢州，是商丘市下辖县，位于河南省东部。全县总面积926平方公里，常住人口66.85万人。睢县是河南省级历史文化名城、红色革命老区。秦置襄邑县，汉代誉称“锦绣襄邑”，宋置拱州，金置睢州，素有“千年古城、百年州府”之称。

睢县始终高举习近平新时代中国特色社会主义思想伟大旗帜，全面贯彻落实党中央决策部署和省委、市委工作安排，把牢方向，保持定力，攻坚克难，奋斗实干，打好“四张牌”取得重要进展。经济总量提前1年实现“十三五”预期目标，财政总收入从2015年的6.9亿元连续跨过8亿元、

10亿元、12亿元三大台阶，跃增到13.6亿元，五年将近翻一番；一般公共预算收入从5.5亿元增加到10.1亿元，一年增加近1亿元；税收从3.9亿元增加到7.1亿元，五年增加3亿元；纳税100万元以上工业企业从13家增加到38家，纳税1000万元以上的从1家增加到8家；经济社会发展已经走在全市前列，在全省经济社会发展综合目标考核评价中，睢县由2015年的第72位上升到2019年的第26位，向“争先晋位、富民强县”总目标迈进了一大步。

一　睢县打好“四张牌”的实践做法

持续打造制造业产业集群。创新市场化、专业化、精准化招商引资机制，强化全周期、全链条、全方位服务理念，持续实施“东引西融”战略，培育壮大制鞋和电子信息两大主导产业。实施传统产业提升工程，促进酿酒、食品、造纸、林木等传统产业转型升级，打造农副产品加工、造纸及林木等传统产业集群。发展新基建、新能源、新材料产业，培育具有高成长性的新兴产业集群。构建服务业发展新体系。推动生产性服务业向价值链高端迈进，推进生活性服务业向精细化和高品质转变，积极培育新业态新模式新载体，提升现代金融、研发设计、电商销售等生产性服务业发展水平，促进现代服务业同先进制造业深度融合。持续推进商丘西部仓储物流基地建设，完善支撑产业发展和消费结构升级的电商物流产业，提升睢县物流便利化水平，推动物畅其流、货通天下。提升产业链供应链现代化水平。围绕特色产业链，深入开展延链补链强链行动，实施产业链提升工程，锻造产业链供应链长板，补齐产业链供应链短板，推进产业链现代化。

坚持创新在现代化建设全局中的核心地位，激活创新第一动力，夯实创新根基，以创新驱动赢得发展主动。抢抓国家科技创新重大平台布局建设的机遇，实施品牌带动、创新驱动、质量标准提升“三大战略”，建立鞋业品牌孵化中心，培育自主品牌，实现“睢县制造”向“睢县创造”的转变，力争把休闲运动鞋的“睢县标准”打造成为全国制鞋行业的一个新标识，打造创新引擎。深化产学研融合协同创新，依托国家火炬智能终端特色产业基地打造电子信息产业创新链，推动产业链创新链深度融合，走好自主创新之路。做大创新主体，实施高新技术企业倍增计划，重视培育“瞪羚”企业、“独角兽”企业，支持中小企业瞄准“专、精、特、新”，持续提升企业核心竞争力。实施人才强县战略，加快“高端人才”“紧缺人才”引进步伐，完善人才引进优惠政策，努力让睢县成为高层次人才流入的“洼地”。厚植创新沃土，遵循创新发展规律、科技管理规律，加快构建大中小企业和各类主体融通发展的创新创业生态。实施更大力度的企业研发投入财政奖补政策，建立持续稳定的财政科技投入增长机制，健全完善人才评价激励机制和服务保障体系，加强知识产权创造、运用和保护，打造技术转移平台，大幅提高科技成果转移转化成效。突出招大引强，高质量开展招商引资，深入实施“筑巢引凤”“以商招商”“以企引企”工程，引进龙头型、基地型、集群型项目。

实施高能级开放平台提质行动，强化制度创新和政策继承，提升各类招商引资平台和载体功能，把睢县打造成更具竞争力的内陆开放新高地。深入实施营商环境优化行动，全面提速“一网通办”前提下“最多跑一次”改革，对标审批最少、流程最优、体制最顺、机制最活、效率最高、服务最好，进一步提高行政效能，完善社会信用体系，构建“亲清”新型政商关系，打造全省、全国一流营商环境。

着力构建新型基础设施体系。打造便捷畅通的综合交通体系、兴利除害的现代水网体系、低碳高效的能源支撑体系，实施高速公路成网、国省道公路提质、县乡村公路提升、客货运枢纽升级等重大工程。实施制造业数字化转型行动。推动5G在重点领域的试点示范和先导应用，促进信息化和工业化深度融合，建设数字睢县。构建生态安全屏障，擦亮“中原水城”名片。立足睢县生态水系及林木资源优势，储蓄实施“四纵四横”绿道暨北湖景区修复项目，建设城市生态走廊，构建“一核、两网、三环、四门、五园、六带、七基地、多廊道”的格局，打造多层次、网络化、功能复合的生态强县。持续强化污染防治，坚持源头严控、过程严管、末端严治，强化大气、水、土壤污染的精准防治，持续减少主要污染物排放总量，实现减污降碳协同效应，消除群众关注的突出环境污染问题。强化资源集约利用，深入推进节能降耗，倡导绿色低碳消费，推动生产生活方式绿色化。加快调整产业结构、能源结构、运输结构、用地结构，壮大节能环保产业，构建绿色高效的产业体系。

全面推进新型城镇化进程。突出抓好城市治理，持续推进智慧睢县云平台和大数据中心建设，加强数字社会、数字政府建设，推动数据资源与产业转型、政府治理、城市管理、民生服务等深度融合，打造“智慧睢县”，让城市更加宜居、更有韧性、更加智能。着力抓好基层治理，完善落实“三·五”基层工作日制度，健全12345马上办便民服务热线体系，坚持和发展新时代“枫桥经验”，完善“党建+一中心四平台”，健全党组织领导的自治、法治、德治相结合的城乡基层治理体系，把广大基层干部群众充分动员起来、有效组织起来，构建安全稳定的基层大环境。优化空间布局，建立城乡一体化、县域一盘棋的规划管理和实施体制，编制完善和实施国土空间规划，构建以县城为龙头、中心镇为节点、乡村为腹地的县域发展体系。编制完善全县村镇体系规划、城乡一体化规划，提升重点乡镇的支撑作用，创建一批特色鲜明、宜业宜居、富有活力的特色小镇；按照“集聚提升、城郊融合、特色保护、搬迁撤并”的原则，分类推进村庄发展。提升城区承载能力，实施百城建设提质工程，推进城东新区建设，推进老旧城区改造和绿色社区创建。完善城市基础设施，提升城市公共服务水平，推进体育中心、文化中心、综合服务中心“三个中心”建设。推进县城智慧化改造，健全落实国家卫生城市、河南省文明城市等提升机制，打造15分钟便民生活圈，提高城市治理精细化、智能化和民生服务便利化水平。实施中心城区带动战略，开展产业集聚区“百园增效”行动，培育壮大总部经济、楼宇经济等新型服务业态，筹建城南临空经济区，强化中心城区产业支撑。加快城乡融合步伐。争创县域治理“三起来”示范县，重点加快县域中心城市建设，推进城郊乡撤乡设办事处、支持其他有条件的乡撤乡设镇，推动董店、城郊等周边乡村积极融入中心城区，主动承接中心城区功能的外溢和基础产业转移，使县域成为扩大内需的重要支撑点、转型升级的关键突破点。

二　睢县打好“四张牌”的主要成效

特色主导产业发展实现重大进展。坚持不懈培育壮大两大主导产业，制鞋及鞋材配套企业从2015年的59家发展到427家，年产能从5000万双发展到3亿双，“中原鞋都”正向“中国鞋都”阔步迈进，制鞋产业本地配套能力提升，在全国制鞋版图烙上了耀眼的“睢县印记”。电子信息产业发展态势良好。金振源电子从2015年纳税上千万元，到2017年纳税突破1亿元，是全市唯一一家连续两年纳税超亿元的民营工业企业。电子信息企业从十余家发展到20余家，年产能突破3亿件，被科技部评为国家火炬商丘睢县智能终端特色产业基地。木业、酿酒、食品加工等传统产业产销两旺，鼎丰木业在新三板成功挂牌，安琪酵母睢县公司成为全球最大的酒精酵母生产基地。电子商务、旅游观光等现代服务业蓬勃发展，擎起新的经济增长极，商务中心区荣获河南省三星级服务业“两区”等荣誉称号。产业集聚区成功晋升“二星级”，荣获全省“十快”产业集聚区第一名，两次荣获“河南省优秀产业集聚区”称号。粮食产量连续五年稳定在18亿斤以上，构建了“南笋北椒中果蔬”的农业产业布局，河南首家“上海市市外蔬菜主供应基地”落地睢县。三次产业结构提前1年实现由“二三一”向“三二一”的历史性转变。

睢县始终坚持以改革破难题、以创新求突破，敢于担当，敢闯敢试，在攻坚克难中闯出了一片新天地。在改革创新深化方面，全面跟进落实中央、省委、市委改革部署，统筹推进各领域改革创新，2个国家级改革试点工作正在稳步推进，9个省级改革试点工作已顺利完成，“放管服”改革深入推进，“一网通办”前提下“最多跑一次”改革全面提速，窗口单位服务水平明显提升，工作效率明显提高，让企业和群众“少跑一趟路，少跨一道门”。在创新科技发展方面，坚持实施创新驱动战略，不断深化与行业协会、科研院校战略合作，成功创建为河南省可持续发展实验区、河南省科技企业孵化器。支持企业实施以智能化为主的“三大改造”，推动产业转型升级。睢县代表商丘市参加全省智能化制造观摩活动，荣获“黄淮四市”第一名的殊荣。在难题破解创新方面，坚持用改革创新的办法解难题、促发展，针对睢县贫困人口中因病致贫返贫占比较高的问题，创新“四位一体”健康扶贫模式，解决了因病致贫返贫难题，代表河南省迎接国家卫计委第三方评估检查验收，在全省扶贫干部兰考培训班上做典型发言，入选人民网扶贫经典案例。在对外开放创新方面，始终把创新招商引资作为“天字号”工程，每年都组织多批次外出招商，累计引进投资3亿元以上项目28个，亿元以上项目63个，为县域经济高质量发展提供了强大动力。

城乡融合发展迈出重大步伐。坚持城乡一体、融合发展，加强基础能力建设，改善生态环境，完善公共服务体系，全县安全饮水、广播电视、电网、互联网等实现了县域全覆盖；新建道路856.4公里，两条高速连接线建成通车，农村道路油化硬化实现全覆盖，所有行政村实现了客车村村通，

“三环十放射”公路网络日臻完善，被评为省级绿色交通试点县、省级万村通客车提质工程示范县；全域治理河道 11 条 126 公里，大小河流呈现河畅水清、岸绿景美的和谐景象。内联外通的交通优势进一步放大。“三环十放射”县内公路网络逐步形成，商登高速、国道 G343 和省道 S213、S214、S327 穿境而过，还将迎来阳新、兰项两条高速开通，惠济河通航，形成商登高速、国道 G343、阳新高速、兰项高速“两横两纵”交通骨干网。逐步破解了污水治理、垃圾处理和废弃秸秆焚烧“三大难题”，建成了全省首家新概念污水处理厂、全市首家生物质发电厂、全市首家垃圾发电的静脉产业园，破解了发展难题，打造了循环经济，实现了垃圾处理的减量化无害化资源化，走在全省前列，被省政府授予“农村垃圾治理达标县”，新概念污水处理厂被命名为“河南省环保教育基地”。生态宜居的“中原水城”更加亮丽。依托独有的水资源优势，围绕“一湖水”做文章，中原水城国家湿地公园、铁佛寺湖郊野公园、利民河带状公园基本建成，乡村环境综合整治常态化进行，随着国家黄河流域生态保护和高质量发展战略进一步推进，在打造“中原水城”方面必将还会有大的提升。社会各项事业发展统筹推进。新建扩建县直学校和幼儿园 44 所，扩容改造薄弱学校 247 所，22 名学生考入清华、北大，2000 多名学生升入全国双一流大学，2 万多名学生升入本科院校。标准化卫生室实现了贫困村全覆盖，县人民医院、中医院、妇幼保健院全部通过国家二级甲等医院评审复审，被确定为全国县域医疗卫生共同体建设试点县。全县 20 个乡镇敬老院提质改造工程在全市率先完成。民生改善取得重大进展。坚持每年 80%以上的预算支出用于民生，城镇新增就业超过 3 万人，居民可支配收入从 12313 元预计增加到 18758 元。城乡居民基本养老保险、基本医疗保险实现全覆盖。

新型城镇化取得重大成就。以创建全国文明城市提名城市为抓手，实施了棚户区改造、背街小巷治理，加大游园绿地、道路管网、水电气暖、公厕、停车场等基础设施和公共服务设施建设力度，让县城更有颜值，让人民群众生活更方便、更舒心、更美好。在安置房建设方面，坚持用位置最好的地块、最好的环境、最优的容积率，建成 6721 套保障性住房，使群众生活更加安心、舒心、放心。在保护生态环境方面，始终坚持生态优先，决不以牺牲环境为代价换一时的经济增长，新建了苏子湖、濯锦湖和 3 个千亩郊野公园，让城市因绿色更添活力，因水系更具灵性，为睢县未来发展、长远发展留下了宝贵的生态财富。实施百城建设提质工程、国土绿化提速行动，“五城一乡”创建任务圆满完成，全县建成区绿地面积超过 1000 公顷，绿化覆盖率达到 41.16%，人均公园绿地面积突破 15.5 平方米；对贯穿县城南北的利民河实施改造，由之前的臭水沟变成如今的幸福渠。睢县获“全国百佳深呼吸小城”称号，入选“美丽中国·深呼吸小城高质量发展实验区”。“中原水城”美誉度影响力不断提升。多次成功举办国家铁人三项赛等大型赛事。先后荣获国家级农村职业教育和成人教育示范县、国家卫生县城、河南省文明县城等 30 多项国字号、省字号荣誉。全省健康扶贫、全省妇幼健康、全市普惠金融等 20 余次省市现场推进会在睢县召开。

三 睢县打好“四张牌”的经验启示

积累的经验弥足珍贵，需要认真总结启示，在今后工作中坚持和完善。

（一）关键在于旗帜鲜明讲政治，始终坚持正确的政治方向

习近平新时代中国特色社会主义思想、习近平总书记关于河南工作的一系列重要讲话和指示批示精神，是睢县做好各项工作的行动指南和根本遵循。睢县始终沿着习近平总书记指引的方向坚定前行。在思想引领方面，始终把学习贯彻习近平新时代中国特色社会主义思想作为首要的政治任务，坚持集中教育和日常教育相结合，县级领导带头，第一时间、第一议题学习贯彻总书记重要讲话精神，相继开展了“两学一做”“不忘初心、牢记使命”等一系列主题教育活动，引领带动广大党员干部增强“四个意识”、坚定“四个自信”、做到“两个维护”，推动全县上下思想更加统一、步调更加一致。在贯彻落实方面，坚持打好“四张牌”，推动县域治理“三起来”、乡镇工作“三结合”，扛稳扛牢粮食安全重任，落实“六稳”“六保”任务，有力推动了高质量发展。实践证明，只要坚定不移地以习近平新时代中国特色社会主义思想为指引，站稳政治立场、把牢政治方向、坚持政治原则、坚守政治道路，就能战胜一切艰难险阻，在做好各项工作、推进高质量发展的道路上行稳致远。

（二）关键在于践行新发展理念，始终坚持一张蓝图绘到底

发展方向对不对，发展思路怎么定，发展着力点在哪里，都必须对标

新发展理念来校准纠偏。睢县始终以新发展理念为引领，坚持走高质量发展道路不动摇，锲而不舍、久久为功，不断开创高质量发展的新局面。实践证明，只要把新发展理念作为思想的航标灯、行动的度量衡，发扬钉钉子精神，一以贯之谋发展，不折不扣抓落实，就能在高质量发展的轨道上实现新突破、积蓄新势能、展现新气象。

（三）关键在于勇于担当作为，始终坚持推进改革创新

创新是引领发展的第一动力，改革是实现创新驱动的必然选择。睢县始终坚持以改革破难题、以创新求突破，敢于担当，敢闯敢试，在攻坚克难中闯出了一片新天地。实践证明，面对困难挑战，只要坚持改革创新，敢于啃硬骨头、涉险滩，勇于破除妨碍发展的体制机制障碍，就能抓牢工作主动权，打好发展主动仗。

（四）关键在于牢记根本宗旨，始终坚持以人民为中心的发展理念

人民是我们党执政的最深厚基础和最大底气。睢县坚持人民至上，着力改善民生，解决好群众的“急难愁盼”问题，让群众看到更多变化、得到更多实惠。实践证明，民生连着民心，只要把为民造福作为最重要的政绩，做到群众的呼声在哪里，我们的工作就推进到哪里，就能让发展更有质感、更有温度。

（五）关键在于树立正确导向，始终坚持营造良好政治生态

政治生态好，人心就顺、正气就足；政治生态不好，就会人心涣散、弊病丛生。五年来，睢县始终扛牢管党治党政治责任，全面从严治党，营造了风清气正的政治生态，为高质量发展提供了坚强保证。在抓牢基层基础方面，实现了农村党群服务中心建设全覆盖，整顿软弱涣散村党组织，深化“对标提质工程”，开展“红旗村”创建，推动基层党组织的组织力战斗力全面提升。在选人用人方面，树立鲜明的正确用人导向，注重在艰难险重工作一线锻炼干部、识别干部，凭实绩重用、提拔干部，在脱贫攻坚、经济发展等工作中提拔重用干部，在全县营造了担当实干、比学赶超的浓厚氛围。在政治生态方面，准确把握全面从严治党越往后越严的趋势，坚

持民主集中制原则，群策群力谋发展。对照兰考标准召开民主生活会，让红脸出汗成为常态。坚持对标对表和问题导向相结合，全力抓好中央和省委巡视、市委巡察反馈意见整改工作落实，解决了一些久拖不决的矛盾问题，制定了一系列堵漏洞的制度机制。坚持不懈查纠“四风”，一体推进不敢腐、不能腐、不想腐，带动全县党员干部自觉知敬畏、存戒惧、守底线，风清气正的政治生态不断巩固提升。实践证明，只要有一个良好的政治生态，社会正气就会不断上升，干部积极性就会充分调动，领导有威信、干部有激情、群众有信心的好局面就会不断巩固。

这“五个关键”，是过去的实践经验，凝聚着睢县人民的智慧和心血，也是推动睢县“十四五”发展、开启全面建设社会主义现代化睢县新征程的宝贵财富，必须倍加珍惜、长期坚持、不断完善。

Ⅲ 成就与经验篇

第七章　打好“四张牌”的辉煌成就

2014 年 5 月，习近平总书记调研指导河南工作时提出，希望河南围绕加快转变经济发展方式和提高经济整体素质及竞争力，着力打好以发展优势产业为主导推进产业结构优化升级，以构建自主创新体系为主导推进创新驱动发展，以强化基础能力建设为主导推进培育发展新优势，以人为核心推进新型城镇化“四张牌”。这为河南加快发展指明了方向，明确了路径。七年来，河南始终践行“四张牌”的方向和路径，以产业结构优化升级为基，以创新驱动发展为根，以基础能力建设为先，以新型城镇化建设为核，全面推进河南经济社会发展，成就辉煌。

第一节　产业结构优化升级实现新突破

七年来，河南始终坚持持续优化产业升级，强化制造业强省建设，强化现代服务业大省建设，强化现代农业强省建设，产业实力有了明显增强，实现了新突破，粮食产量连续 4 年稳定在 1300 亿斤以上，装备制造、食品制造产业加快跃向万亿级，战略性新兴产业和数字经济加速发展，服务业增加值占比持续提升。

一　综合实力逐渐增强

自提出打好“产业结构优化升级牌”以来，河南紧紧围绕自身产业发展特点，锻长板，补短板，产业综合实力明显增强。

一是农业综合生产能力显著提高。河南始终把粮食和农业生产放在重中之重的位置，不断加大“三农”支持力度，持续推进“四优四化”，全面加快乡村振兴战略实施，努力探索出一条具有中原特点的农业高质量发展之路，农业综合实力实现了全面提升。2020 年，全省实现农林牧渔业增加值5353.74亿元，粮食总产量实现连续16年增产，连续4年超过1300亿斤。可以说，在高起点上连年创造新的纪录，不仅保证了全省一亿多人口的吃饭问题，而且为保障国家粮食安全作出了重要贡献。

二是工业经济快速增长。河南始终坚持将新兴产业布局和传统产业提质相结合，围绕“两新一重”建设，不断提升制造业产业链现代化水平，不断加快制造业转型升级，不断强化数字赋能工业，河南工业经济增长迅速，新增长点不断涌现，优势产业呈现较强韧性。2020年，全省工业增加值实现22875.33亿元，较2014年提高了6971.05亿元；装备制造、食品制造等高成长性制造业快速发展，并跃升为万亿级产业；战略性新兴产业和数字经济快速发展，呈现持续增长态势，2020年战略性新兴产业增长2.6%，高技术制造业增长8.9%。

三是服务业不断发展。河南始终将打造现代服务业强省作为主攻方向，通过加强战略谋划，创新发展载体，推动河南服务业综合实力快速壮大。2020年，全省第三产业增加值26768.01亿元，较2014年增加了13892.11亿元。旅游业加快发展，全省接待旅游者人数由2014年的4.58亿人次上升到2020年的5.5亿人次，旅游总收入由2014年的4366.20亿元提升到2020年的4812.85亿元，逐步由旅游资源大省向旅游经济大省迈进。金融保险业功能日益完善，2020年，金融机构年底存款余额76446.19亿元，是2014年的1.85倍。

二　产业结构逐渐优化

七年来，河南始终围绕优化产业结构做文章，产业结构有了明显变化，越来越优。

一是工业结构持续优化。抢抓产业转移的机遇，大力推进新型工业化进程，工业在规模、效益方面得到了全面提升，工业结构得到了持续优化，在推动全省经济转型升级中发挥了主导作用。战略性新兴产业加速发展。近年来河南始终把加快新经济布局作为抢占发展制高点的突破口，瞄准产业前沿和技术前沿，大力发展战略性新兴产业，新型显示、智能终端、生物医药、新能源及网联汽车等十大战略性新兴产业得到快速发展，以“Huanghe”本土品牌为引领的鲲鹏计算产业初具规模。传统制造业转型升级步伐加快。近年来，河南一直致力于新技术赋能传统制造业，成效明显，新培育智能工厂和智能车间 149 个，企业上云 6 万家，千万吨级智能磨机、低风速风电设备等一批智能化装备产品投放市场。高耗能产业升级步伐全面提速。近年来河南一直致力于降低高能耗产业比重，降低高能耗产业能耗消耗量，效果明显，2020 年高耗能工业增长仅为 3.5%，实施了重点技改示范项目 150 个，新化解煤炭过剩产能 486 万吨。产业集聚区的发展势头迅猛，工业发展的集聚效应不断增强。

二是服务业发展亮点纷呈。工业结构的不断优化为第三产业快速发展创造了条件，尤其是物流、金融、文化、旅游、信息等现代服务业发展迅速，形成了一大批新的经济增长点，助推了全省产业层次由低端向高端升级，2020 年底服务业增加值占比接近 50%。航空物流异军突起。随着郑州航空港经济综合实验区的建设，郑州成立了基地航空公司，组建了本地货运航空公司，引进了美国 UPS、俄罗斯空桥、国货航、澳大利亚航空、Fedex、TNT 等国内外知名货运航空、货代、物流企业。电子商务蓬勃发展。伴随郑州市成为全国唯一一家综合性跨境贸易电子商务试点城市，ebay、阿里巴巴、顺丰等知名电商、网商和物流企业合作进一步加深，百度、360、新浪微博等行业龙头企业进驻河南，河南电子商务行业集中度急剧提高，已形成蓄势待发之势。金融业不断发展壮大。作为经济发展的“血液”，金融业受到政府的大力支持，积极引入外资银行，组建本土银行，完善区域金融组织体系。此外，期货交易品种研发不断加快，郑州商品交易所增加了玻璃、油菜籽、粳稻等期货交易品种，服务国民经济作用进一步提高。新兴文化产业快速发展。树立了一批有影响力、知名度高的文化品牌，包括“小樱桃”“快乐星球”“猪脚乐园”“虫虫计划”“少林海宝”等影视动漫品牌，“禅宗少林音乐大典”“东京梦华”等实景演艺品牌，新郑黄帝故里拜祖大典、郑州国际少林武术节等文化旅游节会品牌，中原文化影响力不断扩大。

三是农业结构不断改善。农业基础设施不断改善，持续加大投入，大力推进高标准粮田“百千万”建设工程，巩固、完善和扩大高标准粮田面积，积极改造中低产田，强力推动土地整理，统筹推进水、电、路、林等生产设施和服务体系建设，为粮食增产创造了条件。结构调整成效明显。积极发展优质粮食生产，已建成以豫北、豫中南为主的优质小麦基地，以沿黄地区为重点的优质水稻基地；特色农业发展迅速，在大别山、太行山和伏牛山区形成了茶叶、食用菌、中药材生产基地，在豫西、沿黄河故道形成了优质果品生产基地。农产品精深加工持续推进。以“粮头食尾”“农头工尾”为抓手，突出抓好面、肉、油、乳、果蔬五大产业，全省农产品加工业产值稳居全国第二位。品牌培育迈上新台阶。近年来，注重加大农业品牌建设力度，持续开展品牌创建活动，全省农业品牌数量质量不断扩大。2020 年，确定全省农业整体品牌名称、宣传口号和 logo 标识，将“豫农优品”作为全省农业整体品牌名称，宣传口号为“沃野中原生态农业”。全省已创建 16 个“国字号”、600 个“省字号”农业品牌，河南农业品牌知名度和影响力持续提升，同时在带动产业发展、促进农业提质增效、助农增收、推动乡村振兴等方面发挥了重要作用。

三　载体平台逐渐提升

七年来，河南致力于打造高能级产业平台建设，平台载体实力显著增强。

一是产业集聚区作用不断凸显。河南坚持把加快产业集聚区建设作为事关全局的中心工作和综合性举措，全力推进产业集聚区招商引资项目落地和建设进度，使产业集聚区保持了高速发展态势，发挥了引领全省转型升级和辐射带动作用。产业集聚区对全省经济的带动贡献不断加大。2020 年，全省产业集聚区规模以上工业增加值同比增长 0.6%，占全省规模以上工业的比重达 68.9%。

二是“两区”建设更加完善。为了更好地发展服务业和城区经济，围绕总部经济、楼宇经济、平台经济等新业态新模式，按照高品质功能区建设，河南省进一步推动了商务中心区、特色商业区建设，初步实现了专业园区特色化、高端化发展，为持续打好产业转型升级牌提供了重要支撑。

三是粮食生产核心区全面升级。高标准粮田建设迈出新步伐，在现有的粮食生产功能区和产粮大县，建设了一批具有示范作用的高标准农田；粮食生产功能区更加完善，围绕粮食生产功能区和重要农产品生产保护区规划，初步形成了布局合理、设施完善、产能提升、管护到位的现代农业生产新格局。

四是乡村振兴示范区建设进一步推进。农村产业融合示范园区建设不断增加，围绕推动人才、资本、信息和市场等生产要素的集聚发展，通过联合农科教、产学研的技术支撑平台，努力实现各类生产要素在农村现代产业园的集中集聚，初步形成了农村全产业链一体化发展，一二三产业融合的发展新格局；乡村振兴样板示范区逐渐形成，持续推进农村基础设施建设，全面推进农业创新发展，继续深化城乡综合配套改革和农村产权制度改革，初步打造了以高效规模种养为基础，以乡村产业振兴和人才、文化、生态等振兴为支撑的乡村振兴样板示范区。

第二节 创新驱动发展迈上新台阶

七年来，河南始终以构建自主创新体系为目标实施创新驱动发展战略，创新型河南建设硕果累累，一大批重大科技成果相继问世，一大批创新型企业崭露头角，一大批高能级创新平台落户河南。可以说，河南创新驱动发展迈出了坚实步伐，正在朝着中西部创新高地的建设目标努力迈进。

一 自主创新能力得到全面提高

河南始终把增强自主创新能力作为提高区域竞争力的有效手段，作为推动高质量发展的基本途径，作为谱写中原更加出彩绚丽篇章的战略举措，坚持向创新要动力、向创新要活力，多措并举，逐步建立起以企业为主体、以政府为引导、市场化运作、产学研结合、适应市场经济体制和科技自身发展规律以及河南省情的自主创新体系，自主创新能力得到全面提高。

一是重大关键核心技术实现新突破。首批 5 大创新引领专项通过中期评估，63 项重大科技专项顺利通过验收。新启动实施 132 项重大科技专项，支持总经费 3.98 亿元，带动企业研发投入超 20 亿元。在创新引领专项带动下，重大科技专项实施取得了一系列标志性突破：世界最大直径硬岩掘进机研制成功，出口国外应用于重大工程；光互连芯片实现进口替代，供应于国际知名设备厂商；氢燃料电池客车开展示范运行，关键指标行业领先；可见光通信技术实现重大突破；引线框架铜合金新材料、大尺寸溅射钼靶材、LED 与半导体用精密超硬磨具、全自动微生物鉴定药敏分析系统等产品，打破了国外技术市场垄断；高油酸花生标记辅助选择育种技术达到国际领先水平；培育出河南家禽领域唯一一个国审新品种——豫粉 1 号蛋鸡，成为农业部主推新品种；河南培育的“黄淮肉羊”新品种通过了国家畜禽遗传资源委员会终审；华兰生物自主研发的“四价流感病毒裂解疫苗”获得国家药品监督管理局颁发新药证书，填补了我国四价流感疫苗市场空白，市场占有率居国内首位。

二是科技惠及民生彰显新力量。新冠肺炎疫情发生以来，河南围绕解决疫情防控中的关键技术难题，启动实施了两批共 13 个专项 23 个应急科研攻关项目，在快速诊断试剂研制、治疗药物筛选等方面取得显著成效。研发并产业化国内首款正压医用防护头罩和正压防护服，为医护人员提供了更安全更舒适的防护装备；第一时间发布了河南《新冠肺炎中医辨证治疗要点》分阶段施治九个推荐处方，在阻断轻症向重症发展方面取得明显成效；通过免疫特征评估新冠肺炎患者预后方法被世界卫生组织（WHO）分享采纳。在助力脱贫攻坚上，河南持续支持 57 个省产业科技特派员服务团、105 个科技特派员服务队、53 家科普传播基地、5130 名科技特派员，开展 21 万多次技术服务，解决 6200 余项产业技术难题，培训群众 100 多万人次，推动了卢氏食用菌、淮滨弱筋小麦、封丘金银花等特色优势产业提质增效；支持 53 个贫困县、20 个脱贫攻坚重点县承担实施 107 项科技项目，新建工程技术研究中心、星创天地等省级平台载体 147 家。

二　创新载体平台实现全面提升

创新平台和载体是集聚创新要素，整合创新资源，有效提升自主创新能力的重要途径。七年来，河南始终坚持把构建高能级创新平台载体作为实施创新驱动发展战略的一项基础性工作，创新平台载体得到全面提升。

一是自创区先行先试引领作用显著增强。颁布实施《郑洛新国家自主创新示范区条例》，为自创区科学、规范、有序发展提供了法治保障；制定出台《中共河南省委河南省人民政府关于促进郑洛新国家自主创新示范区高质量发展的若干政策措施》，进一步巩固自创区先行先试政策优势；启动建设智能传感器、智能装备、生物医药 3 个自创区产业共性关键技术创新与转化平台并取得实质进展；组织实施大数据与人工智能等第二批 18 个自创区产业集群专项。自创区创新发展实力持续提升，各项创新指标领跑全省，郑洛新三片区研发投入占全省的 50%，高新技术企业总数达到 3883 家，占全省的 61.4%，技术合同交易额达 306.8 亿元，占全省的 79.8%。郑州、洛阳、新乡国家高新区在全国排名稳步持续提升，郑州进入全国前 20。

二是高端平台机构不断壮大。国家超级计算郑州中心通过验收并投入运营，计算能力居国际前列，黄河模拟器、作物分子设计育种、高性能天气预报等一批重大应用部署实施。河南首家国家野外科学观测研究站获批建设；新增国家高新技术产业化基地 4 家、国家级孵化载体 24 家；新建省重点实验室、技术创新中心、工程技术研究中心、临床医学研究中心、国际联合实验室、野外科学观测研究站等省级创新平台 499 家；新建科技企业孵化器、众创空间、星创天地等省级创业孵化载体 280 家，省级农业科技园区 14 家；新构建省产业技术创新战略联盟 25 家；新培育 21 家省级技术转移示范机构；新备案省新型研发机构 20 家，全省总数达到 102 家。

三　企业创新主体地位全面加强

企业是市场竞争的主体，是自主创新的发动机、主力军。七年来，河南围绕强化企业在自主创新中的主体地位，开展了一系列卓有成效的工作，企业创新主体地位得到全面加强。

一是创新型企业规模不断壮大。国家科技型中小企业数量达到 11826 家，居全国第 5 位、中部首位。新增国家高新技术企业数量再创历史新高，达到 1542 家，总量达到 6324 家。高新技术企业持续保持良好发展态势，占规上工业企业 12.2%的规上高新技术企业贡献了 22.6%的产值，带动全省规上高新技术产业增加值占规上工业增加值比重达到 43.4%。仕佳光子、翔宇医疗、金冠电器 3 家高企成功登陆科创板，高新技术企业占据全省上市（挂牌）企业的半壁江山。

二是政策服务体系不断健全。积极落实各项税收、财政和金融政策，强化对企业的激励引导作用，其中企业研发费用加计扣除预计免税额 70 亿元，同比增长 45%左右；企业财政补助经费 15.35 亿元，带动企业投入研发费用 317.2 亿元；深入推行“科技贷”业务，为 396 家次科技企业贷款 19.5 亿元；新设立 2 支科技成果转化引导基金子基金，基金规模 3 亿元。

四　创新人才队伍建设全面优化

创新驱动，人才为本，谁拥有一流的创新人才，谁就拥有了创新的优势和主导权。实施创新驱动发展战略，构建中西部创新高地，关键是造就一支门类齐全、梯次合理、素质优良、规模宏大的创新人才队伍。近年来，河南越来越意识到人才的重要性，通过全方位营造尊重人才、重视人才的社会风尚，不断完善引才、育才、培才、用才的激励机制，做到了用感情爱才、用事业育才、用待遇聚才、用机会引才，实现了创新人才队伍建设的新突破。

一是政策体系日渐完善。围绕人才聚集高地建设，河南从人才培养、人才信息平台构建、人才评价与激励、人才交流等各方面不断完善政策措施，初步构建起了完善的政策体系。针对顶尖人才、高端人才、青年人才及团队，专门制订了“顶尖人才团队”“高端人才团队”等认定支持办法。按照“分类按需支持”原则，对“中原学者科学家工作室”科研条件建设予以了重点支持；围绕帮助河南科技人才加速发展目标，参照国家基金委和外省市设立联合基金的做法，探索设立了省联合基金，吸引社会力量投入基础研究，不断壮大河南基础研究人才队伍；聚焦重点领域、重点国别和高端紧缺人才，加大柔性引才力度，如推进“杰出外籍科学家工作室”和“高等学校学科创新引智基地”建设。

二是人才队伍规模逐渐壮大。河南坚持以人为本，通过项目支持、平台建设、优化环境等方式，大力培养和引进高层次创新人才，各层次人才规模不断扩大。深入推进创新型科技人才队伍建设，仅 2020 年就新遴选中原学者 5 人，中原科技领军人才 60 人，省杰青、优青 190 人；新培育 15 个高层次科技创新团队；启动建设“中原学者工作站”30 家，省杰出外籍科学家工作室 12 家。深入实施科技特派员行动计划，目前全省有 1 万多名科技特派员服务于生产一线。全省科技人才基础日渐雄厚，在国家自然基金自主规模不变的情况下，河南获得资助的经费和项目数都保持了持续增长，凸显了河南创新人才队伍建设的成效。

五　创新体制机制改革全面深化

体制机制创新是实施创新驱动发展的活力源泉。一直以来，河南坚持推动创新体制机制改革，围绕更好推动创新驱动发展战略，进行了一系列体制机制改革，取得了较为显著的成效。

一是加大科研领域“放管服”改革力度，出台了《关于扩大高校和科研院所科研相关自主权的实施意见》，更好激发了广大科研人员的潜能活力。

二是深化奖励制度改革，出台《河南省科学技术奖提名制实施办法》，进一步突出产业影响和绩效导向。河南科技大学魏世忠教授、河南农业大学范国强教授获何梁何利奖，郑州大学托马斯·汉斯克获中国政府友谊奖。

三是积极探索完善科技成果转化激励机制，起草了河南赋予科研人员职务科技成果所有权或长期使用权改革试点实施方案。对技术转移示范机构给予奖补，极大地激发了技术转移主体的积极性，全省技术合同成交额达 384.5 亿元。

六　开放创新水平得到全面升级

河南作为科技实力较为薄弱的省份，迫切需要借助国际创新资源来服务现代化河南建设，以融入更多人力资本、知识资本等科技要素，进而提高河南综合竞争力。基于这种认识，河南把推动创新对外开放合作作为提高综合竞争力的一项重要战略举措，积极采取多种形式拓宽对外开放的渠道。推动省政府和西安交大签署全面战略合作协议，西安交大面向河南企业发布科技成果 381 项，与河南 86 家企业进行了精准对接；与中科院上海药物研究所签署战略合作协议；组织参加第三届中国进口博览会、中国—东盟技术转移与创新合作大会等大型科技交流活动；成功举办第十二届河南省创新创业大赛和第二届自创区军民协同创新创业项目系列对接活动，吸引省内外 50 多家金融、投资机构和 1000 多家企业参与。3 家单位入选国家“高等学校学科创新引智计划”（111 计划），成为全国入选量最多的省份，也是河南历年入选数量最多的一次。积极做好外国人来华工作管理服务，实行许可申请材料容缺受理，发放外国人工作许可 1386 个。

第三节　基础能力建设展现新优势

七年来，河南始终把强化基础支撑能力建设作为提升河南综合竞争优势、助推经济社会发展的关键，现代交通体系加速构建，高效能源支撑体系不断完善，系统现代水网体系逐渐形成，新型基础设施开始加速布局。可以说，河南基础能力建设迈上了新台阶。

一　综合交通体系加速构建

七年来，河南充分利用区位交通优势，铁路空同时发力，在综合交通体系建设上大做文章，成效显著。

一是铁路建设内通外达。七年来，随着河南对铁路建设的高度重视，河南铁路建设开启了新的征程，逐步形成了以郑州为中心的“米”字形高铁网、“四纵六横”大能力货运铁路网和“十字加半环”城际铁路网。随着郑徐、郑阜、郑商合杭、郑太、郑万铁路的逐渐开通运营，郑州“米”字形高铁枢纽已基本形成，4小时可以到达50%以上的省会城市，6小时可以到达80%以上的省会城市，河南铁路的通达性逐渐显现，截至2020年底，全省铁路营业里程达6134.02公里，其中高铁里程达1998.02公里。随着蒙西至华中、三门峡至江苏沿海港口等铁路的建设通车，中欧班列汉堡、卢森堡、法兰克福等欧洲主要城市的开通，焦柳铁路等铁路扩能改建，河南“四纵六横”货运干线铁路网已基本形成，河南铁路的货运优势不断释放，向东可通过铁路货运班列运输拓展连接沿海港口群，向西可借助中欧班列联通欧亚国际物流通道，成为“一带一路”重要交通枢纽。随着郑焦、郑开、郑机等城际铁路的开通运营，郑州城际铁路得到持续优化，使得城市间的关系更加紧密。

二是公路建设四通八达。七年来，河南一直致力于高速公路网络的建设，高速公路已实现了通达所有县城。河南境内现有高速公路21条，双向四车道/六车道/八车道，通车总里程达7100公里，连续多年保持全国第一；全省18个省辖市中有17个形成了高速公路的十字交叉，全省109个县（市）中全部实现高速公路通达，通达率100%，并在全国率先实现“全省所有县20分钟上高速”；路网结构不断完善，全省高速公路已基本形成了以郑州为中心的一个半小时中原城市群经济圈，3小时可达全省任何一个省辖市，6小时可达周边6省任何一个省会城市；国省级道路更加通畅，围绕安全隐患明显减少、通行秩序明显好转、管控效能明显提升、队伍建设明显规范、交通事故明显下降五大目标，河南开展了国道、省道升级改造行动，初步将106国道、311国道、208国道、234省道、328省道、238省道6条道路打造成为全省的示范样板路。农村交通更加完善，10个县成功创建国家“四好农村路”示范县，行政村通硬化路率、通客车率均达到100%。场站物流园区建设持续加快，多年来，河南一直致力于物流强省建设，特别是2019年获批首批国家物流枢纽建设以来，河南场站物流园区有了明显提升，多式联运持续完善，随着多式联运示范工程项目的持续推进，河南多式联运标准规范不断完善、标准化运载单元推广应用、先进运输组织形式创新发展、多式联运信息开放共享、货运枢纽功能不断提升；中欧班列辐射范围持续扩大，实现每周去程 14 班，回程 10 班多线路开行，并成为唯一的中欧班列集结中心；口岸功能不断丰富，获批药品、国际邮件、进境粮食、进境冰鲜水产品等 10 个进口指定口岸，成为我国内陆地区口岸数量最多、种类最全的省份；智慧物流基地全面推进，随着新一代信息技术的广泛应用，一批智能无人仓储、无人分拣应用系统试点，5G 智能园区建设全面开启；快递网点村级全覆盖工程持续推进，截至 2020 年上半年，全省 1800 个乡镇共设立快递网点 3195 个，平均每个乡镇拥有快递网点 1.78 个，快递网点乡镇覆盖率连续 3 年保持 100%，全省快递进村通达率已达到 71.6%。

三是航线网络日趋完善。多年来，河南一直深耕内陆开放高地建设，航空网络有了明显改善。自 2014 年以来，郑州机场实现了大步迈进全球航空货运枢纽的目标，短短 7 年，在郑州机场运营的货运航空公司达到 22 家，开通货运航线 37 条，通航城市 46 个，货邮吞吐量达到 64.1 万吨，居中部六省第一位；国内外客运航空达 59 家，开通航线 218 条，通航城市 121 个，年旅客吞吐量达到 2405.84 万人次；“空中丝绸之路”上的航班已由每周的 2 班增至最高每周 23 班，通航点由郑州、卢森堡增加至芝加哥、米兰、亚特兰大、伦敦、吉隆坡等 14 个城市，航线覆盖欧洲、北美洲和亚洲的 23 个国家的 100 多个城市，基本形成了横跨欧美亚三大经济区、覆盖全球主要经济体的枢纽航线网络。

四是水运能力明显提升。近年来，河南围绕充分发挥淮河、沙颍河、唐河通江达海的优势，完善了基础设施，组建了港航集团，有效融入了“一带一路”水运港口码头系统，打通了连接长江经济带、淮河生态经济带、环渤海经济圈的水上通道，全省水上运输能力迈上新台阶，港口吞吐量保持较大幅度增长，2020 年仅周口港货物吞吐量就达到了 1860 万吨，较 2016 年的 771 万吨增长了 1089 万吨。

二 高效能源支撑体系不断完善

七年来，河南坚持贯彻落实习近平总书记的“四个革命、一个合作”能源安全战略，以“节能优先、内源优化、外引多元、创新引领”为方向，坚持创新、协调、绿色、开放、共享发展，初步构建了高效能源支撑体系。

一是能源供应能力全面提升。河南坚持开放互动、外引多元，能源供应能力全面加强。煤炭方面，积极利用国家多条运煤通道途经河南的优势，通过提高煤炭调入运力，提升煤炭支撑能力；石油方面，随着日照—濮阳—洛阳原油管道项目河南段建设，兰州—郑州—长沙成品油管道、齐鲁石化及山东地方炼厂调入，原油供应能力全面提升；天然气方面，随着鄂—安—沧线（河南段）、社旗—镇平、商丘—柘城等建成投运，首船“河南专供”海外 LNG 实现到岸交付，西气东输一线、二线等天然气长输管道调入，天然气供应能力大幅提升；电力方面，随着青海—河南±800 千伏特高压直流工程投产送电、配套 1000 千伏驻马店—南阳特高压交流输变电工程全面开工，500 千伏“丁”字形主网架基本形成，电网支撑能力显著提升。

二是能源应急储备体系逐渐完善。河南坚持内外并举、多层互补，初步构建了多元保障的能源应急储备体系。煤炭方面，持续优化布局煤炭储配基地建设，建成了静态储备能力达 50 万吨、动态储备能力达 100 万吨的鹤壁、义马煤炭物流园区一期工程，煤炭储备能力不断增强；油气方面，随着洛阳原油商业储备库建成投运，“引海气入豫、租地下库容、建区域中心”的储气设施建设初见成效，油气应急保障能力不断提升；电力方面，随着国内首个电网侧 100 兆瓦分布式电池储能示范工程建成投运，河南首套、国内容量最大的邵陵调相机工程成功并网，电力系统应急能力与稳定性显著增强。

三是清洁低碳能源发展迅速。煤炭消费减量替代取得历史性成就，2020 年全省煤炭消费总量预计降为约 2 亿吨，较 2014 年下降了 16%，煤炭占一次能源消费比重降至约 69.5%。

四是新能源实现跨越式发展，2020 年全省风电、光伏发电装机规模预计分别达到 2014 年的 11.8 倍、28.2 倍，占全口径装机比重分别提升 9.6 个、11.3 个百分点，天然气、非化石等清洁能源消费量分别达到 2014 年的 1.6 倍、1.8 倍，二者占一次能源消费比重合计约为 16%。

三　系统现代水网体系逐渐形成

七年来，河南围绕“四水同治”，旱引涝排、上灌下补、内连外通、风蓄枯补、调洪防灾的现代水网体系基本形成。

一是现代水网体系逐步形成。经过多年努力，河南基本形成了以南水北调总干渠为纵轴，以黄河、沙颍河、淮河为横轴，以太行山区、黄海平原区、豫西山丘区、豫东平原区、长江支流区、淮河上游区为六大区域的“一纵三横六区”现代水网格局；初步形成了以南水北调中线供水、引黄等供用水工程和已建大中型水库为基础，以骨干河道和大中型灌区工程为纽带的多功能现代水网。

二是“四水同治”成效显著，仅2020年中央项目投资额就高达173亿元，创历史新高，开工“四水同治”项目835个，完成投资1033.1亿元，破千亿元大关；出山店水库、前坪水库下闸蓄水，引江济淮、小浪底南北岸罐区等十大水利工程加快推进，“四水同治”成果丰硕。

三是水资源支撑保障作用更加凸显。南水北调通水6年累计引水119.7亿立方米，生态补水23.7亿立方米；水资源配置不断优化，水生态环境持续改善，新增水土流失治理面积1100平方公里。

四是水旱灾害防御体系日益牢固。七年来，河南围绕如何降低水灾害做文章，通过完善防汛预案，强化抢险演练，精准调度工程，加强应急抗灾，全省实现了无一水库垮坝、无一河道决堤、无一人因洪灾伤亡，特别是2020年，解决了28万人和13万头大牲畜临时性饮水困难，抗旱减灾效益69亿元。节约用水能力逐步深化。仅2020年一年就实现了38处大中型灌区节水技术改造，年新增节水能力9588万立方米。

四　新型基础设施开始加速布局

随着5G、互联网、云计算等新一代信息技术的广泛应用，特别是在2020年新冠肺炎疫情的催化下，新基建建设正式提速。为更好地顺应发展趋势，打好“基础能力建设牌”，河南也积极行动，加快了新型基础设施布局步伐，2020年新型基础设施投资总额达1859.46亿元，投资项目共计833个，投资领域涉及5G网络覆盖、新型计算基础设施以及传统基础设施数字化改造升级等。

一是5G项目全面铺开。河南围绕把5G作为新基建、新产业重要抓手的战略目标，通过充分发挥郑州直联点综合带动作用，推动了郑州、开封、洛阳互联网国际通信专用通道建设，推进了中原数据基地建设，加快了洛阳标识解析体系二级节点的应用推广、NB-IOT网络建设等，截至2020年底5G基站总数超过4万个。

二是新型计算基础设施建设全面提速。多年来，河南围绕国家级互联网骨干直联点试点城市建设，推动了郑州国家级互联网骨干直联点扩容提速。

三是工业互联网建设全面发展。经过多年发展，河南综合工业互联网平台已上线运营，覆盖50类工业行业，具备5G+机器视觉、5G+VR远程维修、5G+高清监控等15项工业互联网场景实施能力，这也标志着河南互联网建设进入新的发展阶段。

第四节　新型城镇化建设取得新成就

七年来，河南始终坚持以人为核心的新型城镇化，强化城乡融合发展，强化中心城市带动作用，强化县域高质量发展，城镇化进程有了明显加速，城镇化质量有了明显升级。2020年底，河南城镇化率达到55.43%，较2014年提高了10个百分点。

一　河南城镇化率稳步提高

经过多年努力，河南城镇化率有了显著提升，2020年，河南城镇化率达到54.43%，逐步开创了新型城镇化质与量协调发展的局面。

一是城镇空间布局进一步优化。中原城市群带动作用明显提升，郑州国家中心城市辐射带动力显著增强，洛阳副中心城市建设全面提速，郑州、洛阳两大都市圈建设加快推进，区域中心城市引领城镇协同区发展的城镇空间格局初步形成，有力地解决了郑州“一城独大”、中小城市发展滞后的“头重脚轻、走路不稳”问题，充分释放出新型城镇化蕴藏的巨大内需潜力。

二是城市发展质量进一步提升。城市规划引领作用凸显，城市建设不断提质增速，城镇综合承载能力显著增强。截至2020年底，全省首批45个市县新一轮城乡总体规划编制完成，完成各类城市设计103项、专项规划559项；全年城镇保障性安居工程住房基本建成25.39万套，新开工16.65万套，新建改造公厕1305座、供热管网991公里、热力站841座，新增供热面积8916万平方米，城市生活垃圾处理率达98.74%，县城生活垃圾处理率达 90%以上。

三是城乡关系进一步协调，在加快城镇建设的同时，河南持续推动美丽乡村建设，综合整治农村人居环境，农村基础设施持续改善，农村公共服务水平大幅提高。截至 2020 年底，绝大多数农村居民和在校生的饮水安全问题得到有效解决，25 万个行政村电网改造升级。农村生产效率和经济效益得到有效提高，农民财产性收入得到持续提高，城乡加快协调发展。

四是生态建设与城镇化发展进一步融合。河南牢固树立尊重自然、绿色发展理念，将生态文明融入城镇化发展的全过程，持续实施蓝天、碧水、乡村清洁工程和城市河流清洁行动计划，协同推进森林生态、湿地生态、流域生态、农田生态和城市生态系统建设，推动实现了人与自然关系从索取利用向和谐共生的跨越。截至 2020 年底，$PM_{2.5}$、PM_{10}年均浓度累计下降幅度均超过 30%。

二　转移人口质量持续优化

围绕打好以人为本的“新型城镇化牌”，七年来，河南始终把以人为本的理念贯穿推进新型城镇化的全过程，坚持以造福人民群众为出发点和落脚点。通过深化农村集体产权制度改革，使农民对财产性权益的合法预期得到更大满足，农民的财产性收入得到持续提升，有效解决了农业人口进城的后顾之忧。通过积极探索建立有利于农业人口有序转移的户籍、财税、社保等体制机制，出台促进农民进城八项措施，实行城乡统一的户口登记制度，全面实施居住证制度，逐步填平了城乡居民在身份上的制度鸿沟，有效消除了城乡居民在各项福利方面的差距。通过加强城乡基础设施和环境建设，改善居住环境，大力发展教育、卫生、文化、体育等各项社会事业，切实解决农业转移人口的就业、住房、教育等民生问题，确保了广大城乡居民能够共享改革发展成果。通过开展思想道德素质、诚信守法行为和文明风尚习惯提升行动，培育市民特别是新市民的主体意识、法律意识和文明意识，让新老市民在安居乐业的同时真正以城市为家，爱家护家。一系列综合配套改革措施的实施有效解决了农业人口进城的意愿、成本和收益等问题，农业转移人口市民化进一步加快，让他们能够“进得来、留得住、过得好”。

三　高质量发展动力全面增强

为打好“新型城镇化牌”，河南通过突出郑州、洛阳“双引擎”带动作用，提升区域性中心城市发展能级，激发县域经济内生动力，基本形成了优势互补的区域经济高质量发展格局。

郑州国家中心城市建设全面提速。通过推进空港型国家物流枢纽建设，北货运区工程和南飞行区改造工程开工建设，郑州南站项目加快推进，小李庄车站及陇海外绕线等工程前期工作顺利推进，郑州综合交通枢纽能级得到提升。通过推进中原鲲鹏生态创新中心建设，国家技术转移郑州中心建成投用，国家大数据综合试验区核心区加快建设，中国智能传感谷的打造，郑州创新能力得到全面提升。通过启动建设中国（河南）邮政枢纽口岸，支持新郑综合保税区调整扩区，郑州对外开放能级得到全面提升。通过研究制定省级管理权限下放清单，赋予郑州更多自主权，体制机制改革有了新的高度。

郑州都市圈一体化发展全面推进。围绕健全都市圈规划体系，印发实施郑州都市圈综合交通、生态保护与建设专项规划，启动实施都市圈产业、水资源、公共服务专项规划，加快编制都市圈城际一体化规划和产业带规划，开展郑开同城化发展规划研究，制定郑焦一体化发展规划、郑新产业带规划等，推进了郑州都市圈一体化发展。健全工作推进机制，围绕制定《都市圈建设领导小组工作规则》，印发《2020 年郑州都市圈一体化发展工作要点》，编制《郑州都市圈生态保护与建设规划（2020～2035 年）》《郑州都市圈交通一体化发展规划（2020～2035 年）》，郑州都市圈一体化工作全面推进。围绕太焦铁路河南段建成，郑济铁路郑州至新乡段、郑州机场至郑州南站城际铁路、郑开城际延长线建设，“轨道上的都市圈”建设成效显著。

洛阳副中心城市和洛阳都市圈加快建设。为更好落实省委省政府《关于支持洛阳以开放为引领加快建设中原城市群副中心城市的若干意见》，研究制定了洛阳副中心城市建设年度重点工作任务，编制印发了《洛阳都市圈发展规划（2020～2035 年）》，推动了洛阳与平顶山、三门峡、济源一体化发展。推动了洛阳、济源率先融合联动发展，颁布实施了《关于推进洛阳济源深度融合发展的若干措施》，建成了济洛高速济源至洛阳西段，推动了新安至伊川高速、二广高速洛阳段改扩建等项目建设，以及洛阳机场改扩建前期工作。优化了洛阳中心城市行政区划设置，合理推进了“县改区”“市改区”。

区域性中心城市和县域经济发展水平全面提速。提升了南阳、商丘、安阳等区域性中心城市发展能级，研究制定了支持南阳发展的政策措施，推动了商丘、安阳完善城市功能、发展优势产业，增强要素吸纳集聚能力，与国家重大区域发展战略实现了积极对接融入，并强化了与京津冀、长三角、长江中游等发达地区城市群协同联动，实现了借势发展、错位发展。为提升县域经济发展水平，更好落实省委省政府《关于推进县域经济高质量发展的指导意见》，以县域治理“三起来”为根本遵循，推进了强县富民、改革发展、城乡贯通，推动了县域经济高质量发展，实施了有利于县域绿色发展和生态环保的价格、财政、投资和土地政策。

四　综合承载能力不断提升

围绕打好“新型城镇化牌”，河南采取了一系列行动举措，通过深入实施百城建设提质工程，持续推进中小城市尤其是县级城市扩容提质发展，城市综合承载能力得到显著增强。根据县级城市的产业基础和发展条件，以产业集聚区为载体打造了一批特色主导产业和优势产业集群，因地制宜地适度布局发展现代服务业，以推进农产品精深加工来提高产业链附加值，有效推动了先进制造业、现代服务业和特色高效农产品加工业等产业集聚，逐步构建了高效合理的现代产业支撑体系，为县域发展培育新的经济增长点。通过持续加快中小城市和小城镇的交通通信、水电暖气、综合管廊、医疗卫生、文化体育等基础设施和公共服务设施建设，稳步推进城镇教育、就业、养老、住房等基本公共服务全覆盖，加快廉租住房、经济适用住房、公共租赁住房等各类保障性住房和工矿棚户区改造，有效推动了城市功能的均衡和完善。利用县级城市接近自然风光和蕴含历史文化底蕴的优势，做好山、水、绿的文章，使城市的山脉、河流、植被等各类自然资源得以保护和利用，同时将历史文化元素更多、更好地融入城市规划、设计和建设当中，打造城市文化符号，留住城市特有“基因”，从而使城市的景观风貌、形象、品质标准等大大提升。总之，河南围绕百城建设提质工程，突出高水平规划、高标准建设、高效率管理，县级城市的交通承载能力、生态承载能力、产业承载能力和服务承载能力得到显著提升；通过人本管理、法治管理、精细管理和智慧管理，有效提高了县级城市的运行效率和运行质量，形成了人口有序集中、产业集聚优化、城乡协调发展的良性循环，使市民更加具有幸福感和获得感。

五　城乡融合发展实现突破

打好“新型城镇化牌”，关键在于破除城乡二元结构，为此，河南积极努力，围绕加快形成新型城乡关系，坚决破除城乡二元体制机制弊端，突出以工促农、以城带乡，统筹推进了乡村振兴战略和新型城镇化战略。城乡融合发展试验区改革探索取得实效，根据《国家城乡融合发展试验区改革方案》，督促了许昌市围绕国家确定的5项改革任务编制国家城乡融合发展试验区实施方案，督促指导许昌市研究制定试验区改革年度工作要点。加快了农村土地制度改革，全面落实第二轮土地承包到期后再延长30年政策，加快了农村承包地“三权分置”改革，积极发展多种形式的适度规模经营，扎实推进了宅基地使用权确权登记颁证，进一步深化了农村宅基地制度改革试点，研究制定了全省集体经营性建设用地入市实施办法，建立了与国有土地同等入市、同权同价、流转顺畅、收益共享的集体经营性建设用地入市机制，完成了河南省首宗城区农村集体经营性建设用地入市。促进了城乡公共设施联动发展和公共服务均等化发展，统筹城乡路网规划设计，加快污水管网向村庄延伸覆盖；实施了万村通客车提质工程，新改建农村公路5000公里以上；推动了教师资源向乡村倾斜，推进义务教育学校教师“县管校聘”改革，推进农村教师周转宿舍建设和农村教师住房建设；实施了学前教育行动计划，每个乡镇办好1所以上公办中心幼儿园；对具备执业（助理）医师资格的乡村医生择优实行乡聘村用，加快推进了紧密型县域医疗卫生共同体建设。促进了人才和工商资本向乡村流动，建立了城乡区域人才对口服务和县域专业人才统筹使用制度，深入开展了农民合作社规范提升行动，新认定400家省级示范社，推进首批启动的23个农民合作社治理提升试点县建设；加快推动了涉农科技成果转化载体建设，推进了国家（河南）生物育种产业创新中心建设。推动了乡村经济多元化发展，重点推进了“四优四化”，建设了十大优势特色农产品基地。

第八章　打好“四张牌”的经验启示

2014 年以来，河南积极贯彻落实习近平总书记关于河南打好“四张牌”的指示精神，全省经济社会发展取得了长足的进步。回首七年来河南打好“四张牌”的丰富实践，我们感慨颇多，既有很多很好的经验，也有一些现实的问题和不足。总结河南打好“四张牌”的成功经验，不仅为河南进一步打好“四张牌”提供有益的启示，也为其他类似省份转型发展、提高竞争力提供了弥足珍贵的借鉴。

第一节　河南打好“四张牌”具有典型性代表性

河南，位居天地之中，素有“九州腹地、十省通衢”之称，是全国连南贯北、承东启西的“任督二脉”，是兵家必争之地，自古有“得中原者得天下”一说，是全国重要的综合交通枢纽和人流、物流、信息流中心。同时，河南历史悠久，文化灿烂，资源丰富，人口众多，是全国历史文化大省、资源大省、人口大省。改革开放以来，河南经济快速发展，2020 年全省地区生产总值达到 54997 亿元，连续多年稳居全国第五位、中西部省份首位，是全国重要的农业大省和新兴工业大省。河南总体上具备了打好“四张牌”的基本条件，以河南为依托打好“四张牌”，对于全国乃至兄弟省份产业转型升级、科技进步、基础设施和新型城镇化均具有重要的参考价值和借鉴意义。

一　大省优势突出河南打好“四张牌”的典型性

打好“四张牌”内容丰富，涵盖产业结构优化升级、创新驱动发展、基础能力建设、新型城镇化等多个方面的任务，而每一方面又可能包含很多项具体的工作，因此，打好“四张牌”需要具备一定的条件和资源，非大省不可为也。河南之所以能承担打好“四张牌”的重任，就在一个“大”字。河南是一个大省，不仅在于河南土地面积大、人口多，还在于河南具有丰富的资源。土地面积大，意味着河南具有较大的发展腹地和腾挪空间，而且河南地处中原，地势平坦，土地肥沃，气候适宜，发展工农业生产的条件得天独厚。人口众多，意味着市场广大，人口红利大，在扩大内需、加快“内循环”的当下，更加具有现实意义。资源丰富，意味着河南发展工农业生产所必需的要素支撑条件良好，河南不仅有丰富的矿产资源、能源资源、水资源，而且还是粮食大省和劳动力资源大省，为工农业发展提供了良好的基础支撑。环顾全国，要论打好“四张牌”，像河南这样各项条件均良好的省份屈指可数。可以说，中央选择并赋予河南打好“四张牌”的重任，是客观的选择，是历史的必然，是中央对河南的殷切期望。就实践意义看，在河南这样的大省做到打好“四张牌”，实现经济、科技、基础设施和城镇化的转型升级，对于全国其他省区具有重要的示范意义和参考价值。

二　发展中等突出河南打好“四张牌”的代表性

打好“四张牌”，除了需要具备一定的条件外，还需要体现代表性，就是对全国其他兄弟省份具有借鉴意义和参考价值。从这个意义上看，选择打好“四张牌”的省份，既不能是东部沿海发达省份，也不能是西部欠发达省份，注定是中部发展中等的省份。河南是全国的缩影，无论从经济、社会、文化还是科技等方面，都具有代表性，无疑是打好“四张牌”的理想之选。河南尽管是经济大省，但距离经济强省还有一定的差距，从整体上看，经济社会发展水平处于全国中游的水平。在河南这样一个总体发展中等水平的省份实施打好“四张牌”，对全国、对中西部其他省份，无疑具有重要的借鉴意义。从全国来看，河南经济总量居于全国第五位，但距离广东、江苏、浙江、山东等经济强省还有一定的差距，2020 年河南的人均 GDP 为 57051 元，居于全国第 18 位，也处于全国中游的水平。从中西部地区来看，河南经济总量位居第一，是中西部地区的龙头，发展条件相对较好，以河南为主体推进打好“四张牌”，对于中部崛起、西部大开发均具有重要的实践意义，同时对于中西部地区其他欠发达省份也具有重要的参考价值和借鉴意义。

三　潜力巨大突出河南打好“四张牌”的必要性

按照中央的精神，打好“四张牌”的现实意义在于，通过在产业转型、科技进步、基础设施、城镇化等方面的一系列探索和努力，促进中西部欠发达地区实现崛起和振兴，并为其他欠发达地区提供示范。这就决定了打好“四张牌”的任务不可能落到东部发达地区，也不可能落到条件较差的西部地区。河南尽管是中西部经济第一大省，但是大而不强，具有通过打好“四张牌”、促进经济实力进一步提升的愿望和要求。长期以来，河南经济总量位居全国前列，之所以大而不强，在很大程度上与产业结构不合理、创新能力不足、基础能力建设不强、城镇化率不高有关。要解决突出矛盾，打破问题制约，必须扭住发展不放松，着力打好“四张牌”，这已成为全省人民的共识。七年来，河南历任领导紧紧抓住打好“四张牌”这一牛鼻子，加快推进产业转型和科技创新，河南的基础设施和城镇化都有了长足的进步，可以说，这些成绩的取得得益于打好“四张牌”凝聚起来的士气和胆识。未来一个时期，河南要继续打好“四张牌”，必将进一步提升河南的整体经济实力，这不仅对于中部崛起是一个贡献，对于全国区域和经济的协调发展和全面振兴，也是一个伟大的贡献。

四　区位优势突出河南打好“四张牌”的可行性

从全国来看，打好“四张牌”的价值在于引领和带动作用，因此承担打好“四张牌”的任务，不但需要有良好的基础条件和配套能力，还需要良好的区位和交通条件，从这个意义上看，河南承担打好“四张牌”也是正当其任。河南地处九州之中，素有“九州腹地、十省通衢”之称，自古以来就是兵家必争之地。近年来，河南大力发展公路、铁路和通信等基础设施建设，推进航空港经济实验区建设，已成为全国重要的综合交通枢纽和人流、物流、信息流中心，成为对外经济贸易文化交流的重要窗口。“米”字形高铁网络、四通八达的高速公路网的建设加快了河南对晋东南、皖西北以及其他周边欠发达地区的辐射和带动作用。同时，河南历史文化悠久，是世界华人宗祖之根、华夏历史文明之源，丰富的文化资源，为河南招商引资促进产业转型升级提供了良好的人脉资源。综上所述，河南打好“四张牌”，推进产业和科技转型升级，建设高水平的城镇化，不仅促进自身的发展，而且对于周边省份毗邻地区发展也具有明显的带动作用。

五 基础较好突出河南打好“四张牌”的现实性

打好“四张牌”的本质在于，通过打好“四张牌”促进经济社会的全面转型升级。从这个意义上看，河南具有打好“四张牌”的良好基础。在产业转型升级方面，河南近年来大力推进结构转型，装备制造、电子信息、汽车及零部件、新能源、新材料等战略新兴产业从无到有、从小到大，金融保险、信息技术、现代物流、文化旅游等现代服务业快速成长，初步改变了河南长期以来资源型经济、农业为主体的面貌，经济发展的质量和层次有了明显提升。在科技创新方面，河南以郑洛新自主创新试验区为依托，大力推进创新要素和科技人才集聚，尽管与发达省份相比科技能力还嫌不足，但是与原有的基础相比有了较大的进步，积累了科技起飞的前提条件。在基础设施方面，河南近年来大力推进高速公路、铁路等路网建设，推进通信信息的基础设施建设，推进“四路”协同，营商环境有了巨大的改善，为产业转型和科技创新提供了良好条件。在新型城镇化方面，河南近年来大力推进以人为本的新型城镇化，城乡面貌有了翻天覆地的变化，居民的生活水平有了较大的提高。综上所述，当前的河南，已经从农业大省转变成新型工业大省和现代服务业大省，具有冲刺更高水平经济发展的条件和基础，这些基础增强了河南打好“四张牌”的底气和信心。

第二节 河南打好“四张牌”的实践经验

近年来，河南积极贯彻落实习近平总书记关于河南打好“四张牌”的重要指示精神，全省上下形成了打好“四张牌”、推进经济社会总体更上一层楼的良好氛围。在全省层面，按照打好“四张牌”的要求，省委省政府不断深入推进经济、社会、文化等各方面的改革，健全和完善打好“四张牌”的体制、机制，完善打好“四张牌”的各项要素和政策保障措施，为全省打好“四张牌”提供必要的顶层设计和总体框架。在地市县层面，各地按照省委省政府关于打好“四张牌”的总体部署，结合自身实际，创造性地开展工作，创新了很多生动鲜活的实践模式，涌现了一大批打好“四张牌”的先进典型。认真梳理这些“实践模式”和“先进典型”，总结其好的做法、好的经验，对于“十四五”期间全省上下进一步打好“四张牌”具有重要的指导意义。

一　全面系统学习是打好“四张牌”的基本前提

“行动之要，思想先行。”打好“四张牌”，必须全面深刻领会打好“四张牌”的精神内涵和时代价值，使之成为凝聚全省人民干事创业的精神动力。七年来，河南全省上下通过全面系统学习习近平总书记关于打好“四张牌”的指示精神，形成了打好“四张牌”的舆论氛围。省十次党代会通过了《持续深入贯彻落实习近平总书记调研指导河南工作时的重要讲话精神进一步发挥优势打好“四张牌”五年行动计划（2017~2021年）》，为河南打好“四张牌”、决胜全面建成小康社会、让中原在实现中华民族伟大复兴的中国梦的进程中更加出彩指明了前进方向，提供了根本遵循。七年的实践证明，只有全面系统学习打好“四张牌”的科学内涵，才能凝聚全省人民拼搏进取的干劲；只有全面系统学习打好“四张牌”的时代价值，才能为河南跨越式发展找到一条新路子；只有全面系统学习打好“四张牌”的实践意义，才能在行动上成为促进全省产业和科技更上一层楼的不竭动力。未来一个时期，我们要继续打好“四张牌”，需要继续学习打好“四张牌”的内涵和价值，通过与河南实践的结合，谱写中原更出彩的生动画卷。

二　加强组织领导是打好“四张牌”的关键环节

“凡事预则立，不预则废。”加强组织领导，是打好“四张牌”、实现中原更加出彩的重要保证。河南近些年打好“四张牌”的实践，之所以取得了一定的成绩，也是与加强组织领导分不开的。为保证打好“四张牌”落到实处，省十次党代会制订了打好“四张牌”五年行动计划，为落实打好“四张牌”提供了行动指南。近年来的历任省委主要领导，均把打好“四张牌”作为一项重要任务，一以贯之地持续往前推进。事实上，“四张牌”涉及经济、科技、文化、交通等各个方面，涉及城乡多个领域，时间紧、任务重，需要依靠全省人民的智慧和力量。要打好“四张牌”，必须加强组织领导，在党的领导下做好总体框架和顶层设计，在党的领导下动员和发动全省各界群众，在党组织的指挥下推进各项工作的落实。河南这些年来打好“四张牌”取得的成绩，无一不是归功于党的组织领导，归功于全省人民的不懈努力。未来一个时期，河南打好“四张牌”，需要继续进一步加强和改善党的组织领导，为打好“四张牌”奠定组织保障。只有继续加强党组织领导，才能把全省人民组织起来，形成统一的意志和行动，凝结成干事创业的强大动力，推动打好“四张牌”更上新台阶。只有继续加强党的组织领导，才能协调各方面的利益，克服各种艰难险阻，解决实践中遇到的各种问题，推动打好“四张牌”更上新水平。只有继续加强党的组织领导，才能调动一切力量，集聚各方面的要素和资源，推动打好“四张牌”更上一层楼，打造更加出彩的幸福新河南。

三　强化要素支撑是打好“四张牌”的根本支撑

打好“四张牌”涉及产业升级、科技进步、基础设施建设和新型城镇化等多个领域，做好这些工作，离不开强大的要素支撑。近年来，河南围绕打好“四张牌”，不断强化制度建设，优化营商环境，努力构建资金、人才、技术等要素汇集的新高地。在人才要素方面，近年来大力发展教育事业，特别是高等教育和职业教育，支持以河南大学、郑州大学为龙头的高水平大学跨越式发展，同时积极推进中国人民大学、中国民航大学、哈尔滨工业大学等著名高校来河南设置校区或院区，实施优质教育资源倍增行动，努力将人力资源转化为人才资源。同时，河南实施人才强省战略，通过筑巢引凤，面向全国吸引高层次人才，增加高水平人才要素的规模。在资金要素方面，河南通过不断优化营商环境，推进产业链培育和发展，引进了一批科技含量高、市场前景广的大项目、好项目，推动了资金要素向河南的集聚。在科技事业方面，河南积极支持科技人才培育，加快创新资源和要素的集聚，增强自主创新能力，不断增强技术要素的保障能力和水平。河南的实践证明，要打好“四张牌”，必须强化要素支撑，通过要素的集聚，实现发展动能的提升。“十四五”期间，河南面临着新的形势和任务，打好“四张牌”、促进产业科技转型升级的任务更重，需要更多更优质的资源要素向河南汇集。为此，我们要进一步强化制度创新，为人才汇聚提供更好的环境，为资金汇聚提供更好的营商环境，为创新资源和要素汇聚提供更好的条件，为打好“四张牌”提供充足的资金、人才、技术的要素支撑。

四　实施项目带动是打好“四张牌”的重要抓手

打好“四张牌”，必须强化项目支撑，通过重大项目的建设，带动产业、科技、基础设施等各方面事业的转型升级。近年来，河南不断强化“项目为王”的理念，坚持以项目论英雄，一切围绕项目转、一切盯着项目干，全力以高质量项目支撑高质量发展，产业转型升级、科技进步、基础设施建设、新型城镇化均取得了明显的进步，河南的“四张牌”优势更为突出。近年来，河南通过引进华为、奇瑞、富士康、华南城等项目，带动了全省产业结构不断转型升级。尤其是富士康项目的引进，不但带动了全省电子信息产业的快速集聚发展，也带动了全省外资外贸等对外开放的跨越式发展，形成了促进产业结构乃至全省经济发展方式转变的重要支撑。河南的成功实践证明，打好“四张牌”必须实施项目带动，以项目为抓手，推进“四张牌”各项工作的开展。只有实施项目带动，才能有效推进招商引资的顺利开展，为产业转型升级提供项目支撑；只有实施项目带动，才能夯实经济发展的平台，为落实新发展理念提供载体；只有实施项目带动，才能形成有利于转型升级的体制机制，营造有利于资源要素汇集的营商环境。未来一个时期，河南继续打好“四张牌”需要进一步实施项目带动，在“引大”“引新”“引外”上狠下功夫，加快建链、补链、强链、延链，着力塑造优良产业生态，为河南“四张牌”更为出彩提供项目支撑和保障。

五　突出改革创新是打好“四张牌”的动力源泉

打好“四张牌”，需要深入推进体制、机制等多方面的改革和创新，需要打破原有的体制、机制束缚，创造新的体制、机制环境，从而为打好“四张牌”提供制度和政策保证。2014 年以来，河南以打好“四张牌”为契机，深入推进经济、政治、文化、社会等领域的改革，推进体制和机制创新，大大激发了经济社会发展的活力，全省经济社会取得了长足的进步和发展，产业转型升级的成果有目共睹，令周边一些兄弟省份羡慕不已。河南这些年经济社会转型发展成绩的取得得益于深化改革提供的强大动力，得益于体制机制创新所焕发的生机与活力。正是由于全省改革的深入推进，河南的产业结构才能得到持续优化，目前，高新技术产业正在成长为促进全省经济可持续发展的重要生力军。得益于改革的深入推进，河南近些年基础设施得到了极大的完善，城镇化水平得到了不断提升，城乡面貌发生了根本改变，人民的生活水平不断提高，群众的幸福感归属感显著增强。同时，河南以郑洛新自主创新示范区为载体和依托，加大科技领域体制机制改革创新，不断集聚科技创新要素和资源，培育和引进高新技术企业，培育发展新产业、新业态、新模式等新经济，河南的“四张牌”优势更加突出。河南的实践证明，作为中西部欠发达地区，只有进一步深化改革，积极推进体制、机制和科技创新，才能形成促进产业和科技转型升级的强大动力，形成促进城乡融合发展的强大力量，成为未来迎接区域经济新挑战的重要依托，成为整个经济社会稳定繁荣的重要保障。

六　注重监测考评是打好“四张牌”的有效保障

打好“四张牌”，是一项复杂的系统工程，涉及经济、社会、科技、文化等多个领域，涉及经济社会发展的方方面面，因此，要打好“四张牌”，需要做好顶层设计和科学谋划。在这方面，河南有着丰富的实践和经验，也取得了较好的成果。为了落实习近平总书记关于河南打好“四张牌”的部署，省委制定了《进一步发挥优势打好“四张牌”五年行动计划（2017~2021年）》，为全省打好“四张牌”做好顶层设计和战略谋划。同时，也应当看到，打好“四张牌”重在行动，重在落实。再好的制度也离不开行动，再好的计划，离开了行动，也等于是一句空话。正是基于这一认识，河南在制订打好“四张牌”五年行动计划的基础上，进一步制定了一系列监测考评体系和考评制度，推行目标责任制，形成权责明确、各司其职、协同配合、监督有力的工作推进机制，从制度上确保全省打好“四张牌”五年行动计划的顺利落实。正是监测考评制度等的成功实施，全省上下才形成了狠抓行动落实打好“四张牌”的紧张氛围，打好“四张牌”行动计划才得以在河南全省大地开花结果。河南打好“四张牌”的实践充分证明，欠发达地区要推进经济社会转型升级，必须做好顶层设计和整体框架规划，同时还必须完善监测考评机制，完善实施机制和各项制度，为各项工作落实提供坚实的制度保障。

第三节　河南打好“四张牌”的启示

打好“四张牌”是中央对河南的殷切期望，代表了全省人民的总体利益和总体愿望，因此，继续打好“四张牌”是“十四五”乃至更长一段时期全省上下工作的重大任务。基于此，省委省政府要在认真总结各地打好“四张牌”经验的基础上，进一步审视新的条件下河南打好“四张牌”面临的形势和任务，对未来全省上下打好“四张牌”进行新的规划和部署，以期在更高水平、更高层次上打好“四张牌”，推动全省产业转型升级和科技进步上台阶，推动全省基础设施和城镇化水平上层次，为全省人民创造更加美好的幸福家园，同时也向中央和全省人民交上一份满意的答卷。

一　必须坚持党建引领

2014 年习近平总书记视察河南时提出来要打好“四张牌”至今已经七年，七年的实践雄辩地证明，打好“四张牌”，关键在党。七年的历程也一再表明，顺利推进产业和科技转型，关键在坚持党的领导，加强党的建设。在全面从严治党新形势下，在转型升级爬坡过坎中，尤其需要明确方位、厘清思路，不断加强和改进党的建设，充分发挥党建工作的统领作用。在全面深化改革的形势下，各种新矛盾新问题会不断涌现，破解化解这些问题，必须要强化党的领导，必须要推进党的建设，必须要强化党建引领。未来一个时期，全省上下要牢固树立“抓好党建是最大的政绩”理念，强化“抓好党建是本职、不抓党建是失职、抓不好党建是不称职”的意识，巩固和提升党对打好“四张牌”工作的领导地位，以党建引领推动河南打好“四张牌”。在实践上，要推进党的建设和各项业务融合发展，以党的建设引领推动各项工作的开展。当前，河南经济社会发展进入新阶段，在新的形势下，要打好“四张牌”，必须强化党建引领，要在党建引领之下不断开拓创新，为改革发展注入强劲动力；要在党建引领之下强化体制机制建设，平稳扎实推进各项改革；要在党建引领之下稳步推进各项工作，确保打好“四张牌”取得新成效，经济社会转型升级更上新台阶。

二　必须发挥比较优势

当前，区域经济竞争日趋激烈，只有善于利用、充分发挥自身优势，做到人无我有、人有我优，才能在激烈的竞争中闯出一片天地、占得一席之地。河南要打好“四张牌”也必须发挥比较优势，善于把比较优势转化为经济社会发展的胜势。河南的第一个优势在于人口多，特别是年轻人口多。人口多意味着劳动力多，人才资源丰富，经济社会发展的要素支撑强大。同时，人口多意味着市场大，在扩大内需促进内循环的新格局下，这一优势尤其具有特别重要的意义。打好“四张牌”，就是要善于把河南的人口优势转化为资源优势，成为推动经济社会转型的强大动力。河南的第二个优势在于区位好。河南地处九州之中，居于沟通中西、连南贯北的关键位置。河南九州之中的区位优势，意味着来自东西南北的资金、技术、人才、信息等资源可以在河南汇集。打好“四张牌”，需要不断优化营商环境，把经过路过河南的各种资源留下来，把这些资源充分利用起来，打造新的生产力。河南的第三个优势在于文化底蕴厚重。一部河南史，半部中国史，丰富的历史文化资源意味着凝聚力和归属感，意味着丰富的人脉优势，补强了河南发展的“根”与“魂”。打好“四张牌”，需要发挥文化资源优势，擦亮“老家河南”品牌，为全省经济社会进一步转型升级提供新的抓手。

三　必须抢抓发展机遇

打好“四张牌”，实现中原更出彩，是党中央为河南发展描绘的美好蓝图。美好的愿景，绝不是轻轻松松、敲锣打鼓就能实现的。当前河南发展仍处于全面追赶、爬坡过坎、滚石上山的紧要关口，必须抓住用好用足国家战略机遇，强化协同观念，创新融入方式，拓展合作空间，把战略机遇转化为发展优势和发展成果。河南当前面临的首要机遇便是黄河流域高质量发展的战略机遇。黄河流域高质量发展是中央最新提出的重大战略，河南在黄河流域高质量发展中居于“腰”的关键位置，黄河流域高质量发展能否搞好，关键看河南这个“腰”能不能硬起来。河南要紧紧抓住这一重大机遇，找准定位，积极作为，实现弯道超车、后来居上。河南面临的第二大机遇便是乡村振兴战略机遇。河南长期以来农村和农业比重较大，成为经济社会转型升级的短板。打好“四张牌”，需要河南紧紧抓住并充分利用中央促进乡村振兴的重大机遇，解决好制约河南转型升级的现实问题，把河南的短板拉长。此外，中部崛起、粮食核心区、中原城市群、航空港经济综合实验区、郑洛新自主创新示范区等重大战略机遇叠加，为河南发展带来新的机遇，我们必须充分用足用好这些机遇，打好河南“四张牌”，谱写中原更加出彩的美好画卷。

四　必须深化改革开放

改革开放是党和人民大踏步赶上时代的重要法宝，是坚持和发展中国特色社会主义的必由之路，是决定当代中国命运的关键一招，这已经是被历史实践证明了的伟大真理。改革是解放和发展社会生产力的关键，是推动发展的根本动力，扩大开放是推动高质量发展的必由之路。河南打好“四张牌”，必须进一步深化改革开放。一方面，推动更深层次改革，需要守正创新、开拓创新，善于运用改革思维和改革办法，统筹考虑短期应对和中长期发展，在战略上布好局，在关键处落好子，大胆探索农业大省未来发展之路；另一方面，进一步扩大开放，需要宽广的视野，统筹国内国外两大资源，探索内陆大省扩大开放之路。河南不靠海不沿边，发展外向型经济面临着诸多困难。但是困难再大也没有决心大，什么力量也阻挡不了河南扩大开放的步伐。可喜的是，河南近年来逐渐探索出了内陆省份扩大开放之路，跨境电商、中欧班列、综合保税区、航空港经济综合实验区等一系列开放载体和窗口从无到有、从小到大，营造出中原河南开放发展蒸蒸日上的气势。未来一个时期，打好“四张牌”，需要继续利用好这些载体和平台，力争对外开放水平更上一个新台阶。

五　必须突出关键在人

打好“四张牌”，关键在人，关键在人才，关键在于建设一支宏大的高素质干部队伍。坚持正确的选人用人导向，匡正选人用人风气，突出政治标准，提拔重用牢固树立“四个意识”和“四个自信”、坚决维护党中央权威、全面贯彻执行党的理论和路线方针政策、忠诚干净担当的干部，选优配强各级领导班子。坚持严管和厚爱结合、激励和约束并重，完善干部考核评价机制，建立激励机制和容错纠错机制，旗帜鲜明地为那些敢于担当、踏实做事、不谋私利的干部撑腰鼓劲。要抓住建章立制，立“明规矩”、破“潜规则”，围绕发生的腐败案例，查找漏洞，吸取教训，着重完善党内政治生活等各方面制度，压缩消极腐败现象的生存空间和滋生土壤，通过体制机制改革和制度创新促进政治生态不断改善。同时，要重视和培养选拔年轻干部，这是事关打好“四张牌”的关键之举。必须加强和改进年轻干部工作，要下大气力抓好培养工作。对那些看得准、有潜力、有发展前途的年轻干部，要敢于给他们压担子，有计划地安排他们去经受锻炼，努力培养他们成为河南打好“四张牌”的生力军。

六　必须强化系统观念

系统观念是具有基础性的思想和工作方法，其核心要义在于统筹兼顾、综合平衡，突出重点，带动全局。坚持系统观念，是党的十九届五中全会提出的“十四五”时期经济社会发展必须遵循的原则之一。打好“四张牌”，实现中原更加出彩，必须坚持系统观念，统筹国内国际两个大局，统筹“五位一体”总体布局和“四个全面”战略布局，加强前瞻性思考、全局性谋划、战略性布局、整体性推进。打好“四张牌”是一个系统工程，要善于运用系统科学、系统思维、系统方法研究解决问题，既要加强顶层设计，又要坚持重点突破，既要抓好当前，又要谋好长远，强化需求对接，强化改革创新，强化资源整合，向重点领域聚焦用力，以点带面推动整体水平提升。当前形势下，打好“四张牌”面临不少新情况新问题，要善于运用改革思维和改革办法，统筹考虑短期应对和中长期发展，既要在战略上布好局，也要在关键处落好子。要加快推进有利于提高资源配置效率的改革，有利于提高发展质量和效益的改革，有利于调动各方面积极性的改革，聚焦重点问题，加强改革举措的系统集成、协同高效，打通淤点堵点，激发整体效应，为打好“四张牌”提供动力源和新支撑。

Ⅳ 持续与深化篇

第九章　打好“四张牌”面临的新形势

站在新起点，在开启全面建设社会主义现代化河南新征程的历史节点，要进一步把握持续打好“四张牌”的新机遇和新挑战，明确新时代持续打好“四张牌”的新要求和新目标，奋力谱写新时代中原更加出彩的绚丽篇章。

第一节　打好“四张牌”面临的新机遇

进入新时代，河南稳步迈进高质量发展阶段，开启了现代化建设新征程，到了由大到强、实现更大发展的重要关口，社会经济发展呈现新的阶段性特征，为持续打好“四张牌”，推动中原更出彩提供了新机遇。

一　进入新发展阶段为持续打好“四张牌”提供了新契机

当前，河南与全国一起面临着百年未有之大变局，处于重要战略机遇期，为持续打好“四张牌”提供了新机遇。

首先，随着河南进入“由大到强”的新发展阶段，河南处于战略叠加机遇期，构建新发展格局、促进中部地区崛起、黄河流域生态保护和高质量发展三大国家战略交汇叠加，枢纽链接作用愈加突出，腹地支撑作用持续增强，生态屏障作用日益显现，这为河南持续打好“四张牌”，进而乘势加快发展、为全国大局作出更大贡献提供了良好的发展机遇。

其次，河南正处于蓄势跃升的突破期，人口资源优势正加速转化为人力资本优势，市场空间优势正加速转化为内需体系优势，产业基础优势正加速转化为有效供给优势，农业农村优势正加速转化为乡村振兴优势，人文历史优势正加速转化为文旅融合优势，这为河南持续打好“四张牌”，进而以重点突破带动全局，在更多领域奋勇争先、推动中原更加出彩提供了良好的发展机会。

最后，河南正处于调整转型的攻坚期，处于动能接续转换的关键阶段，为持续打好“四张牌”提供了新的契机。当前，面对旧力渐弱、新力渐强的新趋势，需要在新时期持续打好“四张牌”，通过加快产业结构优化升级、坚持创新驱动发展、强化基础能力建设、推动新型城镇化，在破解结构性矛盾上聚焦发力，奋力跨越关口，推动河南在高质量发展轨道上行稳致远。

二　贯彻新发展理念为持续打好“四张牌”提供了新动力

创新、协调、绿色、开放、共享的发展理念，是管全局、管根本、管长远的导向，具有战略性、纲领性、引领性。新时代，随着新发展理念在中原大地深入人心，为进一步打好“四张牌”促进中原更出彩提供了强大的动力。

首先，新发展理念为加快产业结构优化升级指明了方向。以发展优势产业为主导推进产业结构优化升级，是习近平总书记为河南开出的破解产业“大而不强”困境的一剂良方，新时代持续打好“四张牌”，需要在新发展理念引领下，以加快构建现代产业体系为目标，挺起产业发展脊梁，加速河南由经济大省向经济强省迈进。

其次，新发展理念为坚持创新驱动发展提供了遵循。以构建自主创新体系为主导推进创新驱动发展，是习近平总书记对河南补齐创新能力不足短板提出的明确要求。新时代持续打好“四张牌”，需要在新发展理念引领下，激活创新驱动引擎，加速由创新洼地向创新高地跨越。

再次，新发展理念为持续强化基础能力建设明确了路径。以强化基础能力建设为主导推进培育发展新优势，是习近平总书记对河南发展提出的殷切期盼。新时代持续打好“四张牌”，需要在新发展理念引领下，强化基础能力建设，加速由传统优势向复合型新优势转化。

最后，新发展理念为持续推动以人为本的新型城镇化标定了方位。城镇化发展滞后是河南发展的最大症结之一，习近平总书记关于以人为核心推进新型城镇化的战略部署，指明了河南发展的最大潜力所在。新时代持续打好“四张牌”，需要在新发展理念引领下，优化城乡区域格局，加速由乡村型社会向城市型社会转型。

三　融入新发展格局为持续打好“四张牌”提供了新空间

进入新时代，党中央明确提出了构建新发展格局的伟大战略，强调要坚持扩大内需这个战略基点，加快培育完整内需体系，把实施扩大内需战略同深化供给侧结构性改革有机结合起来，以创新驱动、高质量供给引领和创造新需求，加快构建以国内大循环为主体、国内国际双循环相互促进的新发展格局。当前，随着新发展格局的加快构建，将更加注重培育完整的内需体系，加快科技自立自强，推动产业链供应链优化升级，推进农业农村现代化，优化区域经济布局，扩大高水平对外开放，提高人民生活品质，守住安全发展底线，这为河南持续打好“四张牌”带来了新机遇。当前，河南服务构建新发展格局，需要把实施扩大内需战略同深化供给侧结构性改革有机结合起来，推动供给与需求互促共进、投资与消费良性互动、内需与外需相互协调，这就需要进一步持续打好“四张牌”，推进产业转型升级，加速创新驱动发展，加强基础能力建设，加快新型城镇化发展，从根本上补齐河南高质量发展的短板制约，激发河南高质量发展的潜力活力，进一步强化中原腹地对双循环新格局的支撑作用，鉴于此，积极融入并主动服务构建新发展格局，为河南打好“四张牌”提供了广阔的发展空间，更为新时代中原更加出彩提供了良好的发展机遇。

四　更加出彩的愿景为持续打好“四张牌”提供了新平台

随着由全面建成小康社会向全面建设现代化迈进，河南制定了“四个强省、一个高地、一个家园”的社会主义现代化河南远景目标，该宏伟目标凝聚起全省亿万人民出彩争先的强大动力，也为持续打好“四张牌”提供了新的发展平台和空间。

首先，要实现“四个强省”的远景目标，需要进一步打好“四张牌”，加快推进产业转型升级，构建现代产业体系，强化基础能力建设，进而推动经济实力、综合实力大幅提升，发展质量和效益大幅提升，为基本实现新型工业化、信息化、城镇化、农业现代化夯实基础，推动现代化基础设施体系进一步完善，促进河南建成现代化经济体系。

其次，要实现“一个高地”的远景目标，需要进一步打好“四张牌”，特别是打好“创新驱动发展牌”，以建设郑洛新国家自主创新示范区为引领，以培育创新主体为关键，以集聚创新要素为支撑，以优化创新生态为根本，全力推动自主创新体系建设，着力科技创新对经济增长的支撑作用，加快建设中西部创新高地。

最后，要实现“一个家园”的远景目标，需要进一步推进以人为本的城镇化，统筹优化区域发展布局，协同实施乡村振兴战略，加快实现基本公共服务均等化，着力缩小城乡区域发展差距和居民生活水平差距，进一步拓展发展空间，进一步释放发展潜力。

第二节　打好“四张牌”面临的新挑战

当前，河南发展不平衡不充分问题仍比较突出，人均主要经济指标相对落后，新产业新经济新业态占比不高，尤其是产业大而不强、创新支撑能力不足、城镇化水平偏低、基础能力建设有待加强等问题依然存在，成为新时期持续打好“四张牌”的新挑战。

一　产业结构优化升级仍面临诸多短板

近年来，河南产业结构尽管有了一定的变化，但仍然没有摆脱以传统产业为主的基本结构，产业分工处于产业链中低端，产业发展方式比较粗放，产业发展带有明显的传统产业依赖特征。河南的多数产业拥挤困守在产业链的上游和价值链的低端，产业发展被长久固定在较狭窄的空间。随着资源、能源和环境对河南经济发展的现实性约束日益强化，当前这种传统产业结构体系是不可持续的。河南传统粗放型经济增长模式的惯性不断加剧经济增长中的资源、能源、环境约束，与全国和经济发达省份相比，河南能耗指标相对偏高，污染排放治理任务更为艰巨。同时，发展方式转变难度大，河南处于工业化的中后期，重化工业还是河南经济增长的主要支柱，高耗能产业比重较大，传统产业升级压力大，短期内大规模降低资源型产业、高耗能产业、传统产业在产业结构中的比重仍不现实。此外，产业同构造成过度竞争，河南产业之间、地方政府之间存在严重的地方利益导向，进而影响了地区分工和专业化的发展，劳动生产率、经济效益和规模经济均有待提高。可以预见，河南省在加快转变发展方式，推动产业结构升级方面将会遇到较大的障碍，而通过加快构建现代产业体系建设来实现突破将是一个主要路径。

二　创新驱动发展能力短板相对突出

虽然河南近年来科技创新呈现全面发力、纵深发展态势，但科技整体实力不强、引领带动能力不足的基本面没有得到根本改变，与经济高质量发展的要求相比，科技创新仍然是制约河南加快发展的突出短板，与全国先进省份相比差距还不小。比如，河南企业创新投入产出效率总体不高，从 2020 年规上企业有效专利发明数和新产品开发销售收入等指标来看，河南与广东、浙江、江苏等发达省份的差距较大，这在一定程度上反映了河南规上工业企业的科技创新投入产出效率总体并不高。又如，河南关键共性技术供给不足，目前，河南在高端装备制造、智能终端及信息、食品制造与安全、新材料等领域的关键共性技术研究与先进省份相比，与先进制造业高质量发展的要求相比还存在不小差距，创新链条不完整，关键核心技术仍受制于人，仍然存在“卡脖子”问题等。此外，诸如创新环境、创新生态亟待优化，高层次创新平台和高端人才匮乏，优秀创新人才少，基础学科的研究投入少，产学研合作不畅，成果转化机制不健全等问题依旧存在。总的来看，河南科技创新正处于积势蓄势的重要战略机遇期，也面临差距进一步拉大、不进则退、慢进也是退的严峻挑战。

三　城镇化滞后，区域协调发展能力不足

近年来，尽管河南城镇化有序推进，但由于城乡人口、就业与产业发展长期不协调，生产力空间格局、规模格局与体系格局不均衡，城市现代化与人的全面现代化供需不匹配，城乡融合体制机制改革不到位等多重原因，河南城镇化率仍低于全国平均水平，在推进新型城镇化上面临着诸多挑战。城镇体系结构不均衡，以郑州、洛阳一主一副中心城市形成轴线带动，但轴线位置偏西北且没有贯穿全省东西方向，既没有形成大范围的面状辐射带动，也没有形成强点极化辐射带动，导致中心城市对豫中南尤其是豫东黄淮地区、豫西南地区的辐射带动能力有限，河南城镇化水平总体呈现“西北高、东南低”的失衡状态。城镇体系发育不成熟，突出表现为郑州城市首位度低，龙头带动作用不强；地级市发展水平较低，辐射带动能力有限；小城镇发育不足，综合实力弱。城市联动发展不发达，突出表

现为郑州的关联度不高，位列中低关联度城市；中原城市群城市关联度低，城市之间联系不紧密。城市基础设施滞后，城镇基础设施总量不足、建设标准不高，融资渠道窄，方式单一，融资规模难以支撑建设需求，运行管理粗放，缺乏系统全面协调机制等多方面问题矛盾并存。上述种种问题表明，河南持续打好“新型城镇化牌”，仍面临着较大的瓶颈和挑战。

四　基础能力向综合优势转化有待加强

近年来，随着河南在综合交通体系、开放平台体系、基础设施体系、能源支撑体系等领域的基础能力不断增强，河南作为全国重要的综合交通枢纽、能源基地、通信枢纽的地位更加巩固，但是从基础能力向综合优势转化的效能角度看，目前河南在开放通道、市场空间、人力资源、文化资源等领域的传统优势向复合优势转化的模式、途径和机制尚不明确，在一定程度上对持续打好基础能力牌形成了新挑战。目前，如何通过体制机制创新和模式优化，进一步释放基础能力建设的潜力，加快实现由人口资源优势向人力资本优势转化，市场空间优势向内需体系优势转化，产业基础优势向有效供给优势转化，农业农村优势向乡村振兴优势转化，人文历史优势向文旅融合优势转化，从整体上推动河南传统单一优势向复合型新优势转化，在一定程度上决定着持续打好基础能力牌的成效和底色。

第三节　打好“四张牌”的新要求

新时代，站在“两个一百年”的历史交汇点，持续打好“四张牌”，需要进一步准确识变、科学应变、主动求变，在准确把握新发展阶段，深入贯彻新发展理念，主动融入新发展格局中，明确打好“四张牌”的新要求，推动新时期中原更加出彩。

一　坚持党的全面领导，强化持续打好“四张牌”的政治保证

沧海横流显砥柱，万山磅礴看主峰。强化党的全面领导，以党建高质量推动发展高质量是争先出彩的政治保证。坚持党的全面领导是中国特色社会主义制度的最大优势，是战胜一切困难和风险挑战的“定海神针”，坚持以党建高质量推动发展高质量，是持续打好“四张牌”，全面建设社会主

义现代化河南的关键所在。当前，站在“两个一百年”的历史交汇点，准确识变、科学应变、主动求变，持续打好“四张牌”，必须进一步强化党的全面领导，要在以习近平同志为核心的党中央坚强领导下，把增强“四个意识”、坚定“四个自信”、做到“两个维护”作为最大的政治，把领导带头和建章立制结合起来，把抓好大事和融入日常结合起来，把集中教育和常态教育结合起来，持续营造学的氛围、严的氛围、干的氛围，坚持以党建高质量推动发展高质量，充分调动党员干部干事创业的积极性，凝聚起亿万中原儿女持续打好“四张牌”，奋进新征程的强大力量。

二　主动服务发展大局，树立持续打好“四张牌”的大局意识

顾大局者成大事。历史经验表明，河南的发展方向都是在顺应全国发展大势中得以明确，河南的出彩点都是在与国家战略同频共振中得以实现，河南的地位都是在服务全国大局中得以提升。主动服务发展大局，推动区域优势与国家战略同频共振是持续打好“四张牌”的必由之路。新时期，持续打好“四张牌”，要将发展方向放在“两个大局”中去考量，把发展重点放在国家重大战略中去谋划，找准结合点、锚定突破点、抓牢关键点，在乘势借势、谋势蓄势中实现大发展。站在新起点，肩负新使命，持续打好“四张牌”，需要进一步找准国家所需与河南所长的结合点，在展现河南担当、服务全国大局中，实现全局与一域的双赢。当前，要把产业转型升级、创新驱动发展、基础能力建设和新型城镇化与乡村振兴、黄河流域生态保护和高质量发展、中部地区崛起等重大国家战略结合起来，把实施乡村振兴战略作为巩固河南基础能力、基础地位的重头戏，在扛稳粮食安全重任中展现河南担当。把积极融入黄河流域生态保护和高质量发展战略作为持续打好“四张牌”的大机遇，打造黄河流域乃至全国重要的生态屏障，扛起“让黄河成为造福人民的幸福河”的政治责任。把开放带动作为持续打好“四张牌”，落实促进中部地区崛起战略的突破口，加快内陆开放高地建设，在融入“双循环”新格局中发挥更大作用。

三　聚焦高质量发展，把握持续打好“四张牌”的发展方向

推动高质量发展契合经济发展客观规律，是中国特色社会主义进入新时代的客观必然，写好高质量发展的时代答卷是中原更加出彩的应有之义。

谱写新时代中原更加出彩绚丽篇章，持续打好“四张牌”，要进一步把握经济发展规律，增强信心、保持定力，坚定不移走好走稳经济高质量发展之路。站在新起点，持续打好“四张牌”要以习近平新时代中国特色社会主义思想为指导，以推动高质量发展为主题，以新发展理念为引领，以深化供给侧结构性改革为主线，聚焦高质量发展，以创新发展解决发展动力问题，以协调发展解决发展不平衡问题，以开放发展解决内外联动问题，持续筑牢中原出彩坚实根基。坚持优化存量和扩大增量并重、发展先进制造业和壮大现代服务业并举，以产业集聚区和服务业“两区”为依托，以“百千万”亿级优势产业集群培育工程等为抓手，着力发展壮大高成长性制造业，积极改造提升传统支柱产业，重点培育战略性新兴产业，推动战略性新兴产业和数字经济发展，挺起产业高质量发展的“脊梁”。坚持把创新作为发展第一动力，以建设郑洛新国家自创区为引领，着力培育创新主体，激发企业创新活力，聚焦创新要素，优化创新环境，打造中西部创新高地。依托“米+井”综合运输通道和多层次枢纽体系，进一步优化多层次开放平台体系，持续提升“四路协同”“五区联动”能级，着力打造内陆开放高地，推动河南在高质量发展之路上行稳致远。

四　始终坚持人民至上，擦亮持续打好“四张牌”的民生底色

江山就是人民，人民就是江山。坚持以人民为中心的发展思想，是习近平新时代中国特色社会主义思想的鲜明特质。始终坚持人民至上，依靠人民与造福人民有机统一是持续打好“四张牌”，推动中原更加出彩的根本目的。民生是人民幸福之基、社会和谐之本。站在新起点，持续打好“四张牌”，需要进一步坚持以人民为中心，尊重人民首创精神，在依靠人民与造福人民的有机统一中，不断增强人民群众的获得感、幸福感和安全感，加快建设幸福美好家园。坚持尽力而为、量力而行，增强民生政策有效性和可持续性，健全基本公共服务体系，加强普惠性、基础性、兜底性民生建设，完善共建共治共享的社会治理制度，扎实推进共同富裕，让人民群众的获得感成色更足、幸福感更可持续、安全感更有保障。推进基本公共服务标准化均等化，强化就业优先政策，坚持守住底线、突出重点、完善制度、引导预期，健全覆盖全民、统筹城乡、公平统一、可持续的多层次社会保障体系。落实积极应对人口老龄化国家战略，以“一老一小”

为重点完善人口服务体系，塑造支撑高质量发展的人口总量势能、结构红利和素质资本叠加优势。把保障人民健康放在优先发展的战略位置，牢固树立大卫生、大健康理念，完善健康促进政策，深入实施健康中原行动，织牢公共卫生防护网，推动实现人人享有全方位全周期健康服务。全面贯彻党的教育方针，落实立德树人根本任务，加快推进教育现代化，办好人民满意的教育，培养德智体美劳全面发展的社会主义建设者和接班人。

五　改革开放创新联动，蓄积持续打好“四张牌”的发展势能

坚持改革开放创新“三力联动”是中原出彩的根本动力，站在新起点，持续打好“四张牌”，要在习近平新时代中国特色社会主义思想的指导下，持续激发改革、开放、创新在制度、合作、技术等方面的活力，把体制机制创新和科技创新作为根本动力，以体制机制创新激发市场和社会活力，以科技创新引领产业结构优化升级，以扩大开放为契机加快新旧动能转换，蓄积发展势能，推动高质量发展，谱写中原更加出彩的绚丽篇章。坚持改革是推动高质量发展的关键一招，致力扛牢地方抓改革的政治责任，聚焦已定改革事项落实、聚焦问题导向定题、聚焦配套机制完善、聚焦改革红利释放，着力推动供给侧结构性改革、国企改革、“放管服”等关键领域改革不断取得新突破，持续优化营商环境，加快社会信用体系建设，深化国企改革，推动科技、金融、医药卫生、生态文明、税收征管、价格、公共资源交易等领域改革取得新进展。坚持创新是引领高质量发展的第一动力，以建设郑洛新国家自创区为引领，以培育创新主体为关键，以集聚创新要素为支撑，以优化创新生态为根本，全力推动自主创新体系建设，持续提升区域创新能力，不断集聚发展新动能。坚持开放是实现高质量发展的必由之路，以扩大开放带动创新、推动改革、促进发展，进一步盘活资源、补齐短板、激发潜力。加快推动现代开放体系建设，依托河南自贸区，积极融入“一带一路”，构建开放型经济新体制，打造高水平开放平台，实现协同发力，形成综合优势，全面提升综合实力和区域竞争力、带动力。

六　真抓实干务求实效，提升持续打好“四张牌”的落地力度

没有等出来的辉煌，只有干出来的精彩。真抓实干务求实效，大抓基层基础、坚持干字当头是打好“四张牌”的重要保障。新时期，持续打好

“四张牌”，要坚持以强化基层党建、优化基层治理、推进基础减负为重点，在大抓基层基础工作中，持续推动产业转型升级、创新驱动发展、基础能力建设和新型城镇化，切实把尊重规律与积极作为结合起来，把中央部署与河南实际结合起来，把着眼长远与抓好当前结合起来，把科学态度与实干作风结合起来，坚持系统观念，全局谋划统筹推进；坚持抓纲带目，重点突破带动全局；坚持干字当头，真抓实干奋勇争先，顶住种种压力与挑战，不断持续打好“四张牌”，推动出彩中原谱新篇。站在新起点，要强化持续打好“四张牌”的执行力，踏踏实实把党的基本理论、基本路线、基本方略贯彻落实好，以“功成不必在我”的精神境界和“功成必定有我”的历史担当，以“撸起袖子、甩开膀子”的干劲、“爬坡过坎、滚石上山”的拼劲，踏石留印、抓铁有痕，把打好“四张牌”的各项工作落到实处，以打好“四张牌”为抓手，奋力谱写新时代中原更加出彩的绚丽篇章。

七 注重凝心聚力铸魂，凝聚持续打好“四张牌”的精神力量

文化兴则国运兴，文化强则民族强。注重凝心聚力铸魂，推动中原文化与时代脉搏协奏共鸣是持续打好“四张牌”的精神之源。以中原文化为中心的黄河文明是中华文明的重要组成部分，是中华民族的根和魂。新时期，持续打好“四张牌”，要以加快建设文化强省为目标，牢牢把握社会主义先进文化前进方向，坚定文化自信，围绕举旗帜、聚民心、育新人、兴文化、展形象的使命任务，加强社会主义精神文明建设，讲好新时代“黄河故事”，推动中原文化繁荣兴盛，凝聚强大精神力量。持续打好“四张牌”，要坚持推动中原文化与时代精神相结合，通过创造性转化、创新性发展，将我党精神谱系中的焦裕禄精神、红旗渠精神、大别山精神、愚公移山精神等中原红色文化基因融入持续推动产业转型升级、创新驱动发展、基础能力建设和新型城镇化的时代洪流中，进一步把握中原文化与时代精神的契合点，激发起共筑中国梦、打好“四张牌”、中原更加出彩的磅礴力量。持续打好“四张牌”，要着力提高社会文明程度，坚持以社会主义核心价值观为引领，坚持重在建设、以立为本，坚持久久为功、持之以恒，推动形成适应新时代要求的思想观念、精神面貌、文明风尚、行为规范。持续打好“四张牌”，要保护传承弘扬黄河文化，突出华夏文明之根、中华文化之源、黄河文明之中心，深入挖掘黄河文化精神内核和时代价值，构筑

华夏儿女的心灵故乡。持续打好“四张牌”，要繁荣发展文化事业和文化产业，坚持满足人民文化需求和增强人民精神力量相统一，加快构建现代公共文化服务体系和现代文化产业体系，推动文化旅游深度融合发展，将文化资源优势转化为发展优势，为人民美好生活提供丰润文化滋养。

第四节　打好“四张牌”的新目标

一　总体思路

高举中国特色社会主义伟大旗帜，深入贯彻党的十九大和十九届二中、三中、四中、五中全会精神，坚持以马克思列宁主义、毛泽东思想、邓小平理论、“三个代表”重要思想、科学发展观、习近平新时代中国特色社会主义思想为指导，全面贯彻党的基本理论、基本路线、基本方略，深入学习贯彻习近平总书记关于河南工作的重要讲话和指示批示精神，统筹推进“五位一体”总体布局，协调推进“四个全面”战略布局，坚定不移贯彻新发展理念，坚持稳中求进工作总基调，深入落实“四个着力”，以推动高质量发展为主题，以深化供给侧结构性改革为主线，以改革开放创新为根本动力，以满足人民日益增长的美好生活需要为根本目的，进一步发挥优势打好“四张牌”，统筹推进国家战略规划实施和国家战略平台建设，统筹实施一批重大专项，以建设“四个强省”为重点推动产业结构向中高端迈进，以郑洛新国家自主创新示范区为引领带动创新能力整体跃升，打造中西部创新高地，以提升现代化水平为方向强化基础能力，推动基础能力向综合优势转变，以人的城镇化为核心促进城乡区域协调发展，加快经济发展方式转变，持续提升高质量发展的活力和动力，在中部地区崛起中奋勇争先，谱写新时代中原更加出彩的绚丽篇章。

二　具体目标

——现代产业体系更加完善，全国新增长极培育实现更大跨越。经济强省建设迈出重大步伐，主要经济指标年均增速高于全国平均水平，经济总量再迈上大台阶。现代化经济体系建设取得重大进展，经济结构更加优化，制造业比重保持基本稳定，产业基础高级化、产业链现代化水平明显提升，形成10个万亿级产业和10个千亿级新兴产业集群，新型基础设施建设走在全国前列。重点领域关键环节改革持续深化，市场主体更加充满活力。

——城镇化水平和质量显著提升，城乡区域协调发展迈上新台阶。以人为核心的新型城镇化扎实推进，常住人口城镇化率突破60%。郑州国家中心城市、洛阳副中心城市建设取得重大进展，中心城市辐射带动作用充分发挥，县域经济基石更加牢固，都市圈引领带动作用充分显现，中原城市群综合竞争力明显增强。以中原城市群为主体的大中小城市和小城镇协调发展，区域协调发展体制机制进一步健全，主副引领、两圈带动、三区协同、多点支撑的高质量发展动力系统和空间格局初步建立。

——创新驱动能力显著增强，中西部创新高地建设实现更大跃升。创新型省份和人才强省建设取得重大进展，创新体系更加完善，研究与试验发展经费投入强度增幅高于全国平均水平，高水平创新载体平台建设实现新突破，高新技术企业数量实现翻番，创新主体和人才活力持续激发，创新体制机制更加健全，科研成果转化质量和效率明显提升，科技创新、产业创新走在中西部前列。

——基础能力向综合优势转化加速，融入新格局实现更大作为。内需潜力充分释放，营商环境显著优化，高标准市场体系基本建成。“米+井+人”字形综合运输通道全面形成，连通境内外、辐射东中西的物流通道枢纽优势更加彰显，全国重要的信息通信枢纽和信息集散中心基本建成，现代流通体系更加完善。内陆开放高地优势更加凸显，“四路协同”水平显著提升，郑州航空港经济综合实验区建成更具国际影响力的门户枢纽，自贸试验区制度创新走在全国前列，中欧班列（郑州）、跨境电子商务规模和质量保持全国领先，多层次开放平台体系更加健全，更高水平开放型经济新体制基本形成，进出口总值突破7500亿元，国际化水平显著提升。

第十章　持续打好“产业结构优化升级牌”

持续打好“产业结构优化升级牌”，是新时代河南贯彻落实国家战略部署、让中原在服务国家高质量发展大局中更加出彩的切入点和落脚点。持续打好“产业结构优化升级牌”，是一项重要的系统工程。要充分认清持续打好“产业结构优化升级牌”的时代意义，立足河南发展实际，把握好产业发展规律，明确产业优化方向，科学统筹，多策并举，合力推进产业高质量发展，加快形成具有河南特色且具竞争优势的现代产业体系。

第一节　持续打好“产业结构优化升级牌”的重大意义

新时代内生新要求，需要新作为。持续打好“产业结构优化升级牌”，是新时代河南加快构建现代产业体系、重塑产业竞争新优势的关键一招，是实现基本建成“四个强省、一个高地、一个家园”① 的社会主义现代化河南的内在要求，是新时代河南在中部地区崛起中奋勇争先、推动中部地区高质量发展的战略选择，是新时代河南续写中原更加出彩的重要举措。

一　新时代河南加快建设现代产业体系的内在要求

党的十九大提出：“我国经济已由高速增长阶段转向高质量发展阶段，正处在转变发展方式、优化经济结构、转换增长动力的攻关期，建设现代化经济体系是跨越关口的迫切要求和我国发展的战略目标。”而现代产业体系是现代化经济体系的主要内涵和战略重点之一，是建设现代化经济体系

① “四个强省、一个高地、一个家园”，为河南省国民经济和社会发展2035年远景目标，即经济强省、文化强省、生态强省、开放强省、中西部创新高地、幸福美好家园。

的重要支撑。能否顺利建成现代化经济体系，直接取决于能否顺利建成实体经济、科技创新、现代金融、人力资源协同发展的现代产业体系。党的十九届五中全会提出，加快发展现代产业体系，推动经济体系优化升级。坚持把发展经济着力点放在实体经济上，坚定不移建设制造强国、质量强国、网络强国、数字中国，推进产业基础高级化、产业链现代化，提高经济质量效益和核心竞争力。这进一步为推动现代产业体系建设指明了方向与遵循。作为经济大省的河南，需要其在服务和支撑国家现代产业体系建设大局中更加出彩。《河南省国民经济和社会发展第十四个五年规划和二〇三五年远景目标纲要》也明确强调“加快建设现代产业体系”。持续打好“产业结构优化升级牌”，推进产业基础高级化、产业链现代化，成为新时代河南加快建设现代产业体系的内在要求和必由之路。

二　新时代河南重塑产业竞争新优势的有效举措

自党的十九大报告中首次提出“高质量发展”以来，“高质量发展”已成为当前和今后一个时期国家及地方发展的最鲜明主题。各地纷纷出台本地区高质量发展的规划或实施方案，区域高质量发展进入竞合加速新阶段。产业是发展的基础和核心，区域竞争归根结底是产业的竞争，产业能否实现高质量发展直接决定了整个地区高质量发展的含金量。较之国内发达省份，当前河南产业新旧动能转换还略显不足，现代产业体系建设还任重道远。以数字赋能产业转型升级为例，据《中国数字经济发展白皮书（2020年）》数据，2019年河南数字经济增加值超过1万亿元，居于全国第一方阵；但数字经济占GDP比重不足30%，而北京、上海数字经济占GDP比重已超过50%，广东、浙江、江苏、福建等省份数字经济占GDP比重也均大于40%，重庆、湖北、辽宁、河北、广西、四川等省份数字经济占GDP比重也均高于河南。同时河南数字经济增速也不高，不足14%，显著低于贵州、福建、重庆、浙江、河北等省份的数字经济增速。在日益激烈的区域竞合态势中重塑和保持产业竞争优势，成为新时代河南持续打好“产业结构优化升级牌”、建设现代产业体系的题中应有之义和必由之路。

三　新时代河南推动中部地区高质量发展的关键支撑

2021年3月30日，中共中央政治局召开会议，审议《关于新时代推动中部地区高质量发展的指导意见》。会议强调，中部地区承东启西、连南接北，资源丰富，交通发达，产业基础较好，文化底蕴深厚，发展潜力很大，推动中部地区高质量发展具有全局性意义。会议指出，中部地区作为全国大市场的重要组成部分和空间枢纽，要找准定位，发挥优势，加快建设现代化基础设施体系和现代流通体系，促进长江中游城市群和中原城市群发展，全面推进乡村振兴，积极服务和融入新发展格局。从国家“中部地区崛起”战略提出，到新时代推动中部地区高质量发展的指导意见出台，中部地区加快崛起的路径愈发清晰。以推动“高质量发展”为主题，着力构建以先进制造业为支撑的现代产业体系，成为中部地区产业结构优化的基本遵循。进入新发展阶段，河南作为中部地区的关键组成板块，如何推动河南在新时代中部地区崛起中奋勇争先，更好发挥河南在支撑中部地区高质量发展中的关键作用，成为一项新的战略谋划。而持续打好“产业结构优化升级牌”，探索中部地区产业共生双赢发展，增强中部地区产业区域竞争优势，实现“1+1>2”的发展目标，无疑成为最根本和最有效的举措。

四　河南服务新发展格局实现更大作为的重要切入点

2020 年 5 月 14 日，中共中央政治局常委会召开会议，首次提出“构建国内国际双循环相互促进的新发展格局”。2020 年 9 月 1 日，习近平总书记在中央全面深化改革委员会第十五次会议上强调，加快形成以国内大循环为主体、国内国际双循环相互促进的新发展格局，是根据我国发展阶段、环境、条件变化做出的战略决策，是事关全局的系统性深层次变革。加快形成以国内大循环为主体、国内国际双循环相互促进的新发展格局，成为当前及今后一个时期国家及地方发展的方向。融入新发展格局实现更大作为，成为各省市及地区的研究课题和实践主题。《河南省国民经济和社会发展第十四个五年规划和二〇三五年远景目标纲要》，将“融入新发展格局实现更大作为”列为“十四五”时期河南经济社会发展主要目标之一，并明确将在进出口总值、释放内需潜力、优化营商环境、凸显内陆开放高地优势、建设高标准市场体系、完善现代流通体系、彰显连通境内外、辐射东中西的物流通道枢纽优势等诸多方面实现新的更大突破。而产业是发展的力量载体。融入新发展格局实现更大作为，离不开产业适时升级。持续打好“产业结构优化升级牌”，顺应发展所需、时代之唤。

五　更好满足人民日益增长的美好生活需要的有力抓手

党的十九大提出，中国特色社会主义进入新时代，我国社会主要矛盾已经转化为人民日益增长的美好生活需要和不平衡不充分的发展之间的矛盾。顺应社会主要矛盾变化，尤其随着全国脱贫攻坚战取得全面胜利，进入全面小康社会时代，更好满足人民在经济、政治、文化、社会、生态等方面日益增长的美好生活需要，对发展提出了新的更高要求。作为人口大省的河南，居民人均可支配收入、居民人均消费支出等人均指标长期低于全国平均水平。对河南而言，如何在现有发展基础条件下，更好满足人民日益增长的美好生活需要，成为高质量发展过程中必须且亟待破解的难题。《河南省国民经济和社会发展第十四个五年规划和二〇三五年远景目标纲要》也将“以满足人民日益增长的美好生活需要为根本目的”作为“十四五”时期河南经济社会发展的指导思想之一。而缓解社会主要矛盾，更好满足人民日益增长的美好生活需要，归根结底还是靠发展，靠繁荣的产业来支撑。持续打好“产业结构优化升级牌”，不断提升产业服务及供给能力，谋民生之利、解民生之忧，更好促进更平衡更充分的发展，成为更好满足人民日益增长的美好生活需要最为行之有效的举措和抓手之一。

第二节　持续打好“产业结构优化升级牌”面临的新要求

进入新时代，国内外产业发展环境发生新的变化，全球产业链、价值链重构，竞合态势加剧，机遇与挑战并存。对河南而言，把握新机遇，应对新挑战，持续打好“产业结构优化升级牌”，亟须厘清当前及今后一个时期河南产业结构优化升级面临的新要求，并以新要求指导新发展、迈进新目标。

一　更加契合产业转型升级规律

随着经济全球化的不断深入发展，资本、劳动力、技术等生产要素愈发需要在全球范围快速流动，从高成本地区向低成本地区、从低效率地区向高效率地区进行梯度转移。构建全球产业链、供应链，成为国家及地方开放发展、提高生产效率的趋势所在。河南是全国也是全球产业链、供应链中生机勃发的一环。新时代持续打好“产业结构优化升级牌”，要求河南须遵循产业发展规律，扩大高水平对外开放，提高全球产业链构建质量，进一步推动由“二三一”产业结构向“三二一”产业结构、由乡村型社会向城市型社会、由内陆腹地向开放高地的更高质量转变。

二 更好适应社会主要矛盾变化

进入新时代，我国社会主要矛盾已经转化为人民日益增长的美好生活需要和不平衡不充分的发展之间的矛盾。社会主要矛盾的变化是关系全局的历史性变化，对各项工作提出了许多新要求。更好适应社会主要矛盾变化，就要求各主体在首先认清社会需求和社会生产发生的新变化的基础上，更高质量推动社会需求与社会生产相匹配。新时代持续打好“产业结构优化升级牌”，就要求河南须立足矛盾两端变化，以满足人民日益增长的美好生活需要为根本目的，以促进更平衡更充分的发展为目标，推动产业结构优化升级，实现发展为了人民和发展为人民所需有机统一。

三 更深融入国家重大发展战略

主动服务和深度融入国家重大发展战略，是各省市在新时期新阶段实现科学发展、跨越发展的必然选择和迫切需要。对河南而言，新时代持续打好“产业结构优化升级牌”，就要求河南抢抓国家构建新发展格局、促进中部地区崛起、推动黄河流域生态保护和高质量发展三大战略机遇，推进国家粮食生产核心区、郑州航空港经济综合实验区、郑洛新国家自主创新示范区、中国（河南）自由贸易试验区、中原城市群、中国（郑州）跨境电子商务综合试验区等国家发展战略，找准定位，在主动服务和深度融入国家重大发展战略中实现产业高质量发展、现代产业体系构建。

四 更好适应区域产业竞合态势

产业高质量发展，是新时代国家及地区推动高质量发展的关键支撑。立足区位、要素禀赋等比较优势，确立具有影响力、竞争力的支柱产业、创新产业或主导产业，培育标志性产业链、产业集群，形成新的发展增长极和经济发展圈层，成为更好应对区域高质量发展竞合加剧态势的基本思路。新时代持续打好“产业结构优化升级牌”，要求河南把推动产业转型升级、保持竞争比较优势作为更好适应区域产业竞合态势的必由之路、关键之举，着力推动产业基础高级化、产业链现代化，强化战略性新兴产业引领、先进制造业和现代服务业协同驱动，加快构建现代产业体系。

五 更充分发挥河南产业发展优势

立足资源禀赋，挖掘特色资源，发展特色产业，形成特色优势，是培育产业竞争优势、推动高质量发展的基本逻辑。新时代持续打好“产业结构优化升级牌”，就要求河南立足产业基础和比较优势，围绕推动产业优势向竞争优势转变目标，依靠创新驱动、数字赋能、产业融合、产业集群、基建布设、人才支撑等多措并施，推进产业基础高级化、产业链现代化，做强优势产业、做大新兴产业、做优传统产业，持续完善先进制造业体系、现代服务业体系、现代农业体系和数字经济体系，推动河南制造向河南创造、河南速度向河南质量、河南产品向河南品牌转变。

第三节 持续打好“产业结构优化升级牌”的思路与方向

顺应新一轮科技革命和产业变革趋势，立足河南产业发展实际及趋势，以高质量发展为目标，加快推进河南产业向高端化、融合化、智能化、集群化、绿色化、国际化方向发展，全面提升河南产业竞争力、影响力。

一 推动产业向高端化方向发展

立足当前河南产业大都处于产业价值链低端，特别是技术研发、产品设计、核心技术、供应链管理、品牌策划、市场营销等关键环节薄弱等现实条件，顺应产业高端化发展新趋势，运用新技术、新管理、新模式，改造提升传统产业，推动产业链和价值链由低端向高端跃升，实现工艺升级、产品升级、功能升级、价值链升级。建设高能级产业载体，打造一批高端产业创新平台，推动中心城区产业集聚区高端化发展。坚持价值链高端化方向，着力集聚高端资源要素，推进制造业高端化改造，推动生产性服务业高端化发展，发展高端服务，打造高端产业集群。

二　推动产业向融合化方向发展

顺应产业融合发展新趋势，促进新技术和新兴产业交叉渗透融合，推动基于网络化、智能化、数字化的多元产业跨界融合，加快形成多元化、多层次、多形式、多渠道的产业融合发展新模式。促进数字经济和实体经济深度融合。推动现代服务业和先进制造业深度融合，支持制造业企业延伸服务链条，支持服务业发展服务衍生制造，推动企业向“制造+服务”转变。坚持走城乡融合发展的乡村振兴之路，支持农村一二三产业融合发展，增强农业农村发展活力。推动产业链创新链深度融合。推进开放通道和平台融合。推动产城融合发展，深化产融合作。

三　推动产业向智能化方向发展

顺应数字经济发展新趋势，运用互联网、大数据、云计算、物联网、人工智能等现代信息技术，拓展“互联网+”“数字+”“智能+”应用领域，推动生产、管理和营销模式升级，完善“智能+”消费生态体系，实现从用户需求到产品供给全链条的智能化、数字化，推动数字经济与实体经济深度融合。拓展数字赋能和智能制造覆盖面，推动研发、设计、管理、仓储和服务等全流程智能化方向升级。培育“互联网+服务业”生态体系，推进服务业智慧化发展。推进农业基础设施智能化升级，大力发展智慧农业。深入推进产业集聚区、服务业“两区”智能化改造。

四　推动产业向集群化方向发展

立足当前河南产业集群整体发育不够成熟、集聚效应不够凸显、产业链竞争力不强等特征，瞄准影响和制约产业集群发展的关键环节、薄弱环节，坚持链式集群化发展，扬长补短，把技术研发、科技金融、科技中介、成果转化、技术平台、创新创业、信息和市场网络等关键环节嵌入产业集群建设中，推动产业集群产业链、价值链、创新链深度融合，强化产业集群价值链关键环节的竞争优势，建设一批集群式产业链合作园区，打造一批先进装备制造、新材料、高端石化、电子信息、节能环保、中医药、农产品加工、数字产业等优势特色产业集群。

五　推动产业向绿色化方向发展

顺应产业绿色化发展大趋势、新潮流，落实国家及河南“绿色崛起”新要求，切实把绿色发展理念融入产业转型升级的全过程和各个环节，推动产业转型升级走绿色低碳发展新路。实施绿色制造提升行动，推进重点行业企业绿色化改造，以清洁、低碳、循环方式引领工业转型升级，构建高效、清洁、低碳、循环的绿色制造体系。大力发展绿色商业、绿色物流、绿色旅游、绿色金融、健康养生等绿色服务业。坚持绿色兴农，大力发展现代生态高效农业、资源节约型和环境友好型农业，推动生产、生活、生态协调发展，提高农业质量效益和竞争力。

六　推动产业向国际化方向发展

树立全球化思维，准确把握国际产业发展新趋向，坚持“引进来”与“走出去”并进，统筹利用好国际国内两个市场和两种资源，在“引进来”与“走出去”的良性互动中实现产业转型升级。以自贸区、自创区、试验区、示范区、大走廊、大通道等为载体平台，开展链式招商引资，推进跨国、跨区域产业协作，建链、补链、强链，实现借力发展、融合发展。推动河南优势产业高质量“走出去”，形成海外仓、服务机构、产业集群，拓展新兴市场，提升河南产业的全球创新力、竞争力和影响力。建立保障机制，确保企业“走出去”与“走回来”良性转换。

第四节　持续打好“产业结构优化升级牌”的重点任务

坚持目标导向、问题导向、结果导向，强优势、补短板，科学谋划，统筹推动先进制造业、现代服务业、现代农业高质量发展，强化数字经济赋能产业结构优化升级，推动产业向更高质量、更具竞争力转变。

一　着力推动制造业高质量发展

坚持把制造业高质量发展作为主攻方向，以加快构建以先进制造业为支撑的现代产业体系为目标，坚持扬优势和补短板相结合、盘活存量和优化增量相结合，实施制造业高质量发展行动计划，争创国家制造业高质量发展试验区，不断完善先进制造业体系，推动河南制造向河南创造、河南速度向河南质量、河南产品向河南品牌转变，建设先进制造业强省。

着力提升产业链现代化水平。贯彻落实国家及河南相关规划部署，坚持产业链上下游联动、供需联动、内外联动，做强优势产业，做大新兴产业，做优传统产业，统筹强化战略支柱、战略新兴等产业链条，推动产业基础能力提升、运行模式优化、产业链控制力增强和治理能力提升，实现产业链、价值链、创新链有机统一。立足河南产业基础和比较优势，统筹推动装备制造、绿色食品、电子制造、先进金属材料、新型建材、现代轻纺等产业固链强链，强化细分领域产业链合理布局、分工协作和融合拓展，着力打造一批具有竞争力的万亿级、千亿级产业集群。实施战略性新兴产业跨越发展工程，动态实施重点事项、重点园区、重点企业、重点项目清单，强化建链引链育链，构建新型显示和智能终端、生物医药、节能环保、新能源及网联汽车、新一代人工智能、网络安全、尼龙新材料、智能装备、智能传感器、5G 等产业链，积极发展硅碳、聚碳、电子玻纤等新材料，前瞻布局北斗应用、量子信息、区块链、生命健康、前沿新材料等未来产业。聚焦产业链关键环节，培育引进一批具有核心技术支撑的引领型企业和高水平创新平台。积极培育一批千亿级新兴产业集群。

深化制造业与互联网融合发展。将制造业作为实施“互联网+”行动的主战场，充分依托和发挥河南制造业大省和互联网大省比较优势，以激发制造企业创新活力、发展潜力和转型动力为主线，推动制造业与互联网融合，加快形成叠加效应、聚合效应、倍增效应。围绕制造业与互联网融合关键环节，夯实融合发展基础，积极培育新模式新业态，营造融合发展新生态。组织实施制造企业互联网载体平台建设工程，谋划建设一批制造业与互联网融合载体平台。推动互联网企业构建与制造业融合发展的服务体系，努力开创大中小企业线上线下联动发展的新局面。支持制造企业与互联网企业跨界融合，共育新型经营主体，共建技术体系、标准规范、商业模式和竞争规则，营造共赢融合发展新格局。鼓励制造企业灵活运用互联网开展个性定制服务、在线增值服务，推动其从制造向“制造+服务”转型升级。实施融合发展系统解决方案能力提升工程，培育一批系统解决方案供应商，组织开展行业系统解决方案应用试点示范，为中小企业提供标准化、专业化的系统解决方案。创新融合发展人才培养模式，提升融合发展人才支撑能力，加强融合发展安全监测与管理。

提升制造业企业及平台服务能力。实施制造企业加能提效工程，坚持智能制造，推动骨干企业向研发、设计、管理、仓储和服务等全流程智能化方向升级，加快中小企业智能化改造，提升智能车间、智能工厂覆盖率；坚持绿色制造，推进重点行业企业绿色化改造，助力建设绿色发展的美丽河南；坚持龙头带动、骨干支撑、中小企业繁荣发展，实施制造业集群培育计划，培育形成一批国内一流的百亿级行业领军企业，发展壮大一批“专精特新”企业。实施制造业“双创”平台培育行动，以要素汇聚、能力开放、模式创新、区域合作为重点领域，把加快制造业数字化、网络化作为构建互联网“双创”平台的基础，把技术、组织、模式、业态创新作为制造业“双创”平台建设的主攻方向，把大企业作为制造业“双创”平台建设的主导力量，把政产学研用金联动发展作为制造业“双创”平台建设的重要路径，着力打造一批基于互联网的制造业“双创”平台，构建资源富集、开放共享、创新活跃、高效协同的“双创”新生态，培育制造业转型升级新动能，为先进制造业强省建设提供更有力的支撑。把握“双创”平台发展规律，推动建平台和用平台互促共进。

促进制造业产品和服务质量提升。以建设先进制造业强省、质量强省为统揽，以提高制造业产品和服务质量水平为目标，着力培育制造业竞争新优势，促进河南产业向全球价值链中高端迈进。严格落实企业质量主体责任，健全质量责任体系，引导企业建立和实施质量安全控制关键岗位责任制，实行产品全生命周期质量追溯，增强质量安全风险防控能力，建立覆盖全员、全过程的质量管理体系，提高质量管理能力。着力增强质量提升动力，发挥标准对行业质量提升的支撑与引领作用，推动建立覆盖全产业链和产品全生命周期的标准群；强化技术支撑作用，推动企业建立以数字化、网络化、智能化为基础的全过程质量管理体系；发挥品牌促进作用，以品牌培育推动企业从“质量合格”向追求“用户满意”跃升。优化质量发展环境，倡导优质优价，建立质量分级发布机制、市场化采信机制；夯实服务支撑，加强质量基础能力建设，发挥各类研发、监测、评价等公共服务平台作用；优化市场环境，加强质量诚信体系建设，依法打击各类质量违法失信行为。坚持示范带动、重点推进，围绕重点领域、行业及产业，实施制造业质量提升专项行动计划，推动全过程质量提升。

创新培育共享制造新模式新业态。以制造能力共享为重点，以创新能力、服务能力共享为支撑，创新培育和发展产能对接、协同生产、共享工厂等共享制造新模式新业态，充分激发创新活力，挖掘发展潜力，释放转型动力，合力推动制造业高质量发展。制造能力共享方面，聚焦加工制造能力的共享创新，重点发展汇聚生产设备、专用工具、生产线等制造资源的共享平台，发展多工厂协同的共享制造服务，发展集聚中小企业共性制造需求的共享工厂，发展以租代售、按需使用的设备共享服务。创新能力共享方面，重点围绕中小企业、创业企业灵活多样且低成本的创新需求，发展汇聚社会多元化智力资源的产品设计与开发能力共享，扩展科研仪器设备与实验能力共享。服务能力共享方面，重点围绕物流仓储、产品检测、设备维护、验货验厂、供应链管理、数据存储与分析等企业普遍存在的共性服务需求，整合海量社会服务资源，探索发展集约化、智能化、个性化的服务能力共享。依托产业集群发展共享制造，积极培育发展一批共享制造平台。加强引导与宣传，提高共享制造模式认可度，分阶段、分步骤推动共享制造在各区域、各行业、各环节的深化应用。

二　着力推动现代服务业高质量发展

以建设现代服务业强省为引领，推动生产性服务业向专业化和价值链高端延伸，推动生活性服务业向高品质和多样化升级，推进服务业专业化、标准化、品牌化、数字化建设，积极培育新业态新模式新载体，持续增强服务产业转型升级的支撑能力和满足消费需求升级的供给能力。

持续构筑多层级服务发展空间格局。立足各地区位优势、资源禀赋和产业基础，布局建设多层级服务中心，形成服务业态协同发展新格局，打造服务业高质量发展新高地。省会郑州以国家中心城市建设为引领，充分依托国家战略叠加优势，吸引服务资源要素集聚，完善区域服务功能，增强辐射带动能力，打造区域乃至国际的物流中心、商贸中心、金融中心、科创中心、文旅中心和医疗中心，在全省率先建立以服务经济为主导的现代产业体系。巩固提升洛阳中原城市群副中心城市地位，打造国际文化旅游名城、区域性生产服务基地。推动开封、许昌、焦作、新乡等区域性中心城市建设，依托郑汴一体化、郑许一体化、郑焦一体化、郑新一体化深度发展，打造与郑州都市圈、中原城市群发展相衔接的现代服务业协同发展区。支持安阳、商丘、南阳、三门峡等省际交界市布局发展现代物流、商贸流通等产业，提高服务辐射能力。支持中小城市创新发展专业服务中心，主动承接中心城市服务需求溢出，提升服务承接能力和枢纽功能。支持有条件的小城镇培育一批休闲旅游、文化创意、信息科技、创新创业、商贸物流等服务业特色小（城）镇，形成服务周边、带动农村的新支点。

持续推进现代服务业发展体系构建。顺应产业转型升级、消费结构升级等新趋势，以推动生产性服务业向专业化和价值链高端延伸、生活性服务业向高品质和多样化升级为思路，充分发挥市场配置资源的决定性作用，更好发挥政府作用，促进主导产业、新兴产业和传统产业协同发展，增强服务供给能力，提高服务供给水平，加快形成优质高效、布局优化、竞争力强的服务产业新体系。持续壮大主导产业，以扩大产业规模、优化供给结构、提升质量效益为方向，着力提升现代物流、现代金融、信息服务产业支撑能力，推动电子商务健康发展，增强文化旅游、文化创意、健康养老服务供给能力，引领带动服务业全面发展。持续培育新兴产业，以科技服务、商务服务、会展服务、服务外包、居民和家庭服务等新兴产业为重点，加快形成一批新兴产业集群和服务业发展新增长点。扩大发展型消费服务供给，培育壮大家政、育幼、物业、教育培训、体育休闲等服务业，开发个性化、多元化、智慧化、体验式的服务产品和模式，更多更好满足多层次多样化服务需求。推广应用先进理念、现代技术和新型商业模式，持续提升商贸流通等传统产业，巩固或重塑传统服务业竞争优势。

持续推动服务业创新开放融合发展。贯彻落实国家创新驱动发展战略，坚持服务技术、理念、业态、模式等多元创新，坚持数字化、智能化、绿色化发展方向，产学研用一体推进服务业创新能力提升，推动平台经济、众包经济、创客经济、跨界经济、分享经济、体验经济等新型服务模式有序发展，更多更好激发服务经济发展新活力，增强服务经济发展新动能。推动服务业在更大范围、更宽领域、更深层次扩大开放，统筹促进自贸区、自创区、航空港经济综合实验区、跨境电子商务综合试验区、郑欧班列及各类口岸等开放载体平台功能集合和联动发展，打造服务业开放合作新高地。坚持“引进来”和“走出去”相结合，扩大具有中原特色的功夫演艺、工艺美术、中医药、餐饮等服务出口，推动有条件的服务业企业“走出去”。推动产业融合发展，加快服务业与制造业双向融合，推动制造主导或服务主导型企业向“制造+服务”转型；创新培育发展乡村旅游、健康养老、科普教育、文化创意、农村电商等农村服务业态，推动农业“接二连三”；推动“物流+”“文化+”“旅游+”“电子商务+”“养老+”等服务业内部跨界融合发展，横向拓展产业链、价值链。

持续强化服务业载体平台支撑能力。立足增强区域服务和辐射带动能力，强化高端要素集聚、主导产业支撑和特色集群培育，统筹推进服务业各类载体平台建设，推动现代服务业集聚区扩容增效提质发展，更好提升其承载能力和支撑作用。提升商务中心区生产服务功能，壮大发展特色楼宇经济，集聚发展金融保险、科技研发、商务中介、信息服务、展示交易、市场营销等专业化服务。强化特色商业区生活服务功能，推动特色商业区特色化、专业化、集群化发展，加快老街区提升、新街区发展和名街区创建。充分发挥河南交通枢纽比较优势，在物流节点城市、交通枢纽（节点）、大宗货物集散地等区域，打造一批现代物流园区。以产业集聚区、专业市场和电商专业楼宇等为依托，着力提升电子商务产业园服务功能。依托河南文化资源禀赋，推动文化旅游、工业设计、广告服务、工艺美术、影视出版等文化创意产业园区繁荣发展。立足地方特色及发展条件，因地、因时制宜谋划建设一批物联网、云计算、大数据、移动互联网和软件设计等信息科技产业园区，一批软件开发、数据处理、金融后台、呼叫服务等服务外包产业园区，一批养老健康服务园区和健康养生基地。

持续推进现代服务业特色品牌打造。坚持龙头引领、骨干支撑和中小企业繁荣共生发展，持续强化品牌建设，加快构建大中小企业各具特色、充满活力、竞相发展的新格局。着力培育龙头企业、领军企业，尤其在现代物流、信息服务、金融、文化、旅游、健康、养老等重点领域，集中培育一批综合实力强、发展前景好、带动作用显著的现代服务业龙头企业、领军企业；鼓励龙头骨干企业通过兼并、重组、上市等方式进行资本运作，加快业态模式创新和跨界融合，增强企业核心竞争力。加大中小企业扶持力度，引导中小服务业企业专注核心业务，增强特色化、专业化、精细化服务供给能力，提升产品和服务的美誉度、性价比和品质，提高在细分市场中的占有率；加快中小企业公共服务平台建设，完善服务网络，提高服务能力，培育形成一批充满创新活力的中小企业集群。实施服务品牌塑造工程，研究建立服务品牌培育和评价标准体系，健全品牌营运管理体系，放大品牌增值效应。加强质量监管，引导服务业企业采用先进质量管理模式方法，构建模型统一、方法一致、结果可比的服务质量监测和评价体系，推动服务供给标准化、高质量。加强服务品牌宣传和保护力度。

三　着力推动现代农业高质量发展

贯彻落实国家乡村振兴战略部署，坚持科技引领、创新驱动和质量兴农、绿色兴农、品牌强农，以“六高六化”（产品质量高、产业效益高、生产效率高、经营者素质高、市场竞争力高、农民收入高，布局区域化、经营规模化、生产标准化、发展产业化、方式绿色化、产品品牌化）为思路，推进农业发展质量变革、效率变革、动力变革，推进农业由增产导向向提质导向转变，推进河南由农业大省向现代农业强省转变。

推动农产品加工业扩容提质。深入实施农产品加工业扩容提质行动，切实增强农产品加工业在提升农产品附加值、固牢农业产业链等方面的功能作用。统筹发展农产品初加工、精深加工和综合利用加工，引导和支持大型农业企业、中小微企业、农产品加工园区、农民合作社、家庭农场等联动发展，推进农产品多元化开发、多层次利用、多环节增值。在有条件的乡村，建设一批农产品加工园区、农产品加工技术集成基地，更好发挥示范带动作用及集聚效应。按照“粮头食尾”“农头工尾”要求，坚持以推进农产品加工向产地下沉、农产品加工与销区对接、农产品加工向园区集中为路径，优化产地、销区和园区空间布局，有效降低生产、运输、营销等成本，更好推动产业集聚发展、链式发展，促进产镇融合、产村融合，打造乡村产业“增长极”，形成生产与加工、产品与市场、企业与农户协调发展良性局面。坚持创新发展、借力发展，以农产品加工关键环节和瓶颈制约为重点，加强与科研院所、社会智库等机构合作，统筹利用好技术创新、装备升级等手段，促进农产品加工业提档升级。

促进乡村特色产业繁荣发展。立足乡村特色种养、特色食品、特色手工业和特色文化等资源禀赋，推进乡村休闲旅游等乡村特色产业繁荣健康发展。坚持以特色资源增强竞争力、以加工流通延伸产业链、以信息技术打造供应链、以业态丰富提升价值链为路径，坚持增链、补链、延链、强链相结合，推动乡村特色产业全产业链式发展，提升乡村特色产业的附加值，促进农业多环节增效、农民多渠道增收。坚持以建设“一村一品”示范村镇、建设农业产业强镇、提升现代农业产业园、建设优势特色产业集群为重点，推动形成“一村一品”微型经济圈、农业产业强镇小型经济圈、现代农业产业园中型经济圈、优势特色产业集群大型经济圈，实现乡村特色产业集聚发展、点线面联动发展。坚持品牌发展策略，按照“有标采标、无标创标、全程贯标”要求，实行品牌创建、宣传及规范管理，创响一批区域公用品牌、企业品牌、产品品牌等乡村特色知名品牌。积极推动乡村特色产业向富民产业转变，促进脱贫攻坚与乡村振兴有机衔接，增强乡村内生发展能力，让农民在发展特色产业中持续增收、安居乐业。

引导新型服务业态有序发展。顺应农业生产规模化、标准化、机械化趋势，支持供销、邮政、农民合作社及乡村企业等开展农技推广、土地托管、代耕代种、烘干收储等农业生产性服务，以及市场信息、农资供应、农业废弃物资源化利用、农机作业及维修、农产品营销等服务。引导各类服务主体把服务网点延伸到乡村，推广农超、农社（区）、农企等产销对接模式。鼓励大型农产品加工流通企业开展托管服务、专项服务、连锁服务、个性化服务等综合配套服务。改造提升餐饮住宿、商超零售、美容美发、洗浴、照相、电器维修、再生资源回收等乡村生活服务业，积极发展养老护幼、卫生保洁、文化演出、体育健身、法律咨询、信息中介、典礼司仪等乡村服务业。积极发展定制服务、体验服务、智慧服务、共享服务、绿色服务等新形态。支持农村电子商务加快发展，培育农村电子商务主体及平台，扩大农村电子商务应用。支持农业产业化联合体壮大发展、抱团发展，助力打造农业产业化升级版。推动乡村产业业态创新融合，发展中央厨房、创意农业、功能农业、数字农业、智慧农业等新型业态。

培育农业高质量发展新动能。深入开展乡村“双创”活动，以高质量创新创业加快推动以创新带创业、以创业带就业、以就业促增收的新格局形成。坚持返乡创业与入乡创业扶持并进，实施农村创新创业带头人培育行动。以政府搭建平台、平台聚集资源、资源服务创业为思路，建设一批现代农业产业园、农产品加工园、高新技术园区、电商物流园等创新创业园区，建设一批集“生产+加工+科技+营销+品牌+体验”于一体、“预孵化+孵化器+加速器+稳定器”全产业链的孵化实训基地，示范打造一批农村创新创业典型县（市）、典型乡（镇）、典型村。强化创业指导，科学建立一批专家创业导师队伍、企业家创业导师队伍、带头人创业导师队伍，创新指导服务方式、模式，提高服务精准度、有效性。强化创业服务，培育一批市场化中介服务机构，建立和推广“互联网+”创新创业服务模式。多形式开展创业能力提升培训，合力提升农村创新创业人员创业能力。加强乡村企业家队伍建设，培育一批行业领军乡村企业家、现代乡村企业家、“小巨人”乡村企业家，引领乡村产业高质量发展。

统筹实施好农业高质量发展“十大”专项行动。[①] 一是以保护提升耕地质量、实施重大水利工程、建设“中国粮谷”、完善现代粮食产业体系等为建设重点，实施好粮食生产核心区建设行动。二是以调整种养结构、发展现代畜牧业、建设优势特色农产品基地等为建设重点，实施好高效种养业发展行动。三是以“粮头食尾”“农头工尾”为抓手，以高端化、绿色化、智能化、融合化发展为方向，实施好绿色食品业转型升级行动。四是以发挥区域特色资源优势，推进全产业链开发和全价值链提升等为建设重点，实施好优势特色产业集群培育行动。五是以“一县一业”，构建国家、省、市三级现代农业产业园体系为重点，实施好现代农业产业园创建行动。六是以农村一二三产业融合发展、产村产城一体发展等为建设重点，实施好农业产业强镇培育行动。七是以提升信息基础设施服务能力、搭建数据平台、发展智慧农业等为建设重点，实施好数字农业建设行动。八是以检测能力提升、质量安全追溯管理等为建设重点，实施好农产品质量安全行动。九是以规范发展农民专业合作社、加快培育家庭农场、积极发展农业产业化联合体等为建设重点，实施好新型经营主体提升行动。十是以提升科技支撑能力、加快科技成果转化应用、科技人才和新型农民培育等为建设重点，实施好农业科技支撑行动。

四　加快推进数字经济高质量发展

顺应数字经济发展新趋势，以建设数字河南为引领，全面推进国家大数据综合试验区建设，坚持数字产业化和产业数字化，促进数字经济和实体经济深度融合，催生新产业新业态新模式，更好发挥数字经济对经济社

---

① 参见《河南省人民政府关于加快推进农业高质量发展建设现代农业强省的意见》（豫政〔2020〕21号）。

会发展的引擎作用，建设数字经济新高地。

推进数字产业化发展。抢抓全球数字产业链重构机遇，紧扣提升支柱产业优势、筑优新兴产业生态、支撑产业深度融合、推动生产组织变革、前瞻布局未来产业等要求，将数字产业化作为数字经济发展的先导力量，扬长补短，持续强化数字产业化载体平台建设，优化数字产业生态，建设一批具有竞争力、影响力的标志性数字产业链、数字产业集群。按照国家及河南相关规划部署，做大做强计算终端、软件产业，培育壮大物联网、云计算、大数据、数字内容等产业，拓展“数字+”“智能+”应用领域，壮大数字经济核心产业。做大黄河鲲鹏硬件制造基地，推动中原鲲鹏生态创新中心建设，促进计算产业龙头企业集聚发展，打造千亿级产业集群。巩固和提升网络安全、轨道交通等领域软件竞争优势，拓展开发工业、人工智能、虚拟现实和增强现实等软件产品。推动智能传感器、射频卡、嵌入式芯片、传感网络设备等物联网产品升级和体系拓展，做优车联网、医疗物联网、家居物联网等产业，协同发展云服务与边缘计算服务，构建物联网全产业链。推动超大规模分布式存储、弹性计算等技术创新，发展行业解决方案、系统集成、运维管理等云计算产业。

推进产业数字化转型。顺应产业数字化转型需求，突出数字化引领、撬动、赋能作用，构建数字平台赋能产业转型升级体系，分类制定数字化转型路线图、案例集和工具集，推动数字技术对传统产业全方位、全角度、全链条改造，推动产业及其园区、集群数字化转型，促进数字经济和实体经济深度融合，以数字赋能促进新业态新模式发展。支持龙头企业向“未来工厂”“灯塔工厂”转变，更好发挥引领带动作用；支持具有带动能力的产业集群核心企业、产业链“链主”企业带动产业链上下游数字化转型。按照国家及河南相关规划部署，加快实施“5G+工业互联网”工程，推进产业链级、行业级、区域级、特定环节型工业互联网平台建设，搭建工业互联网赋能体系，创建国家工业互联网应用创新推广中心。培育发展数字农业、数字贸易、数字商贸、数字物流等新业态，推动数字化金融等产品服务创新，推广在线交互研发设计、众包等新模式。推进企业“上云用数赋智”全覆盖，打造数字化转型企业标杆和典型应用场景。

推进社会治理数字化。深入推进数字技术在城市治理、乡村振兴、生活服务等方面的广泛应用，实现数字化发展成果更高水平更大范围普惠共享。分级分类推进新型智慧城市建设，提升“城市大脑”服务能力，整合公共安全、市政管理、交通运输、应急管理、卫生健康、空间地理等领域信息系统和数据资源，推行城市楼宇、公共空间、地下管网等“一张图”数字化管理和城市运行一网统管；推进智慧小区、智慧社区建设。加快数字政府建设，推进政府管理服务数字化转型，全面实现政务服务“一网通办”、社会治理“一网通管”、政务数据“一网通享”，推进跨层级、跨地域、跨系统、跨部门、跨业务管理和服务精准高效协同，促进政府效能提升和数据资源价值实现。加强数字经济统计监测和数据资源规范监管，构建数据安全综合防御体系。推动数字乡村建设，加快乡村基础设施、生产生活方式数字化转型，助力构建乡村现代化经济体系、现代乡村社会治理体系，弥合城乡“数字鸿沟”，全面推进乡村振兴。

强化数字基建承载力。抢抓新基建机遇，找准薄弱环节，强化关键环节，坚持优化增量和盘活存量，持续推进网络基础设施升级，加快大数据中心、人工智能、区块链、云计算、工业互联网等新型数字基础设施建设，构建形成泛在、智能的空天地海一体的新型数字基础设施，加快形成集数据采集系统、数据存储系统、数据处理系统、数据流转系统、数据开发系统、数据应用系统、数据安全系统等于一体的结构合理、功能齐全的数字经济基础设施体系，筑牢数字经济发展底座。优化数字基础设施空间布局，提升郑州国家级互联网骨干直联点功能，推动郑州、开封、洛阳国际互联网数据专用通道扩容提速，推进基础电信运营商骨干网络大区节点和中心建设。统筹城乡数字基建一体推进，推进“全光网河南”升级和 5G 网络规模部署，5G、4G 和窄带物联网协同发展，实现城市家庭千兆宽带、农村家庭百兆光纤和乡镇以上 5G 网络全覆盖，形成中心带动、区域联动、城乡互动的多层级、全覆盖、高效率数据网络系统。

增强数字价值挖掘力。将数据作为数字经济发展的关键生产要素，不断增强数字价值挖掘能力，推进数据资源化、资产化、资本化。完善数据采集系统，借鉴先进成熟的数据采集技术、采集方法，持续提升数据采集能力，坚持“无中生有”扩大数据增量。深化公共数据共享开放，出台大数据采集、汇聚及共享等规范、标准及机制，实现公共数据资源的统一采集、集中存储、集中管理、集中分析和集中治理。建立社会数据市场化运营机制，强化数据交易行为管理，提高数据要素配置流通能力，释放数据价值。探索推动公共数据与社会数据汇聚融合，构建以数据为纽带的产学研协同创新体系，释放数据潜力。支持产业链上下游企业加强数据开放共享合作，打造数据供应链，拓宽数据空间。强化数据价值化处理，借鉴先进成熟的数据挖掘技术、工具、算法及模式，坚持“有中出新”提炼数据存量，去伪存真，提升数据生产要素属性。

提升全民数字消费力。强化全民数字教育，加快数字技能培训体系建设，拓宽数字贫困者参与数字经济发展、共享数字红利的路径，推进全民数字技能、数字素养提升，增强居民数字消费意愿。着力提升居民收入水平，增强数字居民消费能力。紧扣消费市场需求变化及消费升级趋势，培育发展消费新业态新模式，不断提升数字消费产品和服务供给能力，推动供给结构与需求结构有效匹配，形成消费新增长点。创新数字消费服务，让更多居民、企业等消费主体能够用得起、用得惯、用得好数字消费产品和服务。优化数字消费环境，推进互联网、电信、广播电视、电子商务、网上支付等数字消费领域信用体系建设，引导数字消费市场健康发展，形成消费者能消费、敢消费、愿消费的良好氛围。

第五节　持续打好“产业结构优化升级牌”的对策举措

把持续打好“产业结构优化升级牌”作为一项重要的系统工程。须树牢系统思维，统筹强化产业政策、载体平台、人才队伍、营商环境、质量管理等方面的支撑作用，合力保障各项工作稳步有序有效推进、落地。

一　强化产业政策引导作用

坚持问题导向、需求导向，围绕持续打好“产业结构优化升级牌”目标，适时调整和优化支持产业结构优化升级政策，更好发挥政策在引导产业高质量发展方面的作用，促进产业高质量发展、现代产业体系构建。瞄准持续打好“产业结构优化升级牌”过程中质量变革、效率变革、动力变革等关键环节、薄弱环节，推动产业政策由结构性政策为主向支持关键环节、薄弱环节的功能性政策与结构性政策并重转换，优化完善产业政策体系。针对不同区域、不同产业转型升级需要，科学谋划与论证，强化产业政策研究、监测及评估，提高产业政策适用性、灵活性、可操作性和有效性，确保政策精准发力和持续效果，引导有限的政策资源在最需要的地方发挥作用。加强政策管理，统筹推动国家、河南省及各地市产业结构优化升级政策协同，统筹推动产业结构优化升级政策与产业政策、环保政策、经济社会政策、资源要素政策等协同，统筹推动产业集群、产业链上下游产业结构优化升级政策协同，解决好政策拥堵、政策打架等问题，更充分发挥政策叠加效应。明确政策落实责任与考核，提高政策执行力，加强对政策落地情况的跟踪检查，建立政策调整机制和退出机制，切实解决政策落实“最后一公里”问题。

二 增强产业载体平台支撑

以构建产业链现代化、供应链高效化、价值链高端化和创新链系统化的产业生态圈为主导，推动产业集聚区和服务业“两区”服务能力提升、高质量发展。优化产业集聚区功能布局和定位，以“三提”（亩均产出提高、集群培育提速、绿色发展提升）、“两改”（智能化改造、体制机制改革）为主要途径，全面推进产业集聚区“二次创业”，持续提升主导产业能级和承载服务功能，推动产业链上下游协同和跨区域产业协作，培育更具竞争力的产业集群，更好发挥产业集聚区转型发展攻坚主阵地作用。聚焦高端服务业和生产性服务业，推动商务中心区和服务业专业园区功能优化、服务升级。推进商务中心区功能集成构建、高端要素集聚、特色品牌提升，大力发展总部经济和楼宇经济，形成一批产业服务和城市服务优势彰显的高品质功能区。推动现代物流、电子商务、信息科技、文化创意、服务外包、养老健康、专业交易市场、检验检测、研发设计、节能环保等服务业专业园区特色化发展，吸引更多更优服务要素集聚，催生服务经济新业态新模式，打造一批支撑区域主导产业发展的融合创新载体。常态化开展产业载体平台考核评价，奖惩并进引导产业载体平台高质量发展。

三 持续强化产业人才支撑

以人才强省建设为引领，围绕持续打好“产业结构优化升级牌”人才需求，全方位培养、引进、用好人才，努力打造人才汇聚新高地、人才创业优选地、人才活力迸发地。加强人才培养开发，深入实施“中原英才计划”，培养一批中原学者、中原领军人才、中原青年拔尖人才，培养一批具有国际水平的战略科技人才、科技领军人才、青年科技人才和高水平创新团队。弘扬企业家精神和新时代豫商精神，实施企业家素质提升工程，形成百名领军企业家、千名骨干企业家和万名成长型企业家的优秀企业家雁阵。制定实施更有竞争力、吸引力的人才政策，建立动态人才数据库及详细引才目录，以知名企业、产业园区、科研机构、政府机关等为引才重点队伍，建立全球引人体系，不唯地域、不拘一格，开展靶向引才、精准引才。完善“全职+柔性”引才引智机制，鼓励通过兼职挂职、技术咨询、项目合作、周末教授、特聘研究员等方式汇聚人才智力资源。以解除人才后顾之忧为出发点，全方位落实人才优惠政策，健全以创新能力、质量、实效、贡献为导向的科技人才评价体系，畅通人才流动渠道，引导不同层次的人才到最适合自己的岗位上去建功立业，更大限度释放“人才红利”。

四　优化产业发展营商环境

坚持问题导向、需求导向、目标导向，强调产业思维，对准市场主体需求，契合产业发展定位，深入实施营商环境重点领域攻坚行动，将优化营商环境作为持续打好“产业结构优化升级牌”、构建现代产业体系的关键之举，推动河南现代化国际化营商环境出新出彩。以审批最少、流程最优、体制最顺、机制最活、效率最高、服务最好为目标，以优化市场环境、提升政务服务、强化法治保障等营商环境建设为重点，明确优化营商环境的方向路径，以打好“组合拳”推动“强管理”向“强服务”转型，切实把营商环境的集成优势转化为发展优势。如加大“放”的力度，着力规范部门审批，着力提高审批效率，着力解决“玻璃门”问题，用政府的主动“瘦身”为企业“松绑”、为群众“解困”；健全“管”的机制，加快建立以综合监管为基础、以专业监管为支撑的监管体系，完善全过程、全链条监管机制，当好市场秩序的“裁判员”和“守护者”；提升“服”的质效，推进政务服务标准化、规范化、便利化，推行“首席服务官”制度，以服务高质量推动产业发展高质量。健全营商环境评价体系，建立全省营商环境监测服务平台，持续开展整改专项行动，进一步提升营商环境竞争力。

五　全面推进产业质量管理

以质量强省建设为引领，以质量基础更加扎实、质量创新更加活跃、质量环境更加优化、质量治理更加协同、质量供给更加有效为目标，深入开展产业质量提升行动，提高持续打好“产业结构优化升级牌”的质量和效益。常态化开展产业发展质量状况调研行动，摸清产业发展质量状况和企业质量技术需求，明晰产业结构优化升级过程中的质量问题、难点，组织质量比对和会商会诊，找准比较优势、行业通病和质量短板，研究制定质量问题解决方案。推进质量链产业链深度融合，完善产业链标准体系、质量管理体系。推动组建以产业链为纽带的质量提升联盟，引导产业链上下游共同加强全员、全方位、全过程质量管理，促进协同制造和协同创新。充分发挥市场配置资源的决定性作用和更好发挥政府作用，激发市场主体追求高质量的内生动力，推动质量共建共治共享，提升质量有效供给。强化市场主体责任，利用市场规律构建生产、销售、服务、消费等全环节质量责任追溯体系。严格质量安全监管，常态化开展质量问题“清零”行动，防范区域性、行业性、反复性质量问题的发生。组建河南“质量智库”，为产业高质量发展、持续打好“产业结构优化升级牌”等工作提供决策参考。

第十一章　持续打好“创新驱动发展牌”

2014 年，习近平总书记调研河南省时强调要打好“创新驱动发展牌”。党的十九大明确提出，创新是发展的第一动力。党的十九届五中全会进一步提出，坚持创新在我国现代化建设全局中的核心地位，再一次彰显了创新在谋发展、谋大局中的地位和作用。近年来，河南省委省政府牢记习近平总书记的嘱咐，坚决贯彻执行习近平总书记的指示精神，打造中西部创新高地有了新突破。同时，在中美贸易摩擦持续存在，逆全球化趋向有所抬头，中国全面进入发展新格局的百年历史交汇期，河南省更加需要坚守发展初心，牢记使命，立足河南优势，持续打好“创新驱动发展牌”。

第一节　持续打好“创新驱动发展牌”的重大意义

在百年变革际遇期，新一轮科技创新异军突起，成为高质量发展、构建新发展格局的支撑引领，持续打好“创新驱动发展牌”是历史的必然选择。同时，坚持创新驱动发展，是河南省由经济、文化、农业、人口大省向强省跨越的重要举措，持续打造“创新驱动发展牌”对于河南省推进高质量发展移步进位，深度融入新发展格局具有十分重要的现实价值。

一　适应新时代中国发展形势的客观选择

在百年历史交汇期，以量子通信、5G、绿色科技等新技术为代表的科技创新加快了全球技术革新步伐，深刻影响着全球经济政治文化变革，科技创新的扩散性、渗透性、颠覆性正在加快全球产业体系、技术体系、治理体系、经济发展方式的变化，并引发全球治理格局的重构，全球多中心创新格局逐步形成。同时，中美贸易摩擦持续存在，全球科技创新将同样面临更为复杂的形势，创新的机遇与挑战并存。党的十八大以来，以习近平同志为核心的党中央高度重视创新在国家现代化治理体系中的地位与作用，尤其是在党的十九届五中全会中明确提出，坚持创新在我国现代化建设全局中的核心地位，将创新提高到了全局发展的高度。新时代，中国加快建设社会主义现代化强国，推进高质量发展、谋划新发展格局比任何时候都需要创新这个领头羊，创新更是当前中国现代化新征程发展上重要的支点。

在新的历史交汇期，河南省有创新发展的底气。河南省是全国人口大省、粮食大省、科教大省、能源资源大省及经济大省，是国家“米”字形高铁枢纽及密集的高速铁路网，更是拥有郑洛新国家自主创新示范区等多个国家级战略，创新发展的基础好。尤其是在创新引领专项带动下，重大科技专项实施取得了一系列标志性突破：世界最大直径硬岩掘进机研制成功，出口国外应用于重大工程；光互连芯片实现进口替代，供应于国际知名设备厂商；氢燃料电池客车开展示范运行，关键指标行业领先；可见光通信技术实现重大突破；引线框架铜合金新材料、大尺寸溅射钼靶材、LED与半导体用精密超硬磨具、全自动微生物鉴定药敏分析系统等产品，打破了国外技术市场垄断。同时，河南省有近百所高校，有将人口优势转化为人才红利优势的基础，近亿人口形成了超大规模的消费市场，释放高品质消费的挖掘潜力大。因此，持续打好“创新驱动发展牌”，有利于释放河南的人才优势、资源禀赋优势、交通区位优势，扩大国家战略的红利优势，推动形成河南在新时代发挥更加显著的优势。

二　推进黄河流域生态保护和高质量发展的必然要求

创新是黄河流域高质量生态保护和高质量发展的重要一环。党的十九届五中全会明确在“十四五”时期，扎实推进黄河流域生态保护和高质量发展，建设先行区。黄河作为泥沙含量高、弯曲横跨长的大河，治理难度大，需要以创新，尤其是通过科技创新来丰富治理技术，打造黄河流域治理的科技创新体系。尤其是黄河流域面临水土流失、水资源紧张、沿线工业多导致环境污染大等一系列问题，同时，黄河流域沿线省区多为经济欠发达地区，高质量发展的经济支撑相对薄弱。在国家大力践行五大发展的新发展理念导向下，更需要通过绿色创新，推动黄河流域生态保护和高质量发展。

河南省地处黄河流域的中下游，包括郑州、开封、洛阳、安阳、鹤壁、新乡、焦作、濮阳、三门峡及济源示范区10个地市，在黄河流域生态保护和高质量发展中发挥承上启下的作用，尤其是黄河流域生态保护和高质量发展上升为国家战略，河南省具有打造黄河流域生态保护和高质量发展先行区的历史责任和使命感。但是，河南省在经济结构转型、沿黄城市布局优化、大气污染治理、“地上悬河”以及水资源治理等方面仍然面临诸多挑战。而物联网、云计算、大数据等新一代科学技术加速变革创新，可以有效地加快河南经济发展方式的转变以及治理制度体系的优化，提高城市治理效能，释放中国（河南）自由贸易试验区、郑洛新国家自主创新示范区等国家级政策红利。因此，持续打好“创新驱动发展牌”，是持续建设黄河流域生态保护和高质量发展河南先行区，贡献河南智慧的重要举措。

三　服务和融入新发展格局的根本途径

2020年，习近平总书记在中央财经委员会第七次会议上首次提出“新发展格局”，党的十九届五中全会指出“加快构建以国内大循环为主体、国内国际双循环相互促进的新发展格局”，新发展格局是新形势下以习近平同志为核心的党中央面临新形势的战略抉择。新发展格局下，创新摆在了更加重要的位置，是促进内外双循环的动力。而以生物科技、信息技术为主导的新一轮科技革命正深刻地改变着产业结构、消费结构、地理空间结构，加快商业模式、支付模式、管理模式、制度体系的创新变革，形成以科技创新为内生动力，以模式创新等为驱动要素的内外循环机制，从而实现社会再生产环节的畅通，推动国家社会经济高质量发展，同时，对创新引擎、创新主体、创新生态提出了新的要求。

河南省是全国人口大省、科教资源大省、粮食大省，坚持持续打好创新牌，是河南深度融入新发展格局的现实选择。超大规模的人口规模优势，意味着超大规模市场，河南省全社会零售消费规模总量连续位居全国前列，增速较快，消费挖掘潜力大，能够成为中西部地区扩大内需的重要支点，而消费潜力的挖掘更加需要以创新为引领的品牌创新、品质创新、产品创新、商业模式创新等。科技创新是产品创新的根本要件，同时，创新又是激发创业创新动能，实现人口、粮食、科教等不同资源综合发展的动力，更是河南省释放空陆网三条“丝绸之路”优势，全方位融入国内国际双循环的支撑。

四 推动河南高质量发展的重要抓手

经济新常态下，经济发展由高速增长期向中低速的高质量发展阶段转变，速度不再是经济发展的首要因素，经济发展更加看重绿色可持续等高质量发展因素，而创新不仅是思维、观念的转变，更是科技、管理制度等多重因素的创新，是河南推进高质量发展的内在要求。在高质量发展下，过去长期依赖于资源、环境等地理资源禀赋依赖性强，以及人口规模优势等的粗放式增长，产业长期处于行业供应链的上游或者中游，产业链的低端或者中低端，已经难以适应时代发展的需要，这其中就需要科技创新、管理创新、体制机制创新等全方位的创新，尤其是建立在自主知识产权基础上的科技创新，是为产业赋能提升的关键。

河南省经济总量规模大，长期居于全国前五位，但是人口规模大，人均经济效益不高，长期处于全国相对靠后位次，形成经济规模及人均经济效益不匹配的倒挂现象。各省份统计公报数据显示，2020 年河南省 GDP 达到 5.5 万亿元，继续保持全国第五位，中部地区第一位，同时，2019 年河南省人均 GDP 为 56388 元，处于全国相对靠后位次，明显低于湖北、湖南等中部地区，经济发展质量存在较大提升空间，如何才能实现人均经济效益与经济规模的匹配，其中之一就是加快人均经济效益增长，而人均经济效益增长更多的是体现经济增长的高质量，不依赖于要素红利、制度红利，而更多的是以科技创新驱动的内在动力驱动。同时，能源化工产业比重高，在产业链、供应链中的产业比较优势相对不突出，迫切需要培育新的发展动能，实现河南产业由低端向中高端、高端方阵迈进，虽然河南省在氢燃料电池客车、硬岩掘进机等先进技术上取得了显著的成绩，但是，迫切需要产业多元化、产业集群化的发展势头，需要更多的科技创新转化来不断优化河南省的产业结构，为高质量发展夯实基础。

五 打造中西部科技创新高地的必然选择

党的十八大以来，党中央十分重视科技创新建设，尤其是在党的十九届五中全会明确了“十四五”时期科技创新发展的方向，打造中西部科技创新高地是河南适应中国科技创新发展新形势的现实需要。在国家持续提出“西部大开发”“中部崛起”“成渝地区双城经济圈”“中原城市群”“黄河流域生态保护和高质量发展”等系列战略谋划下，中西部地区均在充分利用政策红利优势，实现资源禀赋互补，加快发展步伐，形成中西部地区经济增长极，推动中国区域经济协调发展。同时，中西部地区多位于内陆，且以山区为主，在国家“东部优先”发展战略下，一直处于全球产业链、供应链和价值链的中低端，地区发展迫切需要更为强劲的内生动力。

实践中，创新始终是东部经济发达地区引领发展的战略支点，东部地区 R&D 高于全国平均水平，其中，2019 年，北京、天津、上海、江苏及浙江的 R&D 强度分别为 6.31%、3.28%、4.00%、2.79%及 2.68%，均高于全国同期水平的 2.23%。[①] 同样，中部地区的安徽、湖北，西部地区的重庆、四川，拥有众多 985、211 等世界一流学科建设高校，科教资源充足，科技创新基础扎实，具有明显的发展优势，尤其安徽布局世界一流重大科技基础设施集群，设立 200 亿元专项资金支持合肥科学中心建设，湖北省持续打造光谷万亿级产业集群，打造国家科技创新中心，建设中西部科技创新高地。近年来，河南省坚持创新驱动，深耕科技创新，但是科技整体实力不强、引领带动能力不足的基本面没有得到根本改变，与经济高质量发展的要求相比，科技创新仍然是制约河南加快发展的突出短板，与全国先进省份相比差距还不小，如创新环境、创新生态亟待优化，高层次创新平台和高端人才匮乏，成果转化机制不健全。因此，持续打好创新发展牌，尤其是发挥好科技创新驱动力，是河南省建成中西部科技创新高地的必然选择。

第二节　持续打好“创新驱动发展牌”的新要求

当前，是我国全面建成小康社会、实现第一个百年奋斗目标之后，乘势而上开启全面建设社会主义现代化国家新征程、向第二个百年奋斗目标进军的关键时期，需要从新的历史起点审视打好“创新驱动发展牌”的时代使命，从河南省全面融入国家发展战略、国家创新发展核心等方面持续打好“创新驱动发展牌”。

---

① 《中国统计年鉴 2020》。

一　要站在新的历史起点从全局角度打好“创新驱动发展牌”

创新是发展的第一动力。当前，我们正处于全面建成小康社会，努力建设社会主义现代化国家，实现中华民族伟大复兴的重大历史时期，党和国家将创新摆在了更加突出的位置，尤其是在党的十九届五中全会中，明确“十四五”时期坚持创新驱动发展全面塑造发展新优势，将科技自立自强作为国家发展的战略支撑，面向世界科技前沿、面向经济主战场、面向国家重大需求、面向人民生命健康，深入实施科教兴国战略、人才强国战略、创新驱动发展战略，完善国家创新体系，加快建设科技强国。河南省委省政府始终坚持创新驱动发展，省委十届十二次全会提出要以创新驱动赢得发展主动，在中西部创新高地建设上实现更大跃升，全面塑造发展新优势。

2020年，河南省研发投入经费、财政科技支出、高新技术企业数量、技术合同成交额分别为2015年的2倍、3倍、4倍、8倍以上，科技活动人力投入水平位居全国第5。科技部《中国区域科技创新评价报告2020》显示，河南综合科技创新水平居全国第17位，比2015年提升3位；中国科学院《中国区域科技创新能力评价报告2020》显示，河南科技创新指数从排名第15位上升到第13位。站在新的历史方位，需要更加深刻理解创新，尤其是科技创新在世界百年未有之大变局中的地位和作用，始终把创新驱动发展放在更加突出、更加全局的角度来理解创新发展，作为河南省发展战略支撑，持续打好“创新驱动发展牌”。

二　要从全面服务新发展格局打好“创新驱动发展牌”

党的十九届五中全会明确提出，加快构建以国内大循环为主体、国内国际双循环相互促进的新发展格局。形成以国内大循环为主体、国内国际双循环相互促进的新发展格局，更加突出国内大循环的主体地位。如何更好地挖掘消费潜力、发挥内需在双循环中的功能和作用，给创新驱动发展提出了新的要求。

当前，我国社会主要矛盾已经转化为人民日益增长的美好生活需要和不平衡不充分的发展之间的矛盾，挖掘国内消费潜力，是在满足人民日益增长的美好生活需要的基本前提下，也即从那种由满足温饱式的消费需求向更加追求生活品质式的消费转变，过去那种简单粗放式的消费产品已经难以满足消费者的需要，需要精细化、品质化、有文化内涵的消费品，这就是科技创新、文化创新、商业模式创新等诸多创新，在存量消费中挖掘潜在消费增量，不断提升内需消费结构，实现内循环内需扩大的潜力，河南省作为人口近亿的人口大省，更加迫切需要需求创新。同时，内循环离不开生产、分配、交换、消费环节的畅通，需要深化推进放管服改革，打破体制机制的束缚，这对体制创新方面提出了新的要求。

河南省“十四五”规划中强调，全面融入以国内大循环为主体、国内国际双循环相互促进的新发展格局。同时，我们也要看到，河南省产业体系完备，拥有 41 个工业行业大类中的 40 个、207 个中类中的 199 个；区位优势明显，以郑州为中心的 4 小时高铁圈、1.5 小时航空圈覆盖全国主要经济区域，多式联运、高效集疏的现代物流体系加快形成，铁路、公路、航空、电子商务四条“丝绸之路”协同并进；劳动力资源丰富，适龄劳动年龄人口 6500 多万人，每年各类职业院校毕业生 80 多万人、技能培训 300 万人次左右，这些均为河南省全面融入新发展格局提供了新优势。要充分结合河南省在新发展格局中的地位，深刻理解创新驱动发展的作用，找准全面融入新发展格局中河南创新驱动发展，尤其是科技创新驱动发展的位置，持续打好“创新驱动发展牌”。

三 突出以科技创新为核心持续打好“创新驱动发展牌”

在百年历史交汇期，尤其是在中美贸易摩擦持续存在，逆全球化、地缘政治格局变动抬头的历史趋势下，全球产业链、创新链、供应链有重构趋向，将自主科技创新摆在了更加突出的位置。2020 年，习近平总书记在科学家座谈会上提出，坚持面向世界科技前沿、面向经济主战场、面向国家重大需求、面向人民生命健康，更加突出问题导向和目标导向，加强研发系统布局，把科技资源进一步聚焦重点领域，不断向科学技术的深度和广度进军。党的十九届五中全会更加将科技创新提高到现代化发展全局高度，持续打好“创新驱动发展牌”需要更加突出科技创新地位和作用，尤其要持续突破卡脖子技术。

近年来，河南省关键核心技术实现新突破，盾构、新能源客车、光通信无源芯片、超硬材料、流感疫苗等产业的技术水平和市场占有率均居全国首位。高新技术产业化水平进入全国前十，高新技术产业增加值占规上工业增加值比重由33.3%提高到43.4%。农业科技整体实力稳居全国第一方阵，小麦、玉米、花生、芝麻、棉花等品种选育居全国领先水平。要建立与河南省科技创新硬件、软件实力相符的科技创新自主创新体系，在粮食、能源、生态、信息技术等方面坚持自主研发，持续打好“创新驱动发展牌”。

四 聚焦以更好激发创新要素持续打好“创新驱动发展牌”

新时代，创新在我国现代化建设全局中发挥核心作用，创新是一项事关全局的工作，需要从全方位激发创新要素。创新不仅是科技创新，还可以是商业模式创新、文化创新、体制机制创新等，同时，创新要素不仅包括技术、人力、制度等，还包括文化、思想等软要素。

近年来，河南省以郑洛新国家自主创新示范区等平台为载体，出台一系列重大科技创新政策。自创区管理体制和人事薪酬制度改革成效显著，并逐步在全省国家高新区推广。支持力度不断加大，2020年高新技术企业享受所得税优惠累计达220亿元；首次高企认定奖补、企业研发补助省市累计投入52.5亿元；开展“科技贷”业务，累计放款39.16亿元，设立三支总规模19亿元的科创类政府投资基金。新建设创业孵化载体333家。“国字号”创新平台实现重大突破，国家超算郑州中心落户河南，国家农机装备创新中心、国家生物育种中心获批建设；新增省部共建食管癌防治、作物逆境适应与改良国家重点实验室，实现“双一流”高校国家重点实验室建设零的突破。创新型企业数量创历史新高，高新技术企业数量实现翻两番以上，占全国总量的比重由1.6%提升至2.2%。持续打好“创新驱动发展牌”，就需要在创新要素发展上做文章，不断强化战略科技力量，聚焦激发创新第一动力，做强创新“引擎”，做大创新“主体”，做优创新“生态”，着力提升企业技术创新能力，着力激发人才创新活力，着力完善科技创新体制机制，切实增强以创新引领支撑新发展格局的能力，在中西部创新高地上努力实现更大优势。

第三节 持续打好“创新驱动发展牌”的重要突破口

面对把握新发展阶段、贯彻新发展理念、融入新发展格局的要求，河南省委省政府牢记习近平总书记持续打好“创新驱动发展牌”的嘱托，坚持创新驱动发展，取得了显著成效。坚持创新驱动发展，打造中西部创新高地，积极融入国家创新格局，大力引聚创新资源，提高创新链整体效能，努力打造国家区域性创新高地，是河南省"十四五"时期打好"创新驱动发展牌"的现实行动。为此，需要坚持科技创新在河南现代化建设全局中的核心地位，把科技创新作为高质量发展的战略支撑，抓住关键领域重点突破，全面提升科技创新水平。

一　突出科技自主创新

创新是经济发展的第一动力，科技自主创新是创新驱动的内生动力。党的十九届五中全会明确了科技创新的地位，中美贸易摩擦等国内外环境变化更加明确了科技自主创新的重要性。河南省"十四五"规划明确提出，创新型省份和人才强省建设取得重大进展，创新体系更加完善，研究与试验发展经费投入强度增幅高于全国平均水平，高水平创新载体平台建设实现新突破，创新主体和人才活力持续激发，创新体制机制更加健全，科研成果转化质量和效率明显提升，科技创新、产业创新走在中西部前列。[①] 坚持科技自主创新，同样是河南省委省政府"十四五"时期打造中西部创新高地的现实关键选择，因此，持续打好"创新驱动发展牌"需要以科技自主创新为突破口。

注重基础性、探索性科技研究。紧跟全球科技创新发展前沿，面向2035年，充分发挥河南省国家超算中心、省级应用数学中心等载体平台的作用，加大国家自然科学河南基金、省自然科学基金在数学、化学、物理等基础性、探索性，尤其是应用数学及化学等学科的探索，打造一批年轻化、高学历化的基础研究高层次人才队伍，不断提升河南省基础性科学技术研究的能力，夯实科技自主创新研究的基础。聚焦关键核心技术工程。充分考虑国家粮食生产核心区、郑州航空港经济综合实验区及黄河流域生态保护和高质量发展等国家重大战略在智慧农业、种业、先进材料、绿色技术等的科技创新需求，结合河南省产业结构发展实际，以重大科技项目为载体，打通河南省产业链、创新链，抢占产业技术制高点，支撑经

① 《中共河南省委关于制定河南省国民经济和社会发展第十四个五年规划和二〇三五年远景目标的建议》。

济高质量发展和民生改善。打造高能创新平台。在现有省级平台（如省级应用数学中心等）的基础上，持续打造国家级创新平台，不断扩大河南省国家级平台的规模；同时，在现有国家级平台（如国家超算中心）的基础上，不断提升现有国家级平台的发展效能，建设世界一流的国际级平台。

二　突出壮大创新主体

企业是市场的主体，更是科技自主创新的重要群体。党的十九届五中全会明确了企业的市场创新主体地位，促进各类创新要素向企业集聚。企业是疏通社会再生产环节的关键要点，是感知科技需求、创新科技供给的敏感性主体，河南省“十四五”规划中，提出要强化企业创新主体地位，加强产学研深度融合，支持企业牵头组建创新联合体，承担国家重大科技项目。实施税收优惠等政策，引导企业加大研发投入。发挥企业家重要作用，推动生产组织创新、技术创新、市场创新。深入实施创新型企业培育行动，加快形成以创新龙头企业为引领、高新技术企业为支撑、科技型中小企业为基础的创新型企业集群，加强共性技术平台建设，推动产业链上中下游、大中小企业融通创新。因此，持续打好“创新驱动发展牌”需要以壮大创新主体为突破口。

发挥企业家在创新中的重要作用。积极发挥豫商精神，大力弘扬科技自主创新的时代精神，加大企业家队伍的培养力度，全面实施提升企业素质工程，尤其是提高企业家的科技自主创新意识，鼓励和支持企业家推进科技创新、商业模式创新、管理模式创新，发挥好企业自主创新的带头人作用。大力发展科技创新企业群。加大河南省科技型企业的支持培养力度，突出对中小微科技企业的培养力度，发挥大企业引领支撑作用，支持创新型中小微企业成长为创新重要发源地，加强共性技术平台建设，加快形成以科技型中小企业为基础、以高新技术企业为支撑、以创新龙头企业和“瞪羚”企业为引领的创新型企业集群。推进重点产业高质量发展。围绕国家和河南省“十四五”时期的重点产业谋划，突出先进制造业和战略性新兴产业，尤其是新一代信息网络、食品及装备制造等领域，推进重点产业高质量发展。

三　突出创新人才强省建设

党的十九届五中全会提出，要实施人才强国战略，2035 年建成人才强国。同样，人才强省建设也是河南省持续推进强省之策。人才是创新驱动的核心、科技创新的源头、自主创新的主体，但是，与国内发达地区的人才优势相比，与河南省持续打造中西部创新高地的发展目标相比，仍存在较大提升空间。河南省“十四五”规划提出，实施人才强省战略。创新人才强省建设是持续打好“创新驱动发展牌”的突破口。

坚持尊重劳动、尊重知识、尊重人才、尊重创造，全方位培养创新人才。持续推进深入实施“中原英才计划”，以中原学者、中原领军人才等人才计划培养一批基础性、探索性创新人才，以中原大工匠等人才计划培养一批重点领域领军人才；加强应用型、技能型人才培养，深入推进全民技能振兴工程，积极培育“中原大工匠”，着力培养大数据、软件开发、智能制造、国际贸易、现代物流、电子商务、生态环保、文化旅游、家政服务、医疗健康等重点领域人才；加强企业家队伍培养，实施企业家素质提升工程，大力弘扬企业家精神和新时代豫商精神，形成基础性、探索性、应用转化等多层次的人才结构梯队，同时，以院士工作站等多种载体平台加快对青年人才的培养力度。全方位引进高层次人才。依据全省产业链创新链发展实际，更好发挥中国·河南招才引智创新发展大会等载体平台作用，完善“全职+柔性”引才引智机制，全方位引进高层次人才，突出生态、能源、粮食等领域海外高层次科技人才的引进力度，加快高端金融人才、营销人才等高层次服务人才的引进，补齐科技强省建设的高层次人才短板。全方位使用人才。坚持不拘一格降人才的用人策略，坚持创新能力和创新贡献标准，鼓励人才在各领域发挥创新热情，赋予人才更大的自主权，释放人才创新活力。

四　突出体制机制创新

深化创新供给侧结构性改革是持续打好“创新驱动发展牌”的关键。河南省委省政府坚决贯彻落实党中央供给侧结构性改革的正确部署，深入推进科技供给侧结构性改革，不断优化创新生态环境，取得了显著成效。同时，河南省“十四五”规划提出，深化科技体制改革，完善科技治理体系，推动重点领域项目、基地、人才、资金一体化配置。但是，与创新驱动发展的现实相比，尤其是科技创新的发展周期特点及发展需要相比仍然还有较大的提升空间，持续打好“创新驱动发展牌”需要以创新体制机制改革为突破口。

深化创新激励机制改革。以产学研合作等应用成果创新转化为导向，加大财政科技研发专项资金使用方向的改革力度，积极调整减税免税等科技类优惠政策在科技发展方向上的引导作用，不断提高科技成果应用转化效率。同时，进一步加大科技创新领域科研人才供给侧结构性改革力度，强化知识价值增值导向的绩效分配政策，加大科研成果及应用成果在科研人才成长上的评价力度；加强社会、市场需求的创新资源分配机制。积极打造创新平台载体。紧跟世界一流水平，充分发挥好郑州大学等省内现有创新平台，打造国家级—省级—地市级及科研单位与企业深度融合的创新平台载体体系，同时，积极引进清华大学、中国人民大学、哈尔滨工业大学等国内一流大学来豫设立先进制造研究院等科研实体单位，不断壮大河南省科技创新载体规模。此外，积极打造创新载体提质工程，推动郑洛新国家自主创新示范区提质发展，促进国家高新区、国家农业高新技术产业示范区等科技园区高质量发展。

第四节　持续打好“创新驱动发展牌”的着力点

当前，我们正处于建设社会主义现代化国家的新征程，创新是事关全局发展的关键，持续打好“创新驱动发展牌”需要着眼河南创新发展实际，以科技创新为抓手，坚持民生为本，打造高能级平台，优化地市创新格局，全面融入国家创新整体布局。

一　统筹面向2035创新发展战略，全面融入国家创新整体布局

聚焦国家“十四五”创新驱动发展，尤其是科技创新整体布局，系统、科学谋划河南创新驱动发展的工作目标和发展路径，形成打造中西部创新高地的长期性指南。关键是聚焦事关国家发展、省情突破的重大现实问题，系统谋划、研判战略性、前瞻性技术创新方向，系统谋划河南省面向2035年的创新驱动发展工作目标和工作路径，形成河南持续打好“创新驱动发

展牌”的顶层路线图。

抓好国家优化区域创新布局，推动区域协调发展的历史发展机遇，加强同国家部委的协商对接，持续做好国家粮食生产核心区、中原崛起等系列国家战略红利的释放，加快与沿黄九省区一起共同推动黄河流域生态保护和高质量发展的创新驱动发展，谋求发展的新突破。形成全面融入国家创新总体布局的良好局面。突出与北京、沪苏浙等优势创新区域的战略合作，促进先进地区创新优势与河南产业优势深度融合。深化与清华大学、西安交通大学、中国科学院等“双一流”高校、大院大所及国内龙头企业的科技创新合作，推动上海药物所河南中药创新研究院等项目落地。支持省外知名高校、科研机构来豫建立或共建分支机构、技术转移中心及新型研发机构等创新平台，提升河南重点领域创新能力。加强与已签约省外知名高校、科研机构及企业的联系，抓好签约协议落实。此外，积极争取国家创新资源，引导企业、高校与科研院所等各类创新主体参与政府间科技创新合作项目，加强与国际知名高校、科研机构的密切合作。聚焦河南省产业转型升级及新兴产业培育，启动一批重大国际科技合作项目。以省国际联合实验室建设为主要抓手，打造国际开放合作品牌。

二 坚持创新载体先行，优化区域创新布局

发挥好国家创新载体的功能与作用，持续加大郑洛新国家自主创新示范区建设力度，打造高规格国家创新示范平台，持续优化河南创新发展格局。突出郑洛新国家自主创新示范区的引领作用。按照“站位全国、对标先进、拉高标杆”的要求，系统总结郑洛新国家自主创新示范区发展经验，加快政策经验复制，引领带动中原科技城、郑开科创走廊等创新功能区创新发展。打造产业共性技术服务平台，支持郑州、洛阳、新乡高新区建设好智能传感器、智能装备、生物医药共性关键技术创新与转化平台，加快大数据及人工智能等产业发展速度和质量，打造全国有影响力的自主创新示范区。此外，充分结合河南省在农业、人工智能等方面的优势，依托郑州大学、河南大学、河南理工大学及河南省科学院等载体平台，争取更多的国家重点实验室、技术创新中心、农高区、高新区、新一代人工智能示范区、科技成果转移转化示范区在河南省落地生根。

坚持以创新引领持续优化区域创新布局。以郑洛新国家自主创新示范

区为依托，建设国家科技成果转移示范区，带动引领许昌、信阳、三门峡等地建设国家高技术产业基地，同时，加快省级高新区全省省辖市全覆盖工程，启动“一区多园”建设，打造产业园创新共同体，持续优化国家级+省级的高新区发展格局，推动区域科技创新与经济一体化发展。强化农业产业区发展，将周口国家农高区打造成全国小麦产业创新发展引领区、黄淮平原高质高效农业示范区和河南省乡村振兴的典范区。此外，建设以郑州为中心，采取省市联动方式在智能制造、智能物流、智能交通、智能农业等领域打造人工智能创新示范区，不断优化区域创新发展格局。

三　坚持以科技创新为抓手，以重大专项强化关键技术自主创新

将科技创新放在持续打好“创新驱动发展牌”的关键位置，加强基础领域研究，以重大专项科技项目提升技术自主创新水平。持续加强基础领域研究。把握科学、企业应用前沿，优化河南省学科和研发布局，推进交叉学科领域融合发展，积极整合省内科研院所、高校、企业等科研力量，培养一批自主探索的基础学科研究团队。积极参与国家重大科技项目研究，以重大科技项目促进应用研究、基础研究与区域产业发展三位一体，协同发展。

实施科技强省行动，围绕产业链部署创新链，围绕创新链布局产业链，坚持技术自主创新，谋划实施面对未来的重大科技专项，提高创新链整体效能。紧盯国家重大战略、省委省政府重点部署，结合“十四五”科技创新规划，聚焦河南省 10 大战略新兴产业和 6 大战略支柱产业发展方向，在高端装备、新能源及智能网联汽车、先进材料、新一代信息技术、生物医药、智慧农业、食品制造、种业创新、生命健康、黄河流域生态保护和高质量发展等重点领域，按照“自上而下、聚焦重点、集成资源、分类支持、协同攻关”的原则，进一步优化省重大科技专项组织形式和实施方式，组织实施一批重大科技专项行动计划，支持企业、科研院所、高等学校以首席专家负责制开展原创性、基础性科研重大项目研发，尤其是对与产业化结合较为紧密的核心技术攻关采取“揭榜挂帅”方式竞争择优，通过长期性、科学性追踪研究，以关键核心领域突破，形成河南打造中西部创新高地的独特优势及领先优势。

四　坚持以民生为本，大力发展民生科技

坚持以民生为本，注重科技产业化发展导向，大力发展民生科技，建设美丽健康河南，推动乡村振兴发展。实施一批民生领域科技示范应用项目，开展先进适用技术成果的综合集成和示范应用，建设一批民生科技成果应用示范基地。加大人口健康科技创新项目实施力度，推动重大公共卫生事件、重大传染性疾病、常见慢性病、区域性特色疾病等防控技术创新，加强健康信息化与智慧医疗新技术、新方法的研发和临床应用，启动市厅共建临床医学研究中心，加强省级临床医学研究中心的动态管理，促进临床科研成果快速转化。推动绿色技术创新项目实施，突破一批节能低碳、污染防治等领域关键技术，培育建设一批省级绿色技术创新示范基地、绿色技术创新（龙头）企业。围绕平安建设，在社会治安、食品药品安全、生产安全、信息安全、生物安全、防灾减灾等重点领域开展应用研究和共性技术研发，加强集成创新，构建主动保障型公共安全技术体系。

发挥创新驱动推动脱贫攻坚与乡村振兴发展。结合全省乡村振兴发展的客观实际，加大对乡村振兴重点领域和关键领域的科技攻关力度，加大对农业星创天地、科技园区的支持力度，强化对农业科技园区经营绩效的监测统计，持续做大做强乡村振兴发展科技创新载体平台。同时，积极培育符合当地发展实际的县域特色产业，打造科技助力乡村振兴的样板，发挥科技创新引领乡村振兴发展的积极作用。

五　坚持科技力量赋能，打造高能级创新平台

坚持科技力量赋能发展，构建“国家级—省级—科技双创企业”多元化的高能级创新平台，持续优化河南省创新驱动发展载体体系。充分夯实现有国家级创新平台的基础性作用，突出国家超算郑州中心的功能发挥，围绕生物育种、装备制造、医学、人工智能及生态保护等重点领域，加快构建超算应用生态体系，积极为全省科技创新驱动发展提供算力支撑。同时，以创建国家级创新平台为重点，打造高能创新平台集群。充分发挥河南省在光通信、高端轴承及地下工程装备等方面的科技优势，积极创建相关重大国家级创新平台，以河南省应用数学中心为基础积极创建国家应用

数学中心，依托郑州大学、河南农业大学申报国家临床医学研究中心以及高等级生物安全实验室（P3 实验室），形成夯实基础、发挥优势的创新驱动引领型载体平台。

积极打造省级创新平台体系。加快嵩山实验室、黄河实验室和农业供给安全实验室的布局建设，推进郑州大学、河南大学等双一流学校建设一批优点和长处突出的省级重点实验室、省级工程技术研究中心以及省技术创新中心。同时，加大创新创业的政策支持力度，坚持绩效导向，鼓励和支持大院大所、创新龙头企业建设专业化众创空间、孵化器，丰富和延伸创业孵化链条，加强与创业孵化园区资源对接，构建区域创业新生态。重点依托创新龙头企业建设省技术创新中心等重大创新平台，支持高新技术企业建设省级工程技术研究中心、企业技术中心等省级研发平台，推动实现规模以上高企研发机构全覆盖。依托郑洛新自创区、省级以上高新区、省级以上高新技术特色产业基地等建设一批创新型企业培育基地。

六　坚持企业创新主体地位，持续提升企业创新能力

企业，尤其是中小微企业是科技创新的主体，需要坚持并激发企业创新主体地位，持续提升企业的创新能力，推动生产组织创新、技术创新、市场创新。依据不同行业发展特点及科技创新要点，打造一批创新龙头企业、“瞪羚”企业和“雏鹰”企业，建立完善“微成长、小升高、高变强”梯次培育机制，加快实施“千人万企”科技政策服务行动，强化“一库一队”体系建设，逐步完善高技术后备企业库，打造一批服务企业的创新型专家服务队伍，同时，加快建立针对不同行业、不同领域、不同发展周期特点的创新型企业评价指标体系，加快创新型企业库的入库数量，建立具有河南省特色优势、具备核心竞争力的创新型企业集群。深入实施创新型企业培育行动，加快形成以创新龙头企业为引领、以高新技术企业为支撑、以科技型中小企业为基础的创新型企业集群，加强共性技术平台建设，推动产业链上中下游、大中小企业融通创新。

同时，加快建立符合企业创新驱动发展要求的金融服务体系。逐步修订和完善包含“1+3”“科技贷”等在内的企业创新金融政策体系，尤其是在郑洛新国家自主创新示范区内逐步探索科技贷、创新风投以及科技创新应用成果转化基金等不同政策的实践。此外，建立科技金融重点企业库，

通过投贷联动提供综合金融服务。开展“科创板”后备企业摸底、遴选、培训等工作，积极培育科创板等上市后备企业。深化科技金融试点工作，开展科技金融服务机构遴选评价工作。

第五节　持续打好“创新驱动发展牌”的支撑点

新时代，创新驱动发展是河南打造中西部创新高地，建成黄河流域生态保护和高质量发展先行区的关键，也是河南省贯彻执行党中央十九届五中全会精神的重要行动。为此，需要坚持在党的领导下加强创新成果激励，坚持人才优先，深入推进创新供给侧结构性改革，持续打好“创新驱动发展牌”。

一　坚持党的领导，发挥党的集中统一领导作用

东西南北中，党管一切。持续打好“创新驱动发展牌”，需要坚持党的领导，发挥党的集中统一领导。深刻领悟党的十九届五中全会中关于创新发展的未来谋划，提高政治站位，从政治上认识和把握创新驱动发展，尤其是科技创新的发展方向，真正将持续打好“创新驱动发展牌”融入河南省社会经济发展的全局之中，坚持打好“创新驱动发展牌”，去谋划河南省高质量发展的方向和举措。持续加强对习近平新时代中国特色社会主义思想的学习和领悟，不断运用习近平新时代中国特色社会主义思想指导实践，在坚持党的领导下持续打好“创新驱动发展牌”。

强化党建引领。深入落实全面从严治党要求，牢固树立“抓党建是第一政绩，党建抓不好，业务上不去”的理念，严格落实党建责任制，以党建高质量推动科技创新高质量。推动党建工作和业务工作深度融合，在党建业务融合中彰显实干实效，把党建优势转化为发展优势、党建资源转化为发展资源、党建成果转化为发展成果。紧跟创新实践，增强创新思维，加强自我学习，发挥党性，敢作为敢担当。把握创新规律，着眼创新实践，不断提高党员干部的创新思维，增强专业基础知识学习，提升专业素养，打造“忠诚、干净、担当、专业”的高素质科技管理干部队伍。发扬“钉钉子”精神，以时不我待的紧迫感、舍我其谁的责任感使命感，集中精力“抓战略、抓规划、抓政策、抓服务”，持续推进重大创新平台建设、重大专项实施、重要改

革政策落实，强化跟踪问效，确保各项工作取得实效，持续打好“创新驱动发展牌”。

二 加强创新成果的激励，打造科技创新成果应用转化平台

引导和强化对创新成果的激励，加快科技创新成果的转化力度，将科技创新能力及时转化为现实生产力。一方面，积极落实国家层面及省内科技成果转化条例、技术转移体系建设实施方案等法规和政策，加大对郑州大学、河南大学、河南科技大学等创新成果转化成效显著的高校、科研院所及企业成果转化的奖励力度，持续提高不同主体的成果转化积极性。同时，积极在上述高校和部分科研院所推进科研人员职务科技成果所有权或长期使用权改革，探索建立职务科技成果赋权新机制和新模式，激发科研人员创新创业活力。此外，设立国家科技成果转化示范专项计划，突出以国家重点研发计划、省重大科技专项等重大项目成果为重点，积极加大成果在省内产业化转化的力度。

另一方面，打造科技创新成果应用转化平台。加快国家技术转移郑州中心及相应政策配套机制建设力度，突出人才培养基地建设。建设创新成果从实验研究、阶段实践、中试熟化到生产过程的“一站式”科技成果转化服务体制，在郑洛新国家自主创新示范区内建设一批创新成果转化基地。同时，加快培育创新成果的转移转化中介机构，以郑州为中心打造河南省创新成果转化知识产权交易中心，联合中国科学院、知名高校及省辖市等组织开展线上线下相结合的重大科技成果对接会及大型科技成果转化对接活动，打造富有特色的活动品牌。此外，积极引导高校、科研院所与企业建立紧密型产业技术创新战略联盟，促进产学研融通创新。

三 强化对创新人才的支持力度，充分激发人才创新活力

创新人才和创新团队是创新驱动发展的核心，加大对创新人才、创新团队的支持力度，不断激发创新人才的创新活力。加大对高层次人才及团队的支持力度，充分发挥院士基金支持基金作用，积极支持院士在豫科研项目工作；加强对“中原学者科学家工作室”科研项目和科研条件的支持。发挥好国家自然科学基金等区域联合创新基金的引导作用，探索国家自然科学基金河南省联合基金，加大对河南省自然科学基金青年基金的支

持力度，鼓励支持社会力量投入基础研究，不断壮大河南省基础研究人才队伍。

同时，加大高层次创新人才的引进力度。实施更加开放包容的引才政策，聚焦重点领域、重点国别和高端紧缺人才，创新方式方法，加大柔性引才力度。建立柔性引进院士新途径，新建一批院士团队服务站。争创国家高等学校学科创新引智基地和国家引才引智示范基地。持续推进“杰出外籍科学家工作室”和“高等学校学科创新引智基地”建设，重点支持引进诺贝尔奖获得者、发达国家科学院或工程院院士等国际顶尖人才及其团队。

四　坚持人才优先，坚持创新人才知识更新工程

人才是持续打好“创新驱动发展牌”的关键，需要坚持优先，做好创新人才知识更新，打造高素质的创新型人才队伍。坚持尊重劳动、尊重知识、尊重人才、尊重创造，着力培养一批中原学者、中原领军人才、中原青年拔尖人才，打造一批中原文化名家、中原教学名师、中原名医，持续打造人才强省。同时，大力弘扬企业家精神和新时代豫商精神，大力实施企业素质提升工程，持续推进创新型企业家队伍建设。

推进知识更新工程，持续推进创新型人才培养建设，突出对基础性科学研究人才持续性、周期性培养的稳定支持机制，加大对从事基础学科青年人才的普惠性财税及课题研究项目的支持力度，打造具有河南特色的“人才+团队+基金”培养模式。同时，深入推进全民技能振兴工程，持续加强应用型、技能型人才培养，着力培养大数据、软件开发、智能制造、国际贸易、现代物流、电子商务、生态环保、文化旅游、家政服务、医疗健康等重点领域人才，积极培育“中原大工匠”。

五　深化“放管服”改革，创新体制机制

深入创新供给侧结构性改革，加大对平台、项目、人才及资金一体化等创新要素的改革力度，持续推进创新体制机制，持续优化创新生态环境。一方面，持续加大高校、科研院所等机构创新成果自主权的改革力度，给予创新人员更多的技术路线决策权和财务支配权。加快出台“关于持续开展减轻科研人员负担激发创新活力专项行动方案”，实施更为清晰、力度更

大的科研人员减负行为。同时，完善以创新能力、质量、实效和贡献为导向的科技人才评价体系，健全科研人员职务发明成果权益分享机制，强化科技奖励的激励和导向作用，加快修订《河南省科学技术奖励办法》，优化科技奖励类别和项目。建立健全科技评审评价机制，在专家库完善、评审人员抽取与保密、评审组织与实施等环节加大监督和制约。

第十二章　持续打好“基础能力建设牌”

2014 年 5 月，习近平总书记到河南调研指导工作，提出了打好“四张牌”的要求。其中打好“基础能力建设牌”，以强化基础能力建设为主导推进培育发展新优势是河南打好“四张牌”的重要支撑，对河南省在新时期服务构建新发展格局、推动区域经济协调发展、贯彻落实国家战略规划，进一步助力经济强省建设，谱写新时代中原更加出彩的绚丽篇章具有重大的现实意义。面对新形势、新阶段，河南应厘清思路、坚持原则、明确目标，梳理重点难点，加强组织实施，强化投入保障，加强政策支持，增强人才支撑，严格责任落实，推动形成河南基础能力建设的新发展格局，为开启全面建设社会主义现代化国家新征程提供坚实的基础保障。

第一节　持续打好“基础能力建设牌”的现实意义

“十四五”时期，是河南育新机开新局迈进新时代的第一个五年，是乘势而上开启全面建设社会主义现代化国家新征程的第一个五年，是主动应对“百年未有之大变局”的第一个五年，也是河南由大到强、实现更大发展，为全国大局作出更大贡献的重要关口。面对新的历史时期，持续打好“基础能力建设牌”具有重大的现实意义。

一　服务构建新发展格局的必然要求

自新冠肺炎疫情暴发以来，面对国内外环境的深刻变化，以习近平同志为核心的党中央做出了加快构建以国内大循环为主体、国内国际双循环相互促进的新发展格局重大战略部署，为当前和未来一段时期河南交通、信息、水利、能源、物流和生态等基础能力建设发展带来全新的机遇，提出了更高的要求。

交通、物流、运输、信息、能源和水网体系等基础能力建设是连接生产和消费的重要环节。基础能力供给的优劣，会传导到经济体系，进而影响经济循环的发展质量和效益。中部大省河南具有承东启西、连南接北的区位优势和综合资源优势，产业基础较好，文化底蕴深厚，发展后劲强劲，是我国新一轮工业化、城镇化、信息化和农业现代化的重点区域，是扩大内需、提升开放水平极具潜力的区域，也是支撑全国经济保持中高速增长的重要区域，对于我国畅通国内国际“双循环”、服务构建新发展格局，具有重大的意义。经过改革开放 40 多年的发展，河南经济发展水平实现了巨大的跃升，已经形成多元化、多样化、多层次的超大规模交通、物流、信息、能源和水利体系，不仅保持经济平稳运行和社会和谐运行，也为稳增长、扩就业、促消费、保供应链稳定作出了巨大贡献，为形成强大国内循环和构建国内国际双循环相互促进的新发展格局提供了良好基础。但是应该看到，河南基础能力建设的现代化水平依然不高，存在创新发展能力薄弱、数字化转型步伐缓慢、流通基础设施不完善等短板；存在缺乏具有全球竞争能力的现代流通企业、对接全球的流通供应链服务能力不强等痛点，亟待加快体制机制创新和现代化建设步伐。也要看到，“十四五”时期河南立足超大市场规模扩大内需，迫切需要交通、物流、运输、能源和水网体系更好服务生产、分配、流通、消费各环节，形成良性高效循环，促进总供给和总需求在更高水平上实现动态平衡。更要看到，在技术革命、消费变革的大背景下，全球产业链和分工格局正在发生新一轮重构，新形势愈发要求河南交通、物流、运输和水网等进一步发挥好国内国际双循环“连接器”的作用，以国际提升国内大循环效率和水平，实现国内国际双循环相互促进。因此，河南必须把持续打好“基础能力建设牌”作为当前和未来一个时期的努力方向和工作重点，通过不断夯实自身基础能力建设，为河南服务构建新发展格局提供坚强的基础保障。

二　区域经济协调发展的客观要求

中国区域发展一直是国民经济总体布局的重要组成部分。河南在全国区域发展四大板块的格局中属于中部地区，正处于新旧优势交替变化的关键阶段。

从地理区位来看，河南是丝绸之路经济带沿线建设重要省份，西融

“丝绸之路”经济带，东链“海上丝绸之路”，北接京津冀协同发展战略，南联长江经济带战略。由此可以明显看出，在区域发展重大战略中，河南战略贯通承启“三个支撑带”，将在促进和深化“三个支撑带”之间互动融合协作，推进国内区域经济协调发展，鼓励在地区间共同实现创业创新中发挥重要的作用。另外，从中部六省内部来看，经济发展的机遇条件和空间结构发生了变化，安徽、江西、湖北、湖南处在我国综合实力最强、战略支撑作用最大的区域之一——长江经济带上，其中安徽还接受长三角一体化发展辐射，山西积极对接京津冀协同发展，河南面临的区域竞争日趋激烈。

基础能力作为区域发展潜力的一个重要衡量指标，日益成为提高区域竞争力的关键因素。强化基础能力支撑，谋划好河南的发展，关系河南能否顺利开启全面建设社会主义现代化河南新征程、谱写新时代中原更加出彩绚丽篇章，具有特殊重要的战略意义。近年来，河南省委省政府超前谋划，抢抓机遇，坚持交通先行，构筑现代基础设施网络，完善科学发展载体，提升人力资源素质，优化能源消费、生产结构，提升能源安全保障能力，以黄河生态保护和高质量发展为战略引领强化水利体系建设，基础支撑能力得到极大提升。但是与国家“一带一路”等的顶层设计相比，与河南自觉服务全国区域发展格局与努力实现跨越发展的双重任务相比，与中央对河南打造贯通南北、连接东西的现代立体交通体系和现代物流体系的具体要求相比，还需要进一步突出重点、弥补短板、强化弱项。通过进一步加强基础能力建设，支撑起真正意义上的中原“崛起”，要充分发挥“中国之中”的独特区位优势，持续打好基础能力建设这一河南促进全省区域协调发展、提升河南在全国发展大局中的地位的好牌，坚持核心引领，区域协同，积极作为，加快各类高端生产要素集聚，主动融入“一带一路”等建设，打造内陆开放型经济高地，不断缩小与东部沿海地区的发展差距，为河南在中部地区崛起中奋勇争先提供重要的关键支撑。

三 贯彻落实国家战略规划和平台的战略举措

党的十八大以来，以习近平同志为核心的党中央统筹推进“五位一体”总体布局，协调推进“四个全面”战略布局，科学谋划新时代中国特色社会主义事业，推动中部地区崛起、黄河流域生态保护和高质量发展，以及推动形成以国内大循环为主体、国内国际双循环相互促进的新发展格局重大国家战略相继出台。这三大国家战略，为河南省经济高质量发展提供了强劲动力，提供了根本遵循。再加上近年来河南省获批的国家粮食生产核心区、中原经济区、郑州航空港经济综合实验区、中国（郑州）跨境电子商务综合试验区、郑洛新国家自主创新示范区、中国（河南）自由贸易试验区、国家大数据（河南）综合试验区、全国首个国家级普惠金融改革试验区等战略部署，河南发展的空间拓展得越来越宽，在全国大局中扮演的角色也越来越重，同时对河南基础能力建设提出了新的要求。

“十三五”时期，河南放大产业基础、区位交通、开放通道等自身基础能力优势，把着力打好“基础能力建设牌”作为贯彻落实国家发展战略、深化供给侧结构性改革的重要抓手，基础能力建设成效显著。同时也应看到，与服务构建新发展格局、贯彻落实黄河流域生态保护和高质量发展、助力中部地区崛起国家战略的现实要求相比，与持续推进“五区联动”“四路协同”高质量发展的战略需求相比，全省基础能力建设方面差距尚远。在乡村振兴、制造业高质量发展、现代综合交通、低碳高效能源、重大水利工程、生态环保、社会民生等重点领域，制约河南发挥国家等一系列战略优势的基础能力短板和弱项依然比较突出。比如人力资源规模大但质量不高，农村基础设施建设相对落后，煤炭、常规油气等传统能源可开发后备资源严重不足，交通运输系统债务沉重，水资源短缺和水环境恶化等，已成为河南经济社会高质量发展的重大制约。

新时代面临新形势，河南推进国家战略规划和战略平台建设，就必须持续打好“基础能力建设牌”，加快建设现代立体交通体系和现代物流体系，释放枢纽经济动力；持续打好生态环境治理攻坚战，着力推进绿色发展；加快新一代信息技术基础设施建设，为“互联网+”、跨境电商、大数据等新经济发展提供支持；加快培养和引进一批高端人才，为实施战略规划提供强大人才支撑；以基础设施互联互通为纽带，推动局部优势向综合优势转变，提升对国家战略规划和平台建设的基础支撑能力。

四　加快建设经济强省的现实需要

党的十八大以来，河南经济发展稳中有进，经济总量多年稳居全国第 5 位，经济实力不断增强，产业体系日趋完善，经济强省建设迈出新步伐，实现了新突破。经济综合实力实现重大跨越，全省生产总值先后迈上 4 万亿元、5 万亿元两个大台阶，人均生产总值突破 8000 美元。财政总收入超过 6200 亿元，一般公共预算支出突破 1 万亿元。金融机构存贷款余额分别突破 7 万亿元、6 万亿元。粮食产量连续 4 年稳定在 1300 亿斤以上。高质量发展迈出重大步伐，制造业加快转型升级，战略性新兴产业增加值占规模以上工业比重超过 20%，服务业增加值占比接近 50%。科技创新支撑能力快速提升，国家级创新平台达到 172 家，新型研发机构发展到 102 家，高新技术企业数量翻了两番多，科技型中小企业突破 1 万家，居中部地区首位。

从发展阶段性特征看，当前河南既处于工业化、城镇化加快推进阶段，也处于由中等收入阶段迈上高收入阶段的关键时期，面临开启全面建设社会主义现代化河南新征程，推动高质量发展，加快全省由大到强的新任务、新使命。从河南当前面临的突出矛盾和问题来看，虽然经过多年来的不懈努力和奋斗，全省发展已经站在了经济强省建设的新起点上，但人口多、底子薄、基础弱、人均水平低、发展不平衡的基本省情依然没有根本改变，一些矛盾和问题日益突出，其中的集中表现有“三低”：产业基础配套能力弱，产业结构层次低，服务业占比低于全国平均水平 10 个百分点，传统产业占工业增加值比重近五成；支撑发展的高层次人才不足，创新能力低；农村基础设施建设水平较低，乡村振兴基础支撑薄弱。由此可以看出，持续提升基础能力建设是新常态下河南破解发展难题最为紧迫的突破口，聚焦的是新阶段下河南如何消除面临的突出矛盾，着眼的是新方位上河南如何厚植发展优势。因此确保全面建设社会主义现代化河南开好局、起好步，在中部地区崛起中奋勇争先，谱写新时代中原更加出彩的绚丽篇章，必须切实把持续打好“基础能力建设牌”作为当前和未来一个时期的努力方向和工作重点，破除发展瓶颈，解决深层次矛盾和问题，夯实河南经济强省建设的基础支撑能力，推动经济社会发展再上新台阶。

五　实现中原更加出彩的重要支撑

“十三五”是河南改革开放进程中绽放出彩风貌的重要时期。河南找准支撑点、突破点、发力点，扎扎实实向更加出彩的目标迈进，生产总值从 2015 年的 37010.25 亿元增加到 2020 年的 54997.07 亿元，人均生产总值从 3.45 万元增加到 5.1 万元，城镇化率从 46.85%提高到 55.43%，“十三五”规划目标任务总体完成，全面建成小康社会取得伟大历史性成就，中原更加出彩宏伟事业向前迈进了一大步。

一是“三农”稳固，夯实更加出彩的根基。2020年，河南粮食产量达到6825.80万吨，现代农业产业体系加快构建，已成为全国第一粮食加工大省、第一肉制品大省，正从“国人粮仓”迈向“国人厨房”。河南用创新的理念、改革的办法来破解“三农”的一些难题，持续提升粮食生产能力。坚持“藏粮于地、藏粮于技”，加快中低产田改造，农业科技贡献率居于全国第一方阵。

二是打好“四张牌”，挺起更加出彩的脊梁。河南打好“产业结构优化升级牌”，坚持发展先进制造业和壮大现代服务业并举，培育战略性新兴产业和改造提升传统产业并行。打好“创新驱动发展牌”，以郑洛新国家自主创新示范区建设为龙头，加强创新能力开放合作。打好“基础能力建设牌”，率先实现“米”字形高铁网实质性落地，全国重要的综合交通枢纽、通信枢纽、能源基地地位不断巩固。打好“新型城镇化牌”，中原城市群成为国家重点发展的城市群，郑州跻身国家中心城市行列。

三是积极融入“一带一路”，扩展更加出彩的空间。“四条丝绸之路”畅通国内外，“买全球、卖全球”目标稳步推进。郑州开放引领功能不断强化，全球跨境电子商务大会永久落户郑州，成为全球网购商品集疏分拨中心，世界500强企业纷纷落户河南。河南开放的大门越开越大，产业链、价值链、供应链“链”接全球，正由对外开放的跟随者变成内陆开放高地建设的先行者。

展望“十四五”，对河南来讲，在国家层面需要紧抓双循环新发展格局、黄河流域生态保护和高质量发展以及中部地区崛起三大国家战略，省内层面需要推进“五区一群”建设。如果基础能力搞不上去，缺乏竞争优势，经济强省建设乃至现代化河南新局面、中原更加出彩的宏伟目标也会缺乏支撑。基础能力建设里面，关键要抓住两点：一是强化优势，即交通、农业、人口、文化优势；二是补足短板，这是我们的潜力或后劲。通过持续强化基础能力建设，准确把握破解突出矛盾和关键问题的方法策略，进而激发动力、夯实基础、增创优势，加快转变经济发展方式和提高经济整体素质及竞争力，推动河南从经济大省向经济强省跨越，实现河南经济社会向更高质量、更有效率、更可持续的方向迈进。随着基础能力的持续增强，必将助力河南在实现中原崛起中奋勇争先，谱写新时代中原更加出彩的绚丽篇章。

第二节　持续打好“基础能力建设牌”的思路和目标

河南持续打好“基础能力建设牌”，需要因时而动、因地制宜、因势利导，厘清思路，坚持“六个结合”，明确五大发展目标。

一　基本思路

以习近平新时代中国特色社会主义思想为指导，全面贯彻党的十九大和十九届二中、三中、四中、五中全会精神，深入贯彻习近平总书记关于河南工作的重要讲话和指示批示精神，立足新发展阶段，贯彻新发展理念，融入新发展格局，坚持以人民为中心的发展思想，以深化供给侧结构性改革为主线，以持续增强河南信息、交通、能源、水利等基础能力为目标，加快建设信息、融合、创新基础设施等新型基础设施；突出郑州中心带动，完善综合运输大通道和综合交通枢纽体系，全面提升综合运输网络效应、运营效率和服务品质；完善能源产供储销体系，形成能源安全绿色发展的良好局面；持续推进重点水利工程建设，完善旱引涝排、丰枯互补、内连外通、调洪防灾的水安全保障网。

二　基本原则

（一）坚持统筹发展和服务民生相结合

持续打好“基础能力建设牌”要求坚持统筹发展和服务民生相结合。发展是我党执政兴国的第一要务，以人民为中心是党的初心使命、根本宗旨的集中体现。持续打好“基础能力建设牌”必须在坚持发展的同时，坚持服务民生。持续打好“基础能力建设牌”，要求将发展作为解决所有问题的关键，聚焦建设经济强省目标，推动经济实现较高速度和较高质量发展。一是以新发展理念为引领。坚持创新、协调、绿色、开放、共享发展新理念，推进发展的整体性和协调性，实现更高质量、更有效率、更加公平、更可持续发展。二是以供给侧结构性改革为主线。坚持把提升供给体系质量和效率作为中心任务，加快供给侧结构性改革，实现产业结构战略性调整和转型升级，推动经济提质增效。三是以开放带动为动力。立足河南实际，把开放带动作为持续打好“基础能力建设牌”的强大支撑，努力营造良好的开放环境，持续拓宽开放领域，完善开放政策，推动对内对外开放向更大规模、更宽领域、更高水平、更好效果发展，加快打造内陆开放高地。

持续打好“基础能力建设牌”，根本目的是让全省人民都过上幸福、美好的生活，因此必须坚持以人民为中心。一是要把增进人民福祉、促进人的全面发展作为持续打好“基础能力建设牌”的出发点和落脚点，把满足人民幸福美好生活的需要作为持续打好“基础能力建设牌”的目的和归宿。二是充分调动人民群众的积极性、主动性、创造性。习近平总书记强调：“人民是创造历史的动力，我们共产党人任何时候都不要忘记这个历史唯物主义最基本的道理。”持续打好“基础能力建设牌”，必须牢牢把握人民的社会主体地位，紧紧依靠人民，广泛动员和组织人民投身这一伟大事业中来。三是切实增强人民群众的获得感、幸福感。人民群众的利益就是我们党的最高利益，必须以实现最大多数人的利益为目标，让人民群众共享打好“四张牌”带来的金山银山、绿水青山。

（二）坚持多元协同和重点突破相结合

持续打好“基础能力建设牌”，要求坚持多元协同和重点突破相结合。要在整体推进基础上把握重点突破。必须立足基础能力建设整体，确定并聚焦重点领域。要在众多领域和环节中确定重点和关键，从整体出发，总揽全局，综合考量各种因素、各种矛盾之间的相互制约关系，正确认识各个部分的属性、特点及其对基础能力建设整体的价值和意义，要分清主次、把握重点。要在基础能力的多元协同上下功夫。基础能力建设本身就包括很多元素和内容，需要防止一项的不足而出现“短板效应”，同时也要注重在某一单项基础能力协同上下功夫。以交通为例，一方面，应着力推进多元复合放大聚集辐射拉动作用，比如拥有高铁、普通铁路、高速公路、航空、水运等多重复合轴或枢纽，经济拉动的作用才最明显；另一方面，也要在交通设施互联互通上下功夫，郑州“米”字形高铁网络的形成以及铁路、公路、航空多式联运机制的建设也是强化单项基础能力协同、放大辐射带动效应的鲜活例证。

坚持重点突破，以重点突破带动整体推进。在基础能力建设上需要聚焦难点、瞄准关键点。一要推进专项行动。要把基础能力“补短板”专项行动要求与本地实际结合起来，明确内涵，落实成效，提升水平。比如，要通过“补短板，强弱项”专项行动，解决河南公路场站对航空、铁路枢纽配送分拨不够紧密，铁路专用线尚未引入郑州机场货运区，空铁不能实现便捷衔接；四港联动大道建设滞后，传统货运场站仓储、装卸等设施陈旧，货物转运作业效率低下等重点问题。二要精准聚焦推进攻坚克难。聚焦重点、突破难点，以点带面、点面结合，持续深化改革扩大开放，认真抓好中央生态环境保护督察“回头看”反馈意见整改和黄河流域综合治理问题。三要埋头苦干推进工作落实。进一步加强调查研究、弘扬斗争精神、汇聚工作合力、扎扎实实推进。在交通领域，民航、铁路、公路等不同运输方式管理体制的相互割裂，各自的运单、载距等差别巨大且无法互认，关检的规则效率也各不相同，严重阻碍其协同融合高效发展；在水利、能源和生态保护领域，“四水同治”十大水利工程建设、天然气储气调峰设施、天然气入豫通道及省内互联互通、推进煤炭消费减量替代、重点流域水环境综合治理等重大工程建设亟须推进。面对这一系列难点重点，河南必须围绕基础能力建设中的重点领域、关键环节，精准施力，各个突破。

（三）坚持强化优势和补足短板相结合

持续打好“基础能力建设牌”必须坚持强化优势和补足短板相结合。基础能力建设是经济社会发展的地基，是一个地区增强发展后劲、打造新增长点的重要保障。河南承东启西、连南贯北，具有显著的区位、交通、能源、生态优势，持续打好“基础能力建设”这张牌，必须培育四大新优势。一是厚植交通新优势。河南交通具有独一无二的优势，基本形成了以新郑机场为中心通达全国主要城市和欧美亚的航空网络，构建了以郑州为中心的“米”字形高速铁路网、“四纵六横”货运铁路网和“十字加半环”城际铁路网，以及以郑州为中心、辐射18个省辖市的高速公路网。持续打好“基础能力建设牌”要进一步加快郑州国际性现代化综合交通枢纽和一批区域性枢纽建设，形成以郑州为中心的多式联运和智慧交通网，构建枢纽型、网络化的现代综合交通运输体系。二是厚植能源新优势。河南是全国重要的能源资源大省，拥有煤炭、石油、天然气等丰富的资源，但是资源能源结构不优问题相对比较突出。今后要推进能源绿色智慧转型，加快新能源开发利用，集成优化现代能源输配网络，构建清洁低碳、安全高效的现代能源体系。三是厚植生态新优势。以重大工程为引领，推进江河湖库水系连通，构建互联互通的现代水网，加快桐柏大别山地生态区、伏牛山地生态区、太行山地生态区、平原生态涵养区，以及沿黄生态涵养带、南水北调中线生态走廊、沿淮生态保育带等“四区三带”建设。四是厚植网络新优势。郑州是全国十大互联网骨干枢纽之一，4G 网络实现全省行政村全覆盖，河南电子商务发展居于全国第一方阵。要大力发展网络经济，扩容郑州国家级互联网骨干直联点，加快“宽带中原”建设，推进国家大数据综合试验区建设，深化云计算在重点领域运用，加快国家物联网应用重大示范工程试点省建设。

河南在强化优势的同时，也需在基础能力的突出短板上下足功夫。聚焦关键领域和薄弱环节，实行分类施策，在防范风险的基础上保持基础设施等领域补短板力度，加快补齐农村基础设施短板，逐步建立全域覆盖、普惠共享、城乡一体的基础设施服务网络。着力提升人力资源素质，加强义务教育学校标准化，促进义务教育和高等教育均衡发展，提升人力资源素质。继续实施人才强省战略，深入实施重大人才工程，突出高技能人才优势提升和高层次人才培养集聚，构建创新发展的人才体系。加强城市公共安全设施建设，增强公共服务和公共应急能力。加强环境治理和生态保护，继续开展大气和水污染治理攻坚战，深化区域大气污染联防联控，加强水源地和重点流域水环境保护。建设“四区三带”区域生态网络及黄河明清故道生态走廊，构筑绿色生态屏障。

（四）坚持夯实硬件和提升软件相结合

持续打好“基础能力建设牌”，必须坚持夯实硬件和提升软件相结合。河南持续推进基础能力建设，既要抓硬件，又要抓软件，努力实现“软”“硬”件结合。夯实“硬件”基础能力建设，可以为经济发展构筑新支撑；抓好“软件”基础能力建设，可以更大程度释放经济发展新动能。

夯实硬件，要做好三个方面。一是构建综合交通体系。完善运输通道，优化交通网络布局，强化郑州综合枢纽功能，促进四港联动、多式联运协同发展；鼓励发展绿色交通、智慧交通，构建东联西进、贯通全球的物流通道枢纽，形成以郑州综合交通枢纽为中心，以航空网、干线铁路网、高等级公路网为主骨架，安全高效的现代综合交通运输体系。二是完善科学发展载体平台建设。借力数据新型生产要素作用，集中有效资源，加快构建高效便捷的大数据平台，持续推进现代能源网、信息网、交通网和水利网等新型基础设施融合发展，支撑交通、能源、水利等基础能力建设向数据驱动、创新驱动转变；协同推动支撑基础能力建设的融资、公共服务、人力资源三大服务平台建设。三是城市基础能力建设。一座城市的基础能力建设，包含资源、环境、能源、水利和经济等多个方面，是实现城市可持续发展的必要条件。河南紧抓实施“五区一群”国家战略，加快推进中原城市群建设，如果没有城市完善的基础设施作为基础，那城市的发展就失去了重要的动力源。

提升软件，主要包括三个方面。一是人才。人才不足是当前制约河南基础能力建设最突出的问题。针对河南高端信息、能源、水利、工程等专业技术人才比较匮乏、人才流失问题突出的现状，要实施创新驱动，提升人才核心竞争力，首先要坚持人才优先，强化人才队伍建设，全面提升河南专业技能劳动力综合素质。其次要增强高校在基础能力建设所需人才培育方面的基础推动作用，举全省之力把郑州大学、河南大学打造为全省高校的领头羊，进入全国高校第一方阵，为持续打好“基础能力建设牌”提供强大思想引领、人才支撑。二是金融。金融是现代经济的血脉，是持续打好“基础能力建设牌”的重要保障。围绕提升金融部门服务基础能力建设的能力，加快建立健全以公共财政投入为主、积极运用市场机制、多渠道筹措水利、信息、交通、能源等基础设施建设的资金投入稳定增长机制；建立金融服务基础能力建设“绿色通道”，对市场化融资有困难的基础能力建设项目资金需求，开发性政策性金融机构要结合自身业务范围，调整信贷安排，适当倾斜，合理满足新型基础设施、交通、能源和水利体系建设的现实需要。三是信息。当前，信息经济已经成为衡量经济活跃度、评价经济发展质量的重要标志。河南正在从人口大省逐渐成为网民大省、网络经济消费大省。加强信息基础设施建设，充分发挥信息化的引领作用，显得尤为重要。借助信息技术新优势，搞好信息技术基础设施建设，河南的新优势、新动能、新空间可以得到极大提升。

（五）坚持传统转型和创新引领相结合

为经济发展和社会进步提供基础性条件是基础能力建设的一个重要功

能。随着经济社会不断发展，“设施”形式日新月异，但“基础”作用丝毫未变。基础设施只有随着经济社会发展不断创新升级，才能持续发挥支撑作用。因此，持续打好“基础能力建设牌”在推动传统基础设施转型升级的同时，也要强化创新的系统引领功能。

坚持传统基础能力建设转型升级和创新引领协同推进。改革开放以来，河南省基础设施建设成绩斐然，配置各类资源的能力不断增强，抵御自然灾害的水平大幅提升，为经济发展和社会进步提供了有力支撑。特别是习近平总书记调研指导河南工作时提出“四张牌”的战略部署之后，全省把打好“四张牌”作为落实新发展理念、深化供给侧结构性改革的关键举措来抓，基础能力建设工作持续推进，郑州机场二期建成投运，三期工程启动建设，率先实现“米”字形高铁网实质性落地，全国重要的综合交通枢纽、通信枢纽、能源基地地位不断巩固。同时也要看到，河南城乡和区域之间基础设施发展不够均衡、人均基础设施存量水平偏低，人力资源规模大而不强，生态环境约束日趋收紧。还应看到，河南经济进入高质量发展阶段，进一步适应新型城镇化建设、实施乡村振兴战略、调整优化产业布局等需要，基础设施改造升级势在必行。

当前，新一轮科技革命和产业变革加速推进，抢占未来发展制高点，创新引领基础能力建设必须先行。党中央在新型基础设施建设领域谋篇布局，从“加强新一代信息基础设施建设”，到审议通过《关于推动基础设施高质量发展的意见》，再到“加快推进国家规划已明确的重大工程和基础设施建设”“打造集约高效、经济适用、智能绿色、安全可靠的现代化基础设施体系”“加快5G网络、数据中心等新型基础设施建设进度”等，充分体现了统筹推进传统基建和新基建的重要思路。河南要认真贯彻落实这一系列重要决策部署，在合理扩大传统基础设施建设规模、加快已有设施升级改造的同时，又要抓紧补齐新型基础设施短板，加快5G、人工智能、工业互联网、物联网、大数据中心等新型基础设施建设。只有统筹好存量与增量、传统基建与新基建，坚持传统转型和创新引领相结合，加快构建现代化基础设施体系，才能为河南高质量发展奠定坚实基础，才能为满足人民群众的美好生活需要提供稳固支撑。

（六）坚持智能高效和绿色低碳相结合

河南持续打好“基础能力建设牌”，必须坚持智能高效和绿色低碳相结合。党的十九届五中全会提出2035年“美丽中国建设目标基本实现”的社会主义现代化远景目标和“十四五”时期“生态文明建设实现新进步”的新目标新任务，为新时代河南基础能力建设提供了方向指引和根本遵循。当前，以数字化、网络化、智能化为主要特征的新产业革命势不可当，围绕产业互联网、人工智能、5G、大数据中心、云存储、区块链、超级高铁等的新型基础设施竞争已经成为各国战略竞争的焦点之一。

建设结构优化、集约高效、经济适用、智能绿色、安全可靠的现代化基础设施体系，不仅有利于促进经济增长、拉动投资、扩大内需、产业升级、形成新动能，也有利于提升公共服务水平，增加就业，增强社会可持续发展力，而且关乎河南的现代化进程能否顺利开启。从河南的发展实际来看，目前还存在较大差距，包括绿色基础设施建设的财税支持政策仍不健全，基础设施绿色化评价标准空缺，没有统一标准衡量基础设施的绿色化水平，生态环保基础设施建设与5G、人工智能、工业互联网等产业融合的市场机制还没有建立起来等。另外，一些大型基础设施建设对生态空间的占用问题仍比较突出，施工过程中的废水、废气、固废排放管理仍不到位，对生物栖息地的干扰仍然存在，这些问题都需要通过基础设施建设的绿色化予以解决。

因此，河南持续打好“基础能力建设牌”，必须坚持绿色低碳原则，推动传统基础设施和技术装备的绿色化更新换代，制定基础设施绿色化准入标准，大力推动能源、水利等生态基础设施建设。坚持智能高效的原则，加强人工智能技术在基础设施领域的应用，加快形成适应智能经济和智能社会需要的基础设施体系。

三　发展目标

（一）现代化基础设施体系进一步优化

统筹推进新型基础设施和传统基础设施建设，现代化基础设施体系进一步完善。围绕加快信息基础设施、融合基础设施、创新基础设施建设，新一代信息基础网络对数字转型、智能升级、融合创新的支撑能力持续增强。强化郑州国家级互联网骨干直联点功能，互联网协议第六版商用部署全面推进，建成基础电信运营商、大型互联网企业区域性数据中心，人工智能、区块链基础设施建设，搭建公共算力等服务平台。新一代信息基础设施网络、新型计算基础设施和融合基础设施建设持续提速，智慧能源基础设施建设基本完成，省能源大数据中心功能得到完善。

（二）以郑州为中心的综合交通体系进一步完善

以郑州为中心的综合运输大通道和综合交通枢纽体系不断完善，发达的快速网、完善的干线网、广泛的基础网加快建设，综合运输网络效应、运营效率和服务品质进一步提升。多项连通的骨干运输通道、立体互联的内畅网络和多层次的综合交通枢纽建设成效显著，综合交通枢纽能级显著增强，形成郑州铁路枢纽四主多辅客站布局，推动干线、支线、通用机场协同发展，改扩建既有机场，形成一枢多支的现代化机场群。提升交通服务效能和推进现代综合交通体系重大工程工作全面落实。

（三）低碳高效的能源支撑能力显著增强

秉持节能优先、内源优化、外引多元、创新引领的理念，能源革命取得成效，能源产供储销体系进一步完善，能源安全绿色保障水平得到全面提升。多元外引能力持续增强，全国电力联网枢纽地位得到稳固。外气入豫通道持续拓展，多方向气源、多途径引入格局加速形成。能源输配网络进一步完善，两纵四横升级天然气干线互联互通管道和县域直线网络建设持续推进，油品输配网络得到完善，加油、加气、充换电、加氢等设施加速布局。省内能源结构进一步优化，能源储备调节能力得到增强。

（四）兴利除害的现代水网体系更加健全

“四水同治”深入实施，围绕重点水利工程建设，水安全保障网进一步完善。黄河长治久安得到坚实保障，径流调节和洪水泥沙控制能力显著增强。二级悬河和游荡性河势治理持续推进，有序推进滩区居民后续迁建或就地安置，加快解决温孟滩和封丘倒灌区群众防洪安全问题。建设“智慧黄河”数字化平台，持续推进黄河立法工作。水资源配置持续优化，一纵三横六分区水资源调配格局加速形成。围绕推进黄河、海河、淮河、长江流域防洪体系建设，加快主要支流控制性水利枢纽工程前期研究和建设，开展重要支流和中小河流综合治理，实施蓄滞洪区安全建设，防洪薄弱环节得到持续强化。

（五）生态强省建设成效更加显著

围绕沿黄地区国土绿化、水土保持和矿山整治，进一步筑牢沿黄生态屏障。黄河中游山区水土保持能力全面增强。打造山水人城和谐相融的复合型生态廊道，建设沿黄美丽乡村示范带。加强主要支流沿线生态建设，形成林水相依、水清岸绿的支流绿廊。黄河生态廊道网络进一步完善。加快建设淮河流域生态文明建设示范带。统筹推进生态防护林、森林公园和文化景观建设，形成横贯黄淮海流域的生态文化旅游廊道。统筹推进沿黄生态带和骨干生态廊道有机连通，串联沿线及周边城市生态隔离带、农田绿网和各类自然保护地，开展廊道交汇点示范打造，营造绿满中原生态景象。

第三节　持续打好“基础能力建设牌”的重点难点

新时期河南持续打好“基础能力建设牌”，必须明确重点难点，着力在统筹构建新型基础设施体系、综合交通体系、能源支撑体系和现代水网体系四个方面寻求突破。

一　统筹推进新型基础设施建设

加快建设信息基础设施。加快5G、工业互联网、物联网等新一代网络基础设施建设，推进大型数据中心、人工智能等信息技术基础设施建设，构建高效、广泛、融合、智能、安全的信息基础设施体系。推进城域网结构优化和关键环节扩容，实施郑州国家级互联网骨干直联点提升工程，完善全域互联网骨干网建设，基本实现千兆家庭宽带接入能力。支持郑州市建立国家级新型互联网交换中心，统筹布局感知网络，建立传统信息基础设施和5G协同发展的移动物联网综合生态体系，完善支持NB-IoT（窄带物联网）的全省性网络，拓展电子政务外网带宽资源，优化组网架构，扩大覆盖面，加快实现区域连续覆盖、城乡地区无差别热点区域覆盖。加快在交通、物流、市政等重点领域部署物联网终端和智能化传感器，实现感知设备统一接入、集中管理和感知数据共享利用。推进制造业特别是大型工业企业内网升级改造，鼓励优势企业独立或联合平台运营商合作建设数据中台，建设一批特定行业、关键领域和优势产业集群工业互联网平台。加快建设国家工业互联网大数据分中心，支持郑州市建设国家级工业互联网平台应用创新推广中心，加快洛阳、许昌、漯河等省辖市工业互联网标识解析二级节点建设和推广应用。围绕郑州量子通信城域网的构建，推进相关高质量的量子制备中心、量子通信郑州卫星地面站等基础科研设施建设，探索开展量子安全政务、量子安全移动办公、量子安全财政支付等创新应用。

加快信息技术基础设施建设。支持郑州、洛阳加快建设大型绿色数据中心，积极争取全国一体化大数据中心国家级枢纽节点在全省布局。全面提升国家超级计算郑州中心效能，实施大数据中心项目，建设全栈国产化、自主可控智能计算中心，加快建设公共数据资源库、标注数据库、训练数据库、开源训练数据集等相关配套基础平台，围绕精准医学、高端育种、环境综合治理等重点领域开发一批超算应用。支持郑州市创建国家新一代人工智能创新发展试验区，建设全省统一的智能网联汽车云控平台，开展中原科技城自动驾驶公交线路示范应用。充分发挥集聚区块链开发者和用户资源的规模效应，推动优势企业根据自身需要建设自主区块链底层技术、开源平台。

加快融合基础设施建设。推进新建传统基础设施与新一代信息技术融合，在加快既有基础设施智能化升级的同时，提升现有基础设施运行效率、安全水平和服务能力。推进交通物流设施智能化，持续拓展城际铁路、市域（郊）铁路、城市轨道交通网络，强化不同轨道信息互联互通和共享共用，推动实现智能调度、票制互通、安检互信、支付兼容。建设郑州地铁一体化生产和管理信息集成平台，完善建设、运维、服务等智慧地铁应用体系。实施多式联运示范工程，物流枢纽智能化建设工程，支持示范工程企业建设多式联运综合信息服务平台，引导企业开放枢纽场站、运力调配、班线计划等数据资源，提升铁、水、公、空等联运智能化水平，提升郑州空港型、洛阳生产服务型国家物流枢纽和许昌、鹤壁等区域物流枢纽智能化水平。推进国家和省级示范物流园区货物管理、运输服务、场站设施等数字化升级。

二 构建便捷畅通的综合交通体系

打造多向连通的骨干运输通道。构建直连京津冀、长三角、粤港澳、成渝、长江中游等城市群中心城市的重要城市群的综合运输通道，拓展完善二广、大广、晋豫鲁、沪陕等“井”字形通道，全面建成“米”字形高速铁路网，形成以郑州为中心的“井”字形综合运输通道格局。布局新增北沿黄和宁洛通道，形成多向立体、内联外通的“米+井+人”综合运输通道。围绕中原城市群“一核一副四轴四区”空间格局，拓展中原城市群城际轨道交通网，建成兰考至菏泽铁路、呼南高铁豫西通道、洛平漯周高铁。畅通公路网，优化完善高速公路、国省干线省际出口，建设京港澳高速东、西复线等省际高速公路，强化都市圈与聊城、菏泽、晋城、长治等中原城市群边界城市连通。强化与洛阳都市圈交通联动。统筹推进郑洛、焦济洛城际铁路以及郑州至洛阳高速公路等项目建设。

建设立体互联的内畅网络。加快构建多层次多模式的轨道交通体系，结合“米”字形高速铁路网，融合城市地铁网和市域（郊）铁路网，形成以郑州为中心，辐射近郊城镇和新兴增长中心的“半小时通勤圈”。推动郑州轨道交通向周边城市（镇）延伸，逐步实现相邻次级中心城市之间的轨道交通直联。全面建成郑州城市轨道交通三期建设规划，有序推动郑州城市轨道交通线网规划实施。探索推进中低运量的城市轨道交通系统规划建设。统筹推进干线铁路、城际铁路、市域（郊）铁路、城市轨道交通规划建设，推动轨道交通网络、通道、枢纽融合。加强不同轨道交通间的运力匹配、组织衔接、时刻对接、信息互联互通和共享共用，完善轨道交通立体换乘设施，提高旅客中转换乘集散效率。以郑州南站、小李庄站以及城际铁路、市域（郊）铁路、城市轨道交通车站为重点，健全枢纽与周边区域协同发展机制，促进枢纽和城市功能融合，打造交通圈、商业圈、生活圈“多圈合一”的城市功能区。推动跨河通道建设，集约利用跨河通道资源，建成郑济高铁公路两用桥。提升跨河通道密度，优化黄河上下游通道。协同推动南、北沿黄普通干线公路升级改造，串联沿黄森林公园、湿地公园、风景名胜区等，构建沿黄两岸旅游风景路。加强沿线生态保护和绿化景观营造，改善提升黄河北岸平原城乡一体化示范区—原阳县、黄河南岸开封市黄河滩区城乡统筹示范区交通基础设施条件。

构建多层次的综合交通枢纽。实施郑州机场三期工程，优化机场周边空域，加快“空中丝绸之路”建设，深化航空“双枢纽”合作，构筑国际货运枢纽联盟。建设郑州全球性国际邮政快递枢纽、全国重要的航空国际邮件枢纽口岸。全面推进郑州机场航空电子货运试点建设，吸引国内外大型物流集成商和航空快递企业设立分拨转运中心。持续推进郑州南站、小李庄站等枢纽工程，以及圃田、薛店等铁路物流基地工程。打造协同分工的多层次枢纽联动体系，统筹推进洛阳、商丘、南阳、开封、新乡、焦作、许昌等市节点枢纽建设，强化与郑州枢纽高效互联，形成“一主四辅”枢纽城市联动体系。强化机场、铁路等主要枢纽场站之间的高效衔接，建立衔接高效的枢纽集散体系。加快完善郑州机场集疏运系统，提升空铁联运组织效率。加强都市圈重要交通枢纽与高快路网衔接，优化铁路货运场站、物流园区周边路网。

全面提升交通服务效能。推动城乡客运一体化发展，鼓励开展空铁、公铁、公空等联程运输。推广出行即服务模式，有序推进共享出行、运游融合、定制客运等新业态公众出行服务。推广货运一单制服务，实施多式联运示范工程，大力发展智慧交通，推广无感支付、无感安检等服务。建设跨运输方式出行信息查询系统，实现综合运输出行信息及时发布、及时更新便捷查询。构建以“一单制”为核心的便捷运输体系，加快建设多式联运信息服务平台和专业化经营平台，承载一单制电子标签赋码及信息汇总、共享、监测等功能。按照股份制加快组建服务于物流一体化的运营公司，引进大型物流集成商和货代企业，组建本土卡车航班公司，积极吸引全球志平卡车航班企业在航空港设立运营基地。依托郑州国际陆港发展铁海联运、公铁联运，扩大郑州至海港至日韩地区的海铁联运规模，拓展以集装箱和甩挂运输为特点的公铁联运。积极申建空铁联运试点示范工程，探索建立空铁联运规则，打造全国空铁快件联运集散中心。

三　构建低碳高效的能源支撑体系

增强多元外引能力。对外，多元引入省外资源。加快建设外省入豫新能源通道，优化省域间电力、油、气传输基础设施。依托浩吉、瓦日等铁路，完善煤炭运输通道，提高煤炭调入能力。对内，强化能源供应和储备，构建多元安全的能源供应保障体系。在煤炭方面，推动煤炭行业增优减劣，及时淘汰落后无效产能，稳步建设大型现代化煤矿，提高煤炭入洗率。推进中原油田、南阳油田等传统油田转变开采、开发方式，持续提升对常规油气的替代能力。增强煤制气生产能力，形成对天然气供给的有效补充。创新可再生能源开发方式，扩大积极推进分散式风电、平价风电项目建设，探索多能互补、风电+储能等智慧能源新模式。提高生物质能利用效率和效益，加快实现生物质热电联产、生物天然气、固体成型燃料、生物质能的多元化利用、产业化发展。因地制宜开发利用地热能，积极发展中深层水热型地热能供暖，探索地热能供暖市场化运营模式。

完善能源输送网络。加强能源对外合作，提升能源外引能力，在油气方面，构建多元引气网络格局，加快建设西气东输输气管道等国家主干线。在电力方面，加快华中“日”字形特高压环网建设步伐，加快推动入豫第三直流工程纳入国家电力规划，明确台电方向及落点。建设坚强能源供应网络，提升应急储备水平。在煤炭方面，优化煤炭运输方式，加快铁路专用线和多式联运枢纽建设，在煤炭生产地、消费地、铁路水路交通枢纽等地合理布局煤炭储备基地。在油气方面，完善油品输送网络，加快建设洛阳—新郑国际机场航煤管道项目，推进天然气主干管网建设，增强管网互联互通。在电力方面，促进骨干网络升级，建设现代化城市配电网，提升农网发展水平，打造坚强智能电网；在豫南、豫中东等电力缺额较大的地区有序建设大容量高效清洁煤电、民生热电项目，扩大需求侧响应实施规模及范围，加快储能规划布点及建设，提升电力保障能力。

优化省内能源结构。持续推动重点区域、重点行业煤炭消费减量，强化煤炭设施整治，压减焦炭、钢铁、水泥等行业低效产能。继续做好煤电淘汰落后产能工作，关停淘汰服役期满的煤电机组，积极推进煤电节能减排综合升级改造。在居民采暖、生产制造、交通运输等领域因地制宜推进经济性好、节能减排效益佳的“气代煤”“电代煤”“电代油”清洁能源替代，重点推进天然气入村进户、城乡现代配电网建设、智能充电网络建设，推动城乡用能方式变革。积极培育能源三新经济，打造能源消费领域新产业、新业态、新模式。在工业园区建设分布式能源中心，鼓励企业开发利用可再生能源。鼓励在郑州大都市区开展“零碳”产业园区示范，发展能源数字化系统、共享高效智能交通系统、绿色数据中心等能源互联网和智慧用能新模式，打造主体多元化、领域多样化、服务专业化综合能源服务新业态。推进煤基燃料全面发展，利用高效清洁煤气化技术、高校污染物脱除技术、多污染物协同控制技术、废水零排放技术一级“三废”资源化利用技术，构建绿色化现代煤化工产业体系，实现煤炭清洁利用。

提升能源储备调节能力。在能源供给方面，不断优化煤炭产能结构，持续构建多元化电力生产格局，积极推动省内油气稳产增产。增加铁路煤炭运输，提升港口中转能力，统筹推进电网建设，推动油气管道建设，稳定进口油气资源供应等。提升电力系统调节能力，加快抽水蓄能电站建设，实施火电机组调峰灵活性改造，有序发展天然气调峰电站和热电冷多联供。开展现有火电机组调节性能改造，积极推动具备调峰能力电源的建设，进一步完善调峰补偿机制，推动储能技术应用。要加快推进储气设施建设，做好地下储气库、LNG储罐统筹规划布局，推进储气设施集约、规模建设。在能源需求方面，提高中长期合同签约履约水平，完善煤炭中长期合同制度，鼓励上游供气企业与各地全面签订供气合同。建立健全能源市场体系，加快全国煤炭交易中心建设，继续推动天然气交易中心发展，加快放开发用电计划，进一步完善电力市场交易政策，拉大电力峰谷价差，逐步形成以中长期交易为主、以现货交易为补充的电力市场格局。此外，推动煤炭清洁高效利用，提升天然气应急调峰能力，强化节能，提高能效。完善应急保障预案，强化能源监测预警。对常态下的供需变化、应急状态和其他极端情形，制定供应保障预案，明确应急措施和响应机制，形成多层次、分级别的预警与应对策略。密切关注境外疫情对全球能源供应链和产业链的影响，加强供需形势的密切跟踪研判，建立能源监测预警体系，动态监测能源安全风险，适时启动分级动用和应急响应机制。

四　构建兴利除害的现代水网体系

全力保障黄河长治久安。黄河是中华民族的源泉所系、血脉所依、根魂所在。与黄河流域其他省份相比，黄河对河南发展的意义尤为突出。保障黄河长治久安是守好改善生态环境生命线的重要任务。河南奏响新时代“黄河大合唱”河南新篇章，必须把黄河长治久安作为重中之重。充分发挥小浪底工程调水调沙枢纽作用，建设以干流龙羊峡、刘家峡、黑山峡、碛口、古贤、三门峡、小浪底 7 大骨干水利枢纽为主体，以支流陆浑、故县、河口村、东庄等水库为补充的黄河水沙调控工程体系。科学控制、利用和塑造洪水，协调水沙关系，为防洪、防凌安全提供安全保障。利用骨干水库的库存拦储泥沙，特别是拦储对河道淤积危害最大的粗泥沙；合理配置水资源，保障河道不断流，保障输沙用水和生态用水，保障生产生活用水安全；完善水沙调控布局。完善三门峡水库运用方式。采取“拦、调、排、放、挖、用”综合处理泥沙，维持河道中水河槽行洪输沙能力，确保河床不抬高。完善水沙调控体系，以增强调水调沙后续动力为抓手，优化并创新现状水库调度运用方式，加强黄河干支流水库群联合调度，科学开展调水调沙，探索水库排沙及河道高效输沙新模式。持续开展黄河水沙动态观测，围绕流域产输沙机制、水沙关系变化及影响、水沙关系调节等重大问题开展科学研究，创新水沙关系协调度、水沙调控运行机制等关键技术。创新泥沙综合处理技术，结合滩区和库区治理实施河道疏浚工程，探索泥沙资源综合利用新模式，合理开发利用河道砂石资源，建立泥沙资源利用的长效运行机制。

优化黄河水资源配置。黄河横跨中国自西向东 9 个省区，是我国西北、华北地区最重要的水源。值得注意的是，黄河用占全国 2.7%的水资源为近百个地市、约 4.2 亿人口提供了经济社会发展的用水。与长江经济带相比，大约以长江水资源总量的 7.6%，服务相当于长江经济带 70%的人口。随着河南沿黄地区城镇化、工业化的不断推进，生态约束日趋增强，对水资源的刚性需求不断增长，水资源供需两端不平衡日益突出，地区之间、省域之间对水资源的竞争进一步激化。如何科学高效地配置整个流域的水资源，对于实现黄河流域生态保护和高质量发展具有至关重要的意义。因此，在推动黄河流域生态保护和高质量发展的过程中，需要把握新时期流域发展对水资源需求的阶段性特征和国家构建区域发展新格局的战略需求，将构建更有效的水资源配置机制作为优先举措，更好地平衡水资源的供需矛盾。一是进一步明确水资源分配的优先项。瞄准服务黄河流域生态保护和高质量发展的战略需求，在黄河水资源分配中，明确“生态修复”优先，以实现“公共利益”最大化为基本原则，为真正实现“生态优先”、“以水定城”和“以水定产”奠定基础。二是适应黄河沿线地区高质量发展的转型需求以及未来黄河流域可供水资源量的远景预测，调整水资源配置的标准。综合各地区生态环境条件、人口空间分布和城镇体系演变的总体趋势，进一步明确沿黄主要地区在国家高质量空间布局中的主体功能（如粮食主产区、水源涵养区、水土保持区、城市化承载区等），以实现各地区主体功能对水资源的需求为目标基准，建立更高水平的动态配置机制。三是积极探索应用大数据、云计算和区块链等信息技术，在黄河流域建立全流域一体化水资源配置的动态管理机制。加强水资源配置政策与规划、财政、土地等政策工具的协调，发挥水资源配置在推动黄河流域生态保护和高质量发展方面的战略引导和约束功能。

强化防洪薄弱环节建设。“兴水利、除水害”历来是治国安邦的大事。黄河是全世界泥沙含量最高、治理难度最大、水害严重的河流之一。党的十八大以来，党中央着眼于生态文明建设全局，明确了“节水优先、空间均衡、系统治理、两手发力”的治水思路，黄河流域经济社会发展和百姓生活发生了很大的变化。2019 年，习近平总书记发出的“让黄河成为造福人民的幸福河”的伟大号召，充分彰显了新时期我国的制度自信，在中华民族治理黄河的历史上书写了新的篇章，树立了世界“大江大河治理标杆”的信心和决心，也为新时代河南加强江河治理提供了根本遵循。河南要紧盯防洪薄弱环节，通过消隐患、补短板、强弱项、促提升，构建河道畅通、安全稳固、保障有力的防洪减灾体系，确保大堤不决口、河床不抬高，保障黄河长治久安。稳步推进防洪薄弱环节建设。按照“消隐患、提标准、强弱项”的思路，进一步提升洪涝灾害防御能力。着眼消隐患，加快大中型病险水库除险加固，如期完成小型水库除险加固攻坚行动年度任务目标，建立除险加固常态化机制，及时消除水库安全隐患。着眼强弱项，加强山洪灾害防治和重点涝区治理，推进中小河流治理工作，对贾鲁河、伊洛河、北汝河等 16 条骨干河道和 305 条流域面积在 200~3000 平方公里的中小河流重点河段进行治理，以近年来发生过洪涝灾害的中小河流作为重点防洪治理对象，确保治理一条、见效一条。着眼提标准，完善流域骨干防洪体系，加快推进大江大河及重要支流防洪达标建设和河道整治，实施一批防洪控制性枢纽工程和重点蓄滞洪区建设。

第四节　持续打好“基础能力建设牌”的支撑保障

河南要围绕补短板强弱项、夯根基促提升，加强组织实施，强化投入保障，加大政策支持和人才支撑力度，严格责任落实，强化持续打好“基础能力建设牌”的基础保障，从而形成推动河南实现由大到强，取得更大发展，为全国大局作出更大贡献的强大合力。

一　精心组织实施

各地要根据全省“十四五”现代化基础设施体系发展的总体部署，结合本地实际，细化工作方案，落实年度计划，科学筹划，精心组织，加强协调，切实做好规划组织实施工作。进一步加强对新型基础设施、综合交通体系、能源支撑体系和现代水网体系工作的组织领导和管理责任，切实发挥政府在全省基础能力建设中的主导作用，加强政府的宏观调控与指导。做好基础能力建设与国土空间开发、重大产业布局、生态环境建设、信息通信发展的衔接，以及铁路、公路、水运、民航、油气管网、邮政等项目的衔接落实；切实保障交通、水利等基础设施建设用地，在用地计划、供地方式等方面给予一定的政策倾斜。充分落实地方政府主体责任，采用中央与地方共建等方式推动综合交通枢纽一体化建设。加强与国家部委以及相邻省份等地区沟通衔接，完善跨区域规划联动机制，推动一批重大改革举措、重大工程项目落地实施。市、区能源管理部门要上下联动，切实履行行业管理、安全监管和属地保障责任。落实企业社会责任，不断提高电力、燃气、供热、油品等服务水平。

二　强化投入保障

建立健全以公共财政投入为主，积极运用市场机制，多渠道筹措水利、交通、能源和基础设施的资金投入稳定增长机制；整合国土、发改、农开等相关部门在农村能源、水利的投入；加强与财政、审计、监察等部门的沟通，建立保障投入政策执行的协调工作机制；规范和落实地方政府投入责任，合理划分各类工程、设施建设和管理的经费分担比例；加强监督检查和考核奖惩，建立健全投入信息统计分析制度；建立金融服务基础能力建设“绿色通道”，简化业务流程，提高审批放款等金融服务效率；对市场化融资有困难的资金需求，开发性政策性金融机构要结合自身业务范围，加强统筹协调，调整信贷安排，合理满足新型基础设施、交通、能源和水利体系建设的需要。加强对基础能力专项资金的征收和监督管理，强化财政、审计、监察部门的监督监察责任。统筹各类交通、水利、能源以及新基建建设资金。

三　加强政策支持

加强政策引导，大力推行依法行政。加强和规范行政许可与规划管理，强化新型基础设施、交通、能源和水利体系建设的公共服务和相关事务的社会管理，提升能源、水利等行业管理和服务水平；加强政策、制度的研究，完善基础设施、交通、能源和水利支撑体系的规划系统，强化规划管理，维护规划严肃性；改革政府投资项目的实施方式，建立健全“代建制”“委托制”等管理模式；加强法制、政策和规划的宣传与引导，把交通、能源和水利纳入公益性宣传氛围，全面推进政务公开和公众参与。

四　增强人才支撑

实施人才培育工程，培养急需的高层次、高技能人才，加强基础能力建设重点领域领军人才和优秀青年人才培养，基本建成一支规模合理、结构优化、素质过硬的人才队伍。协同推进国外智力和国内人才培养工作，实现全省专业人才国际交流与合作常态化。充分发挥重点平台引领作用，聚焦交通、能源、水利和信息方面基础性、前瞻性、战略性技术的卡脖子问题，力争在重大通信工程建设、交通通道能力和工程品质提升、安全风险防控与应急技术装备、能源运输智能管控和协同运行、生态保护和修复等重大关键技术上取得突破。加强人才使用与激励机制建设，提升行业教育培训的基础条件和软硬件环境。发挥企业人力资源使用的主体作用，鼓励企业以满足需求为导向开展技术、服务、组织和模式等各类人才培育、引进和管理创新，对有效做法和成功经验，加大推广力度。

五　严格责任落实

层层分解“十四五”新型基础设施、综合交通、能源和水利建设专项规划的目标任务，压实主要目标指标，将其纳入各级政府工作目标体系，并完善健全细化问责制度。持续推进基础能力建设重大项目实施，坚持以规划确定项目，以项目落实规划，发挥重大项目的支撑作用，集中力量，分期分批实施一批重点交通、水利、能源、新型基础设施重大项目。完善对重大项目的相关监督检查机制，加强对新型基础设施、交通、水利和能源发展主要目标指标进行跟踪持续的考查，定期对执行情况进行后续总结评估。完善市、区重大项目多层次协调推进工作机制，及时解决项目建设实施中存在的问题，确保项目顺利实施、按期投运。协调推进规划落实，加强市级综合规划约束性指标、重大项目和重点任务与新型基础设施、交通、能源和水利等专项能源规划的衔接。发挥社会专业机构作用，加强规划实施第三方评估。

第十三章　持续打好“新型城镇化牌”

近年来，河南省加快推进以人为核心的新型城镇化建设，城镇化水平和质量得到稳步提升。2020 年河南城镇化率达到 55.43%，与全国平均水平之间的差距进一步收窄，农业转移市民化步伐持续加快，中原城市群平台作用不断增强，城镇综合承载能力全面提升，城乡融合发展迈入了新阶段，关键领域改革积极推进。同时应该看到，河南省城镇化还有很大的提升空间，从经济社会发展来看，河南省城镇化保持快速增长的基础条件仍存在，在培育强大国内市场支撑中国经济高质量发展的背景下，城镇化依然是河南最大潜力，也是推动经济社会转型发展的持续动力。“十四五”时期，站在全面建成小康社会、开启全面建设社会主义现代化国家新征程的崭新起点，河南省持续打好“新型城镇化牌”，要顺应新发展阶段、新发展理念、新发展格局的时代要求，更加注重以人为核心、区域协调发展、环境宜居和历史文脉传承、新型智慧城市建设、提高城市韧性，着重从优化城市格局、统筹板块协同发展、加快城市更新行动、提升城市治理水平四个方面发力，围绕促进农业转移人口有序融入城市，提升城市群和都市圈辐射带动能力，促进大中小城市和小城镇协调发展，提升城市建设与治理现代化水平，加快推进城乡融合发展等重点任务，稳步提升全省城镇化发展水平和质量，实现以城镇化高质量促进经济发展高质量的战略目标。

第一节　持续打好“新型城镇化牌”的重要意义

当前，河南省持续推进以人为核心的新型城镇化，既有利于提升要素配置效率，激发发展新动能，通过扩大内需促进形成强大国内市场，也有利于促进河南城乡融合发展，推动区域协调发展，不仅是服务构建双循环新发展格局的必然要求，也为河南省高质量发展和民生福祉改善提供了坚实保障。

一　服务构建双循环新发展格局的必然要求

加快形成以国内大循环为主体、国内国际双循环相互促进的新发展格局，是根据我国发展阶段、环境、条件变化做出的战略决策，对于我国当前应对外部不确定性具有重大意义。新型城镇化是深化供给侧结构性改革和实施扩大内需战略的重要结合点，目前河南省城镇化仍有巨大空间，持续推进新型城镇化，既能创造巨大需求，又能提升有效供给，为双循环新发展格局的加快形成提供有力支撑。

服务和融入构建新发展格局，要扭住扩大内需这个战略基点。推动以人为核心的新型城镇化，实现农村转移人口市民化，能够加速释放消费与投资潜力，加快内需扩容提质。2019 年河南常住人口城镇化率与户籍人口城镇化率相差 18.62 个百分点，这也意味着2000 多万人仍处于“半城镇化”状态，随着这部分人“进城安家”，人口加速流向城市群、都市圈，必将带来旺盛的消费需求，且都市圈、城市群建设在引领新型消费和培育消费新业态新模式中发挥了重要作用，能够创造消费新增长极。另外，新型城镇化也将带动扩大有效投资。当前，从城镇基础设施承载力来看，河南中小城市基础建设长期不足，县城基础设施建设较为滞后，大城市也亟须提质增量，总体来说基础设施和公共服务仍有不少欠账。随着人口的流入，将会激发城镇基础设施、公共服务设施和住宅建设等巨大投资需求。同时，随着人们环保意识的增强以及对美好生活品质的追求，智慧城市建设和生态城市建设成为发展趋势，也将带动新型基础设施投资。将河南打造成为国内大循环的重要战略支点、国内国际双循环的重要节点，城镇化依然是最大潜力。

服务和融入构建新发展格局，要以深化供给侧结构性改革为战略方向。从供给侧看，新型城镇化是提高潜在增长率的关键引擎，为驱动供给体系高质量发展提供动力。随着人口红利消失，我国的经济潜在增长率趋于降低，实际增长速度也处于长期下行的趋势。河南省是全国的农村劳动力大省，在河南省内的农村中存在大量的富余劳动力，每年都有大批的农村富余劳动力涌向城市，新型城镇化通过促进农民工的市民化，增加非农产业劳动力供给，激励家庭和社会对人力资本的投资，有助于提高经济的潜在增长率。推进新型城镇化建设，还能够优化生产力空间布局，通过中原城市群在资源配置方面的统筹优化功能，充分发挥河南各地的比较优势和竞争优势，畅通产业链、供应链，实现城市群产业联动发展，有利于提高区域资源配置效率，形成分工合理、竞争力强的区域产业一体化布局。此外，当前新一轮科技革命和产业变革加速演变，更加凸显了加快提高我国科技创新能力的紧迫性。充分发挥郑州都市圈、洛阳都市圈的教育和科创资源富集优势，加速推动科技成果向现实生产力转化，将催生经济发展新动能。

二　促进河南区域协调发展的重要举措

促进区域协调发展本质在于缩小地区之间的发展差距及其域内居民之间的收入差距，以达到一种融洽、互补、和谐的状态。近年来，河南始终紧跟国家区域发展战略的步伐，朝着不断缩小区域差距的方向前进。但河南省内城镇化水平仍存在不平衡的问题。一方面，各地区城镇化发展不平衡。截至 2019 年底，豫北以及豫西区域如郑州市、济源市、焦作市以及鹤壁市人口城镇化率均超过 60%，而以黄淮地区为主的信阳市、南阳市、濮阳市等地区城镇化率均低于全省平均水平。另一方面，全省城镇体系还不完善，郑州对要素的集聚作用更加明显，中小城市发展较为薄弱。从城市建设来看，郑州在城市规模、城市发展阶段和竞争力上远远高于其他地市；从经济实力来看，无论是经济总量还是人均水平，各省辖市差距明显，经济发展的差距势必造成人口向更高收入、设施更加完善的城市流动，形成“强者更强、弱者愈弱”的马太效应。全省城镇体系不协调的深层次问题是郑州这一大城市还不够大、不够强；副中心城市洛阳还没有完全建立起副中心城市的地位，对周边区域的辐射和带动力不强；中小城市还不够优、不够精，没有形成特色城市。

推进以人为核心的新型城镇化，强调大中小城市与小城镇的协同发展。新型城镇化是对国土空间布局合理利用的典范，通过实施区域均衡战略，既强调“发挥中心城市和城市群带动作用”“建设现代化都市圈”，通过郑州和洛阳主副中心城市发挥增长极模式来协调区域内部的差距，对区域发展产生引导和带动作用；又强调遵循客观规律，不走“一刀切”的刻板道路，按照区域环境承载力和绿色集约原则确定城镇化发展的蓝图，支持特色中小城镇实现差异化发展，从而促进大中小城市与小城镇之间的相对平衡与协调发展，形成有序分工、优势互补的空间布局。新型城镇化通过调整生产要素的流动方向与社会资源的配置方式，准确结合区域特点，促进产业和人口向优势区域集中，提高资源配置效率，更加有效地实现相关产业在城乡间、不同区域间的合理布局，形成优势互补高质量发展的区域经济布局，这一过程毫无疑问地带来了社会差距的缩小，进而促进了区域内和区域间的协调发展。此外，新型城镇化也是改变当前社会二元经济结构失衡的重要途径，户籍制度和土地制度在新型城镇化背景下的改革和调整，能够解决农业转移人口的市民化问题，提高农业转移人口市民化质量，促进公共服务的城乡均等和城乡融合，有效地缩小城乡居民之间的收入差距，是区域协调发展过程中缩小城乡差距和实现区域城乡一体化的关键手段。因此，河南持续打好“新型城镇化牌”，能够进一步优化城镇空间布局，推动河南基础设施互联互通、公共服务共建共享、城乡区域互动协调，加快形成以郑州为中心，引领中原城市群一体化发展的区域协调发展新格局。

三 加快河南城乡融合发展的有效途径

河南作为农业大省，农村人口数量大、占比高，随着常住人口城镇化率超过50%，河南已经完成由以农业社会为主体的社会向以城市型社会为主体的社会的转变，长期以来，要素由“乡”到“城”的单向流动，造成了广大农村地区发展的滞后，城乡发展差距越来越大。一方面，农村基础设施、教育、医疗、生活配套服务仍然相对落后，与真正的城乡融合和城乡一体化尚有较大差距；另一方面，受户籍制度等影响，农村转移人口市民化进程相对滞后，大量农村转移人口尚未真正融入城市生活，使得这部分人无法享有城市的公共服务和社会福利，这种“进城农民”与“城里人”之间的不平等，形成了城镇内部户籍居民与流动人口的新二元分割，不利于社会公平和稳定。

新型城镇化在增强城镇集聚和扩散能力，提升城镇建设和发展水平的同时，能增强工业对农业的反哺能力和城市对农村的辐射带动作用，推进城乡区域协调发展，促进社会公平和共同富裕，是破解河南城乡二元结构和解决城乡发展不平衡不充分问题的关键抓手。国家发改委出台的《2021

年新型城镇化和城乡融合发展重点任务》指出，加快推进城乡融合发展，坚持以工补农、以城带乡，推进城乡要素双向自由流动和公共资源合理配置。现阶段的新型城镇化不是城镇的单方面发展，而是城乡之间的均衡协同发展，既包含农村劳动力与人口流入和融入城市，也包含城镇资本、知识、技术、管理、数据等现代要素流向农村，形成驱动农村经济发展的动力源泉。持续打好“新型城镇化牌”，补齐河南省城乡之间在基础设施和公共服务之间的差距，保护农民在农村的原有权益，不断提升城乡供水、供电的一体化，提升农村的住房质量，加速推进美丽乡村建设，进一步缩小城乡差距，使城乡区域之间的居民能够更为充分、更为均等地分享城镇化的成果，形成工农互促、城乡互补、全面融合、共同繁荣的新型城乡关系。

四 实现河南省高质量发展的有力支撑

城市化水平既是经济社会发展的一个综合结果，也是促进经济社会发展的重要途径。作为人口大省、农业大省、发展中的大省，新型城镇化是河南实现跨越式发展的主要途径，是推动河南省经济高质量发展的强大引擎。

首先，新型城镇化有利于扩大内需，拉动河南经济增长。在新型城镇化的过程中，大量农村人口向城市转移，劳动力数量和质量都得到了提升，促进人力资本增值，有利于提升全要素生产率增长。随着人们收入水平的提高，还会释放出巨大的消费需求和引发大规模的投资需求，有利于释放内需巨大潜力。需求侧的强劲也将直接带动供给侧的发展，需求侧供给侧的相互配合，直接支撑河南经济的整体活跃度。

其次，新型城镇化有助于解决传统产业带来的环境污染和经济发展的不可持续问题，促进河南产业结构优化升级。目前，河南省工业发展尚未完全转变为绿色集约型，仍然对低成本、资源消耗型、劳动密集型产业较为依赖。而新型城镇化不仅是经济增长的“发动机”，也是社会治理和生态文明实现的“稳定器”，在新发展阶段，新型城镇化不仅以城乡融合发展、居民共同富裕为追求目标，而且以经济社会生态等系统的统筹协调为价值取向，传统粗放式的经济发展模式已经被摒弃，集群型、循环型、低碳型、生态型、可持续的城镇发展新模式，有利于河南省实现高质量可持续发展。同时，城镇化进程促进了金融保险、仓储物流、科技研发、信息中介等城市生产性服务业发展，催生新产业和新业态，使城市能够持续地通过结构转换提高生产率水平，实现自我增长。

此外，新型城镇化有利于破解城乡二元结构，增强城乡之间的联系，实现城乡土地、劳动力、资金、技术、信息、人才等资源在更大范围优化配置，促进土地等资源集约节约利用，提高农业生产的规模化、市场化、产业化水平，增加农业比较效益和农民收入，实现农业发展、农民富裕和农村繁荣，从根本上破解河南“三农”难题。

五　满足人民美好生活需要的坚实保障

目前，我国现有的户籍二元结构在河南省表现得仍然较为突出，部分农业转移人口虽已转变为城镇户口，但在子女教育、住房、就业等公共服务中没有享受到与城市居民的平等权利，并且由于在职业技能上较为欠缺，虽然人口实现了转移，但只能从事技术性较低、收入不高的工作，在城镇购房或维持日常开支不易，欠缺融入城市的能力，人口市民化质量不高。另外，河南省基础设施和公共服务体系发展滞后，随着河南省城镇化进程的加快，人们物质生活水平不断提高，对美好生活也有了更多的期盼和向往，对基础设施和公共服务需求的数量和质量都有了新的要求，不再是简单的“有没有”，而更多地追求“好不好”，居民需求层次和结构的调整变化与城市现在的供给能力之间的矛盾凸显，中小城镇普遍存在综合承载能力不足的问题。

新发展阶段，以人为核心的新型城镇化更加强调城镇化的质量和功能性，更加重视广大居民的需求与意愿、城市人文规划和保护、绿水青山的生态保护等。首先，新型城镇化建设坚持“房子是用来住的、不是用来炒的”定位，将城市居民的需求放在第一位，着力解决大城市住房突出问题，使人们能够安居乐业。其次，河南持续推进新型城镇化，消除城乡和区域间的户籍壁垒，消除附着在城市户口上的种种公共服务“特权”和利益，从而使每个人平等地享有就业、子女就学、就医、住房、社会保险等权益，保障农村转移劳动力在城镇的长期居住和就业，让人们不仅能够留在城市里，更能够有实实在在的获得感。此外，通过实施城市更新行动、加强城镇老旧小区改造和社区建设等重要任务，做好城市的净化、绿化、美化，使城市基础设施愈加完善，进一步提升河南城市的空间和环境承载能力、城市文化品位，让老百姓拥有更多的幸福感。最后，新型城镇化通过与互联网、大数据、云计算等高科技的融合，带动了"数字城市"和"智慧城市"的兴起，城市管理日趋呈现智慧化、网络化、智能化的特征，使人民群众在城市生活得更方便、更舒心、更美好。可以看到，新型城镇化不仅是一项重大的民生工程和发展工程，更是建设城市成为高品质生活空间的重要抓手，河南只有持续打好"新型城镇化"这张牌，才能更好地满足城市居民在充足的就业机会、完善的社会保障体系、优质的医疗资源、良好的教育环境、美好的生态环境等方面的需要。

第二节　持续打好"新型城镇化牌"的新要求

当前我国正面对着全面建成小康社会与全面建设社会主义现代化新征程的历史交汇期，顺应新发展阶段、新发展理念、新发展格局的时代要求，以人为核心的新型城镇化建设也有了更加丰富的内涵，不再是只追求数字上的改变，而是更加注重提升城镇基础设施品质、居住品质、基本公共服务品质、生态环境品质、社会治理品质等，这也对河南持续打好"新型城镇化牌"提出了新的要求。

一　更加注重以人为核心

推进新型城镇化的实质，是通过不断提高城镇基础设施和公共服务水平，使城市居民和新市民都能够受惠于新型城镇化建设的软硬件设施优化，共同分享城镇化发展成果，过上更加幸福美好的生活。新发展阶段，新型城镇化要突出以人为核心，实现"人"的城镇化，就要更加注重提高户籍人口城镇化率，更加注重城乡基本公共服务均等化，更加注重群众获得感和幸福感。

首先，户籍人口城镇化率是城镇化质量的最直接反映。习近平总书记曾明确提出，要以人的城镇化为核心，加快提高户籍人口城镇化率。中央城市工作会议也曾明确指出，推进城镇化要把促进有能力在城镇稳定就业和生活的常住人口有序实现市民化作为首要任务。改革开放以来，我国经历了人类历史上规模最大、速度最快的城镇化历程，城镇化成就举世瞩目。但是长期以来，我国城镇化滞后于工业化，户籍人口城镇化率又滞后于常住人口城镇化率。2019 年我国常住人口城镇化率为 60.6%，而户籍人口城镇化率为 44.38%，2018 年河南户籍人口城镇化率仅为 32.89%，低于常住人口城镇化率近 19 个百分点，大量“半城镇化人口”游走在城市和乡村之间，不能真正融入城市。要提高城镇化质量，必须聚焦“半城镇化人口”，这样既有利于促进社会公平正义与和谐稳定，落实共享发展理念，也有利于扩大内需，释放发展潜能，稳定经济增长。

其次，城乡基本公共服务均等化的实现，对于改善民生、维护社会公平、促进社会和谐建设、全面建成小康社会都具有重要的意义。随着农村人口对个人发展、收入增加等的追求，大量农村人口流向城镇，成为城镇常住人口。然而，由于户籍制度改革尚未完成，绝大多数进城农民工没有取得城镇户口。因此，这一时期的快速城镇化还是一个不完整的过程，农民工及其家庭成员尚未均等享受到基本公共服务的市民化待遇。落实新型城镇化以人为核心的任务要求，要着眼于提高基本公共服务均等化水平，使广大农村居民和进城务工定居常住人口享受基本的公共服务，新型城镇化才有继续向前推进的动力，“以人为本、四化同步、优化布局、生态文明、文化传承”的新型城镇化道路才能更为平坦，才能实现新型城镇化质量的提升。

此外，坚持以人民为中心，不断实现人民对美好生活的向往，是习近平新时代中国特色社会主义思想的核心要义，也是不断提高人民群众获得感、幸福感、安全感的重要前提。城镇化说到底是人的城镇化，遵循城镇化规律的关键在于是否立足于以人民为中心，新型城镇化必须是由全体人民共享发展成果的城镇化，只有以人民为中心、顺应发展规律的城镇化，才能提高发展的共享性和可持续性。因此，新型城镇化要更注重以人为核心，始终将提高人民群众的获得感和幸福感，作为城镇化建设的落脚点。

二　更加注重城乡区域协调发展

城乡融合发展是提升城镇化发展质量的必然要求。城乡融合发展是工业化、城镇化、农业现代化发展到一定阶段的必然要求，是对新时代城乡关系发展的深刻把握，虽然我国城镇化进程波澜壮阔，成就瞩目，但我们也应看到，一方面，随着我国城镇化进程的持续推进，许多大城市患上了交通拥堵、环境恶化、房价飙升等“城市病”；另一方面，众多小城镇产业基础薄弱、承载能力不足、公共服务滞后等“小城镇病”日益严重。与此同时，在大城市的掠夺式“虹吸”下，广大乡村地区人口凋零、土地抛荒，“空心化”严重。通过城乡融合发展，一方面，有助于打破城乡二元的体制机制，引导劳动力、资本、土地等生产要素在城乡之间自由流动，消除城市对乡村的“虹吸”，促进城乡产业融合发展，缩小城乡居民收入差距；另一方面，有助于城乡之间互通有无、优势互补，推动城乡要素公平交换，形成工农互惠、城乡融合的新型城乡关系，拓展城镇化发展空间。

区域协调发展是党的十九大确定的七大发展战略之一，也是建设社会主义现代化国家的重要任务。近年来河南城镇化发展迅速，但作为农业和人口大省，不仅城镇化水平明显滞后，而且各地区城镇化发展不平衡。就省内各地区而言，截至 2019 年底，河南省内地级市中城镇化率最高的是郑州市，其城镇化率高达 74.60%，与省内城镇化率最低的周口市相比，二者间相差竟高达 30.24 个百分点。现阶段的新型城镇化，应更加注重都市圈、城市群的壮大，促进大中小城市和小城镇协调发展，以及城乡融合发展，按照做强中心、带动周边、辐射乡村的路径，加快构建以中原城市群为主体，以郑州国家中心城市为龙头，以郑州都市圈、洛阳都市圈为核心，以其他区域中心城市为重点，以县城和特色小城镇为支撑的城镇空间格局。

发展城市群、都市圈是我国目前新型城镇化进程的必由之路，也将成为经济增长新动能。发挥大城市或者特大城市的集约优势，能够促使人口流动和劳动力市场的优化配置，发挥高校科研密集型城市优势，促进产学研一体化，同时，中心城市凭借自身资本市场优势，促进科技成果商业化，使创新技术能够快速地大规模应用于生产和生活中。发展城市群、都市圈不仅能够促进资源要素顺畅流动、高效利用，促进高端生产要素集聚，提高全要素生产率，同时，又能实现城市合理分工、联动发展，有效解决区域内城市发展不平衡不充分问题，带动整个区域集约高效发展。因此，城市群、都市圈日益成为新型城镇化的主体形态和现代化建设的重要载体。

促进大中小城市和小城镇协调发展，是我国新型城镇化建设一以贯之的方向。一方面，“大城市病”越来越严重，亟须“瘦身健体”；另一方面，作为“城市之尾、农村之首”的县城处于城市与乡村之间，正是农民进城就业安家的天然载体，小城镇与其所管辖的村庄无论是物理空间还是经济、社会、文化和生态空间都高度关联，既面向农村，对农村产业和发展状况掌握较为全面，同时支撑其发展的产业与农村却又区别明显，其主要经营内容为工商业、服务业以及服务于农业的生产生活服务，在城乡产业交流、协作的过程中发挥重要作用。此外，随着农业技术的现代化，农村劳动力逐渐呈现过剩趋势，而小城镇可以就近吸收农村的过剩劳动力。且相较于大城市，小城镇吸收农村人口更具有成本优势。因此，小城镇的发展是新型城镇化建设的重要一环，要充分发挥小城镇连接城市、服务乡村的作用，在坚持“以城市群为主体构建大中小城市和小城镇协调发展的城镇格局”的基础上，必须更加注重促进大中小城市和小城镇的协调发展。

三　更加注重环境宜居和历史文脉传承

新型城镇化需要注入绿色发展理念。良好的生态环境是最公平的公共产品和最普惠的民生福祉，也是一个城市最大的竞争优势，经历了高速城镇化的突飞猛进，各种城市病开始暴露出来，大气污染、水污染、生态破坏、垃圾围城等问题正考验着城市的发展和智慧。推进绿色的城镇化是新时代实现绿色发展的重要抓手，也是当前新型城镇化建设的新趋势，顺应了人类急需解决生态环境危机的时代要求，贯彻了党和国家对绿色发展理念的重要指示。打造更加宜居的城市环境，切实满足人民群众对美好生活的需要成为现阶段城镇化高质量发展的必然要求，推动城市绿色低碳化发展成为普遍共识。

文化传承是新型城镇化建设的灵魂。“城市建设，要让居民望得见山、看得见水、记得住乡愁”，这是对以人为核心的新型城镇化建设的要求，“记得住乡愁”，就要弘扬中华优秀传统文化，延续城市历史文脉，保留中华文化基因。历史文脉是贯穿一个城市历史文化的人类精神血脉，是城市在漫长时光中积淀的地域色彩和文化个性。在国际国内形势发生复杂深刻变化和我国开启全面建设社会主义现代化国家新征程背景下，要对中国文化的传统和现状有清醒认识和深刻反思，提升文化自觉和文化自信，在新型城镇化建设中更加重视文化传承。传承历史、延续文明，留住城市特有的地域环境、文化特色、建筑风格等文化“基因”，打造城市特色文化，正是一个认识、尊重、顺应城市发展规律的过程。利用城市接近自然风光和蕴含历史文化底蕴的优势，不仅要做好山、水、绿的文章，使城市的山脉、河流、植被等各类自然资源得以保护和利用，也要将历史文化元素更多、更好地融入城市规划、设计和建设当中，打造城市文化符号，留住城市特有“基因”，对于增强城市特色和提升城镇化质量具有重要意义。

四 更加注重新型智慧城市建设

智慧城市建设是新型城镇化的方向，新型城镇化的发展需要依靠和推动智慧城市建设。智慧城市本质上是利用智慧技术对城市进行重塑和再造，是运用新一代信息技术倒逼城市创新和发展的系统工程，智慧城市建设的核心价值是通过新一代信息技术倒逼城市不合理的管理体制、治理结构、公共服务、产业布局更加合理优化、透明高效。随着国家治理体系和治理能力现代化的不断推进，国家数字经济战略、大数据战略、“互联网+”行动计划的实施和“数字中国”建设的不断发展，城市被赋予了新的内涵和新的要求，这推动了传统意义上的智慧城市向新型智慧城市演进。党的十九届四中全会对推进国家治理体系和治理能力现代化做出了重大战略部署，治理体系和治理能力的现代化首先是要数字化，推进新型智慧城市建设是其重要抓手。习近平总书记、李克强总理多次做出重要批示指示，明确提出要结合以人为核心的新型城镇化推进国家治理体系和治理能力现代化建设，分级分类推进新型智慧城市建设。虽然近年来河南省不断加快推进智慧城市建设并取得了积极进展，但顶层设计和统筹规划不足、体制机制创新滞后、发展不平衡、在全国排名靠后等问题仍然存在，亟待加强引导、推进。因此，河南推进以人为核心的新型城镇化，应注重特色智慧城市的建设，更好用信息化手段感知社会态势，畅通沟通渠道，辅助科学决策，着力解决以人为核心的城镇化进程中老百姓的衣食住行、安居乐业、生老病死等现实问题，改善人居环境，使人民群众生活得更安心、更省心、更舒心。

五 更加注重提高城市韧性

《中共中央关于制定国民经济和社会发展第十四个五年规划和二〇三五年远景目标的建议》提出，“推进以人为核心的新型城镇化。强化历史文化保护、塑造城市风貌，加强城镇老旧小区改造和社区建设，增强城市防洪排涝能力，建设海绵城市、韧性城市。提高城市治理水平，加强特大城市治理中的风险防控”，适时将建设“韧性城市”写入规划，体现了党中央以人民为中心的发展思想，以及不断实现人民对美好生活的向往和追求。韧性城市是指城市或城市系统能够化解和抵御外界的冲击，保持其主要特征和功能不受明显影响的能力。也就是说，当灾害发生的时候，城市通过适应，来更好地应对各类灾害风险。“韧性城市”的基本特征主要包含两点：一是当灾害发生时，城市能够通过一定的方式抵御、吸收和化解外界对其产生的影响，可称之为抵御、适应能力；二是能够从灾害中快速恢复，保持城市功能正常运行，可称之为恢复能力。2020 年新冠肺炎疫情的暴发影响了每一个人，对城市建设也是一次考验，给当下城市空间的定义与使用带来巨大的冲击与影响。韧性城市建设代表着未来城市的发展方向，不仅需要城市具备应对突发状况时的应急治理能力，还需要提高城市面对风险的快速应对能力、适应能力和恢复能力。新型城镇化建设中应该尽快将韧性要素体现在城市建设中，让我们的城市在遭遇突发灾害时，适应能力更强，恢复能力也更强，让老百姓的生活更加安全、舒心。

第三节　持续打好“新型城镇化牌”的切入点

持续打好“新型城镇化牌”，要以习近平新时代中国特色社会主义思想为指导，全面贯彻党的十九大和十九届二中、三中、四中、五中全会精神，立足新发展阶段，贯彻新发展理念，构建新发展格局，着力从完善城镇化空间布局、统筹板块协同发展、加快城市更新行动、提升城市治理水平入手，为“十四五”开好局起好步提供有力支撑。

一　要在优化城市格局上绘就大画卷

当前，河南省城市格局仍需进一步优化。从空间分布看，中心城市空间布局不合理，轴线带动能力弱；从规模看，小城市空间布局不均衡，分布密度差异大；从体系格局看，龙头带动不强、中小城镇实力不足、大中小联动不够。应深入实施中心城市带动战略，以提高中心城市辐射带动力为导向，以提升中小城市产业、人口集聚吸纳力为支撑，以大中小城市“均衡发展”为目标，充分发挥中心城市在城镇化进程中的辐射带动作用，构建以郑州、洛阳为“轴”，以南阳、商丘、安阳为“点”的中心城市“点轴联动”布局，形成“中心城市带动、中小城市联动”的局面，带动整个省域城镇化空间格局优化提升，推动形成以中原城市群为主体形态，以郑州都市圈和洛阳都市圈为区域形态，大中小城市和小城镇协调发展的现代城镇体系。

二　要在统筹板块发展上搞好大协同

推进新型城镇化建设是一个系统工程，涉及经济、社会、文化、生态等方方面面。河南省要坚持科学化、系统化思路，一要妥善处理好老城改造与新城开发的关系，新老并举，统筹兼顾，在全力开发建设新城的同时，要强化基础设施和环境建设，全面改善老城的生产生活环境，提升老城的承载力，使全体市民共享高品质生活空间。二要妥善处理好生态保护区域和发展功能区域的关系，加快生态文明建设，促进空间均衡发展。坚持人与自然和谐共生基本方略，深入落实主体功能区战略，优化主体功能区划分，健全不同主体功能区差异化协同发展长效机制，加快形成节约资源和保护环境的空间格局、产业结构、生产方式、生活方式，进一步优化国土空间保护格局、创新空间发展模式。三要妥善处理好城市建设与乡村建设的关系，推进新型城镇化，必须把城市建设和新农村建设有机统一和协调起来，构建现代城镇体系，加强农村人居环境综合整治，实现城乡一体化发展，建设留得住乡愁的社会主义新农村，避免出现“中国的城市像欧洲、中国的农村像非洲”现象，让河南城镇化空间布局更加疏密有度，生态环境更加优美宜居，城市功能更加健全完善。

三　要在加快城市更新上进行大攻坚

城市是人民的城市、人民城市为人民，这是做好城市工作的根本出发点和落脚点。随着城市业已成为人口和经济的重要载体，城市居民对优美环境、健康生活、文体休闲等方面的要求日益提高。但一些城市尤其是老城区存在功能设施陈旧老化、人居环境较差、生态文化保护不足、安全风险隐患较多等问题，不能有效满足居民的工作生活需要。因此，城市更新是新型城镇化高质量发展的必然阶段。持续打好“新型城镇化牌”，“十四五”及未来一段时期，应顺应城市发展新理念新趋势，以建设宜居、创新、智慧、绿色、人文、韧性城市为目标，着力转变城市发展方式，实施城市更新行动，加强城镇老旧小区改造和城镇社区建设，完善城市空间结构，强化历史文化保护，推进城市生态修复、功能完善工程，增强城市防洪排涝能力等，促进城市功能升级换代，打造出更高品质的生活空间，加快建设和谐宜居、健康安全、富有活力、各具特色的现代化城市。

四　要在城市治理水平上实现大提升

城市治理是国家治理体系和治理能力现代化的重要内容。对于城市治理，应从精细处着手，下足“绣花”功夫，只有推动治理重心下移、力量下沉，才能让治理的针脚更细密，城市的运行更顺畅。目前河南一些城市的管理服务能力滞后于开发建设速度，公共服务供给能力不足，基层社会治理较为薄弱。与此同时，城市社会结构日趋多元，居民个性化需求增多，对城市治理体系和治理能力的完善和提升提出了迫切要求。“十四五”及未来一段时期，城市治理应以人民为中心，以人民群众关心的问题为切入点，针对城市治理中存在的突出问题和风险隐患，加快补齐短板弱项，要注重在科学化、精细化、智能化上下功夫，加强城市风险防控，显著提升城市韧性，坚持“房子是用来住的、不是用来炒的”定位，促进房地产市场平稳健康发展，完善城市信息基础设施，善于运用现代科技手段实现智能化，建设智慧城市，提升城市治理效率，绣出城市的品质品牌。

第四节　持续打好“新型城镇化牌”的关键点

河南省持续打好“新型城镇化牌”，要从省情出发，立足现实基础，顺应发展规律，破解突出问题，围绕促进农业转移人口有序融入城市，提升城市群和都市圈辐射带动能力，促进大中小城市和小城镇协调发展，提升城市建设与治理现代化水平，加快推进城乡融合发展等重点任务科学推进，稳步提升全省城镇化发展水平和质量。

一　促进农业转移人口有序有效融入城市

农业转移人口市民化是指农业转移人口在城市获得工作并最终取得城镇永久居民身份，平等享受城镇居民各项公共服务和政治权利，并融入城市社会的过程。习近平总书记在党的十九大报告中指出：“以城市群为主体构建大中小城市和小城镇协调发展的城镇格局，加快农业转移人口市民化。”加快农业转移人口市民化已经成为新时代推进城镇化高质量发展的内在要求。要坚持以人为本、共享发展的理念，以让农业转移人口“进得来、留得住、过得好”为目标，以实现稳定就业的农民工、举家迁移的农民工和新生代农民工为重点群体，利用其思想观念、生活方式已基本融入城市社会，有在城市定居的强烈意愿的优势，加快推进农业转移人口市民化进程。然而，由于涉及资金需求量巨大、公共产品紧张等问题，还需要坚持存量优先、带动增量，统筹推进户籍制度改革和城镇基本公共服务常住人口全覆盖，健全农业转移人口市民化配套政策体系，提高农业转移人口市民化质量，强化各级政府责任，打消进城农民工的疑虑，充分调动社会力量，构建政府主导、多方参与、成本共担、协同推进的农业转移人口市民化机制，着力打破制约农业转移人口市民化的制度樊篱，切实保障农业转移人口和其他常住人口同等享有城市的各类权益，加快推动农业转移人口全面融入城市。

一要深化户籍制度改革。坚持存量优先原则，全面放宽郑州中心城区落户条件，试点推进郑州都市圈户口通迁、居住证互认。推动进城就业生活5年以上和举家迁徙的农业转移人口、在城镇稳定就业生活的新生代农民工、农村学生升学和参军进城的人口等重点人群便捷落户。

二要推动城镇基本公共服务覆盖未落户常住人口。提高居住证持有人城镇义务教育、住房保障等服务的实际享有水平。根据人口流动实际，调整人口流入流出地区教师、医生等编制定额。政府要承担农业转移人口市民化在义务教育、职业技能培训、就业促进、基本医疗、基本养老、保障性住房以及市政设施等方面的公共成本，实现城镇基本公共服务对农业转移人口的全覆盖。

三要提升农业转移人口技能素质。面向农业转移人口特别是新生代农民工，深化实施农民工职业技能提升行动，或开展有针对性的创业技能培训，加大农民工“稳就业”职业技能培训计划力度。

四要健全配套政策体系。为有效解决政府方面的资本缺口问题，要按照事权与财权相统一的原则，合理确定地方各级政府权责，根据基本公共服务的事权划分来明确相应的财政支出责任。还要建立和完善财政性建设资金对城市基础设施补贴数额与城市吸纳农业转移人口数量挂钩机制，引导财政转移支付和建设资金向吸纳农业转移人口较多地区投放，以增强其公共服务保障能力。要尊重农民的意愿，根据进城农民的能力，并创造必要的条件，让他们逐步融入城市。积极探索农村“三权”依法自愿有偿退出机制，维护农民权益。

五要完善农业转移人口社会参与机制，积极鼓励农民工融入企业、子女融入学校、家庭融入社区、群体融入社会，引导农业转移人口参加城市党组织、工会和社团组织，畅通其参与各类公共活动以及城市和社区建设与管理的渠道，提高城市的包容性和对农业转移人口的吸纳、融合能力。

二　提升城市群和都市圈辐射带动能力

国家发改委发布的《2021年新型城镇化和城乡融合发展重点任务》提出，增强中心城市对周边地区辐射带动能力，培育发展现代化都市圈，增强城市群人口经济承载能力，形成都市圈引领城市群、城市群带动区域高质量发展的空间动力系统。区域经济发展以增长极为先导，较大区域的经济发展需要核心增长极的引领和带动，城市群的形成为现代化建设提供重要载体，也逐渐成为新型城镇化的主体形态。中原城市群地处我国腹地，区位优越，交通发达，市场潜力巨大，发展空间广阔，受自然条件、资源禀赋、交通区位和经济发展水平等因素的影响，河南省的城镇化区域差异明显，城镇化水平总体呈现“北高南低、西高东低”的态势，豫中、豫北、豫西等地的城镇数量比较多，城镇化水平较高，豫南、豫东、豫西南的城镇化进程则相对较为缓慢。同时，河南省城市分布的轴带特征明显，沿京广线、陇海线、大广线等主要交通干线分布了18个省辖市、11个县级市和50多个县城，集聚了河南全省80%以上的城镇人口和超过七成的地区生产总值。总体来看，由于各城市发展的区域条件不同，各城市之间在规模和功能上有所差异，周边城市的发展需要中心城市的带动。但目前中原城市群城市化水平较低，龙头城市带动能力不强，城镇体系也不完善，因此必须加快郑州国家中心城市建设和洛阳副中心城市建设步伐，壮大郑州都市圈和洛阳都市圈发展，提高中心城市和都市圈的承载能力，进一步提升中原城市群和“两圈”的辐射带动能力，有力带动中原城市群高质量发展。

一要加快郑州国家中心城市建设，建设现代化郑州都市圈，坚持国际化、现代化方向，做强做优郑州国家中心城市，打造国家高质量发展新标杆；深入推进郑开同城化发展，打造中原城市群一体化高质量发展引领区；完善郑州都市圈一体化发展体制机制，加快郑许、郑新、郑焦一体化发展，推动郑州都市圈一体化高质量发展，形成支撑带动中西部地区高质量发展的强劲动力源。

二要提升洛阳副中心城市功能地位。顺应区域经济多极化发展趋势，提速提质建设洛阳副中心城市，与郑州国家中心城市错位发展，强化其引领集聚辐射功能，共同打造引领全省发展的“双引擎”。培育发展洛阳都市圈，优化都市圈资源要素配置，推动圈内城市相互协作、共同发展。强化交通基础设施支撑，构建“1 小时”通勤圈，充分发挥洛阳都市圈教育、科创资源富集优势，打造生态都市圈、文旅都市圈。更好发挥洛阳都市圈辐射带动作用，形成多元互补、协调联动、合作共赢的新格局，构建辐射豫西北、联动晋东南、支撑中原城市群高质量发展的新增长极。同时，强化郑州都市圈和洛阳都市圈协调联动。统筹处理好洛阳都市圈与郑州都市圈关系，鼓励引导两个都市圈内城市依托市场、优势互补，加强交流合作。

三要提高中心城市和都市圈的承载能力。适时优化行政区划设置，完善区域政策和空间布局，发挥各地比较优势，提高资源优化配置能力。统筹布局郑州与洛阳间多层次多方式快速通道，充分挖潜提效，提升交通承载力。加强外来人口与当地居民同等水平的公共服务供给，提升公共服务质量，减少区域间公共服务差距，吸引并留住更多人口在城市就业和生活。推动绿色发展，发展绿色新能源和低碳产业，构建生态环境综合治理体系，提升中心城市和城市群环境承载力和生态效益，构建宜居环境。

三　促进大中小城市和小城镇协调发展

重点城市群、都市圈、中心城市、节点城市、县城、特色小镇和特色小城镇等，都是构建高质量发展动力系统不同层级的功能节点，让每个节点都能按照其比较优势发挥最大功效，是动力系统的内在要求。因此，除了强调加快郑州、洛阳主副中心城市的建设，壮大郑州和洛阳都市圈发展，还应以中原城市群为主体促进城市合理分工、协调联动，优化城镇规模结构，推动大中小城市和小城镇协调发展。

一要强化节点城市功能。要发挥重要节点城市比较优势，强化通道、产业、生态、文化等功能协作，提升专业化配套服务水平，形成特色鲜明、功能互补、具有竞争力的重要节点城市，打造成为中原城市群和郑州、洛阳两大都市圈的重要支撑。要优化区划设置，积极优化自身的综合承载能力和服务功能，提升城市品质和服务能力，加快产业和人口集聚，提升在城市群实体经济发展过程中的带动作用。此外，要加强区域中心城市和城镇协同区建设，提升南阳、商丘、安阳等区域中心城市规模能级，高水平建设南部高效生态经济示范区、东部承接产业转移示范区、北部跨区域协同发展示范区三大城镇协同区，谋划建设郑洛西高质量发展合作带和中原—长三角经济走廊，提升区域合作水平。

二要加快推进县城城镇化补短板强弱项，提升县城综合服务能力。作为我国推进工业化城镇化的重要空间、城镇体系的重要一环、城乡融合发展的关键纽带，县城及县级市城区在我国经济社会发展中的地位十分重要。加快推进县城城镇化补短板强弱项，既有利于承接中心城市非核心功能疏解，助推形成同城化发展的都市圈；也有利于强化与邻近地级市城区的衔接配套，还能带动小城镇发展，正是优化城镇化空间格局的突破口。推进县城补短板强弱项，应从加快补齐县城公共服务设施、环境基础设施、市政公用设施、产业配套设施短板弱项四个方面入手。其一，要补齐县城公共服务设施短板弱项。优化医疗卫生、教育、养老托育、文旅体育、社会福利和社区综合服务设施，建立标准化的疾控中心，更多公办幼儿园、养老床位和体育公园，还将打造综合性多功能的社区美好生活服务站。其二，要补齐环境基础设施短板弱项。完善垃圾无害化资源化处理设施、污水集中处理设施和县城公共厕所，大力提升宜居度。其三，要补齐市政公用设施短板弱项。包括推进市政交通设施、市政管网设施、配送投递设施、老旧小区更新改造和县城智慧化改造，推进交通、电网、水务等市政公用设施智能化。其四，要补齐产业配套设施短板弱项。完善产业平台配套设施、冷链物流设施和农贸市场。

三要促进特色小镇规范健康发展。培育特色小镇能够更好地发挥各地特色资源优势，有效促进一二三产业融合发展，充分吸纳农村人口就业和就近转移，加快推动城市文明向农村传播，从而形成大中小城市和小城镇协调发展的新格局，有效解决城乡二元结构问题，切实提高城镇化的发展质量和水平。要注重因地制宜，科学规划建设特色小镇。特色小镇的魅力和生命力在于“特色”，立足于已有的产业、环境、人文等要素资源，因地制宜、因城施策对特色小镇进行科学规划和建设。要突出产业特色，推动生产生活生态融合发展。立足于本地资源优势，以产业培育凸显“特色”优势，以人气聚集体现“小镇”功能，从而形成特色小镇持续成长的动力和活力。要深挖人文内涵，塑造城镇品质与特色。依托已有的自然和历史资源，深挖人文内涵，注重延续历史文脉，把文化基因植入特色小镇，塑造城镇品质与特色。

四　提升城市建设与治理现代化水平

现在我国城市化进程进入了关键阶段，随着都市圈和城市群的快速发展，城市建设和治理成为越来越复杂的系统工程，提升城市建设和治理的现代化水平，成为中国城市主动适应经济新常态的必然选择，持续打好“新型城镇化牌”，要顺应城市发展新理念新趋势，树立“以人为中心”的城市治理观，转变城市发展方式，实施城市更新行动，加快建设宜居、创新、智慧、绿色、人文、韧性城市。

一要完善住房市场体系和保障体系，着力解决大城市住房突出问题。坚持“房子是用来住的、不是用来炒的”定位，因地制宜、多策并举，加快建立多主体供给、多渠道保障、租购并举的住房制度，夯实城市政府主体责任，实施房地产市场调控，稳定地价、房价和预期。有效增加保障性租赁住房供给，以人口流入多、房价高的大城市为重点建设共有产权住房和人才公寓，着力解决困难群体和农业转移人口、新就业大学生等新市民住房问题。大力发展二手房市场和住房租赁市场，加强市场监管，推进郑州市住房租赁市场发展试点。科学制订土地储备供应计划，单列租赁住房用地计划，探索利用集体建设用地和企事业单位自有闲置土地建设租赁住房，推动实现全体人民住有所居。

二要实施城市更新行动，建设宜居、绿色城市。其一，加强城镇老旧小区改造和社区建设，使城市功能更加贴近人民生活需要，为市民提供舒适便利的环境，建设宜居城市。其二，优化城市交通服务体系。优化城市路网结构，完善城市公共交通系统，开展绿色出行创建行动，推进城市交通拥堵综合治理。其三，推进城市生态修复、功能完善工程。因地制宜完善城市生态绿地和廊道系统，开展森林城市创建，建设绿色城市。

三要建设新型智慧城市。推进新型智慧城市建设，是指推动新一代信息技术与城市规划、建设、管理、服务和产业发展全面深度融合，整合共享公共数据资源，搭建智慧城市运行管理平台，丰富应用场景，从而实现城市治理智能化、集约化、人性化，推进智慧交通、智慧水务、智慧能源、智慧政务等发展，有效提升城市治理效率。河南省新型智慧城市建设应以省辖市为主体推进，加快推进5G网络建设，持续完善高速宽带网络，统筹物联感知体系建设，推进基础设施集约化；发展智慧交通、智慧城管、智慧安防，推进城市治理精细化；发展智慧医疗、智慧教育、智慧金融、智慧旅游，推进民生服务便利化；实施智慧生态环境监控，打造一体化智慧社区，推进生态宜居可持续化；加快发展智能制造、推进智慧园区建设，推进产业发展数字化。努力探索出一条符合省情的新型智慧城市发展路径，推动试点城市达到全国一流智慧城市水平。

四要提高城市治理水平。在高质量发展背景下，随着城市社会结构日趋多元，居民个性化需求增多，以追求提升城市品质为导向，构建完善的城市治理体系日益成为城市管理的大趋势。习近平总书记指出：“推进国家治理体系和治理能力现代化，必须抓好城市治理体系和治理能力现代化。”“十四五”及未来一段时期，要树立全周期管理理念，完善治理结构，创新治理方式，推动城市治理体系和治理能力现代化。一方面，要优化城市空间治理。合理确定城市规模、人口密度、空间结构、开发强度，推进城镇建设用地集约高效利用和立体开发，适当扩大住宅用地供应比例，提高工业用地利用效率，有序增加蓝绿生态空间。高水平开展城市设计，塑造城市风貌。强化历史文化保护，加强城市风貌与建筑形态管理，以及历史建筑和历史文化街区保护，彰显城市精神，建设人文城市。另一方面，要加强基层社会治理。建设现代社区，加快补齐社区各类设施短板，健全社区管理服务机制，对接社区居民需求，提供便捷优质服务。引导相关社会组织和志愿者共同参与社区治理。加强物业服务监管，提高物业服务质量和标准化水平。赋予郑州、洛阳更大经济社会管理权限和改革自主权。

五要增强城市发展韧性。《中共中央关于制定国民经济和社会发展第十四个五年规划和二〇三五年远景目标的建议》明确提出要建设韧性城市。城市重要基础设施体系作为城市运行的物理基础和基本保障，是城市在各类风险和挑战下实现韧性的首要依托。因此，应开展城市体检，加强城市风险防控，制定风险防控实施方案，对城市生命线系统、应急救援和物资储备系统等进行超前规划布局，加快完善应急预案体系，加强城市重要基础设施安全管理，完善重要区位人防工程，提高公共卫生预警救治能力和城市抵御冲击、应急保障、灾后恢复的能力。此外，完善防洪排涝系统，增强城市防洪排涝能力，有序推进海绵城市建设，建设抗风险能力强的韧性城市。

五　加快推进城乡融合发展

改革开放以来，特别是党的十八大以来，河南省的城乡一体化发展水平不断提升，城乡一体的基本公共服务提供机制逐步建立，城镇化率稳步提高，城乡差距明显缩小，城乡之间要素的流动性已有显著增强。然而，城乡发展不平衡、乡村发展不充分的问题仍然比较突出，中共中央、国务院2019年5月发布的《关于建立健全城乡融合发展体制机制和政策体系的意见》首次明确提出，到2022年，城乡要素自由流动制度性通道基本打通。为圆满完成这一目标，河南要把县域作为城乡融合的重要切入点，提高县域综合承载能力和乡镇服务功能，推动县域经济高质量发展，同时以县域为基本单元推进城乡融合发展，坚持以工补农、以城带乡，推进城乡要素双向自由流动和公共资源合理配置，加快推进城乡融合发展。

一是推进以县域为重要载体的新型城镇化建设。一方面，要夯实强县富民的产业支撑，加强分类指导，支持各地探索符合自身实际的发展路子，坚持“以产兴城、以业聚人、产城融合”路子，壮大自身优势产业集群，发展资源环境可承载的适宜产业，培育特色产业集群，推进各县域积极融入中心城市产业链供应链，加快县域高效农业发展，实现经济效益、生态效益和社会效益的共赢，推动县域经济可持续发展；另一方面，加快县域改革发展，深化县域治理“三起来”示范创建，推动各项资源要素向示范县（市）集中，打造一批“三起来”示范强县；促进县域经济深度融入中心城市、城市群、区域经济板块发展，培育发展一批现代化中小城市；细化“一县一策”政策举措，赋予县级更多资源整合使用自主权。

二是推进基础设施和公共服务城乡贯通。建立健全县域公共服务普惠共享、基础设施一体化的体制机制，加快城镇基础设施和公共服务体系向农村延伸覆盖。推进城乡基础设施统一规划、统一建设和统一管护，实现城乡居民生活基本设施大体相当。推进义务教育优质均衡发展和城乡一体化，推动县域教育、医疗卫生等公共服务资源优化配置，推行县域内教师医生交流轮岗模式，促进义务教育教师“县管校聘”管理改革，推进医师多机构执业，依托国家城乡融合发展试验区等开展县域内城乡融合发展试点示范。

三是促进人才入乡就业创业。出台配套政策。制定一系列自主创业经营场所租金补贴、创业奖励补贴、返乡创业农民工贷款等政策，设立扶持返乡农民工创业专项基金，为返乡入乡创业就业提供支持。完善农民工返乡就业创业服务体系，建立就业服务平台，做好返乡农民工动态信息跟踪，开展就业现场招聘会，送岗位、送培训、送技能下乡，搭建创业指导平台，构建综合服务平台。培育一批城乡融合典型项目，实施一批农民工返乡创业就业项目，引导返乡农民工开发乡村、乡土、乡韵潜在价值。构建富有吸引力的就业创业环境，加强城乡基础设施和公共服务一体化建设，优化基层营商环境，提升创新能力，完善保障体系，服务创业就业。广泛宣传返乡能人的创业事迹、创业精神，营造乐于创业、敢于奉献的环境氛围，推动形成“创业带就业，就业促增收”的格局。

四是深化改革农村土地制度。通过农村土地制度的改革，拓展农民土地承包经营权的权利范围，将流转权、抵押权、租赁权细分权利纳入农户的承包权之内，使农民对土地资源的再配置拥有更大的决策权和收益权。建立和完善城乡统一的建设用地市场，促使农村集体建设用地与城镇国有建设用地实现同价同权，以市场机制引导土地价格的形成，让土地增值收益更多地留在农民手中。

第五节　持续打好“新型城镇化牌”的保障点

持续打好“新型城镇化牌”，应把科学推进新型城镇化摆在更加突出的位置，强化责任落实、规划引领、要素保障、体制改革、考核评估，凝聚起推进新型城镇化的强大合力。

一　强化责任落实

河南省各级、各部门要提高政治站位，强化责任担当，把科学推进新型城镇化发展摆在突出位置，切实增强抓好新型城镇化建设的责任感、紧迫感和使命感，凝心聚力，抓好落实。省有关部门要按照职能分工，强化统筹协调和指导督促，重点围绕人口转移落户、农民权益保障、建设用地保障、基础设施建设资金筹措、住房保障等细化制定具体措施，调动本系统力量扎实推进。做好组织调度和任务分解，压实地方责任，市县级政府要进一步完善城镇化工作机制，切实推动任务落实、政策落地、项目见效，确保取得实质性进展和成效。

二 坚持规划引领

以科学规划为先导，发挥规划龙头引领作用。以新型城镇化高质量发展为导向，既要立足当前，更要着眼长远，科学制定长远规划，明确城镇发展方向和空间扩展方式，设计城镇空间布局结构，高起点规划、高标准建设、高水平管理，加快相关规划及时、规范、有效落地。加大对规划主体的培养和监督，注重专业水平的提高和职业素质的提升，增强规划科学性、指导性、权威性。全省各部门要立足职能职责，加强部门间政策制定和实施的协调配合，加大教育、医疗、交通、就业等方面的总体规划力度，推动土地、金融、人力资源、公共服务、社会治理等方面的政策和改革举措形成合力、落到实处。提高规划民主性，鼓励公众参与到规划中来。

三 突出要素保障

强化要素保障，加快破解“人从哪里来”“钱从哪里来”“地从哪里来”问题，为新型城镇化加快发展注入强大动力。创新新型城镇建设融资机制，充分利用和发挥好“内资、民资和外资”三者的积极性，构建市场化资金筹措机制，鼓励、支持和引导各路资本参与城镇化建设，搞活城镇化建设的资金活力，以解决城镇化投融资难题。加强建设用地支撑。优化新增建设用地计划指标和城乡建设用地增减挂钩指标分配，树立土地要素跟着项目走的理念，保障城镇化项目的合理用地需求，深挖城镇低效用地潜力，提高土地节约集约利用水平，鼓励城镇紧凑发展，提高土地利用效率。构建城乡一体化人才发展格局，推动人在城乡之间双向流动，加大宣传力度，促进人才入乡就业创业，激励乡镇人才到城区发展，切实形成城乡一体化人才发展的良好氛围和舆论导向。建立和完善与新型城镇化下城乡融合发展需要相适应的社会人才培养、实用、评价、激励保障的制度体系，加强人才培训培养。

四　深化体制改革

健全新型城镇化机制，全面深化全省户籍制度改革，打破城乡分割的户籍“樊篱”，让公共服务资源公平地分配给城市的每一个人，真正消除农业户口与非农业户口性质区分，深化城镇住房制度改革，真正实现“住有所居”的目标，改革完善现行城镇社会保障制度，使农村人口享受和城里人一样的社会保障水平，提高农业转移人口市民化质量。改革和完善乡村土地承包经营权权能、征地、集体建设用地、农村宅基地等制度，以及投融资体制改革、行政管理体制改革、生态环保制度改革，通过全方位、多层次的综合改革，革除河南省新型城镇化发展的体制机制弊端，推进新型城镇化科学发展。

五　加强考核评估

省城镇化工作领导小组办公室要加强统筹协调，加强监督检查，对市县级新型城镇化建设情况进行督促检查，确保各项政策举措落地生根。加强对关键领域的合法监督，事前审查、事中监督、事后问效，形成依法治理的监管合力。树立正确的政绩观，以“功成不必在我”的思想，一步一个脚印，稳扎稳打。开展目标考核，建立规划专项推进机制，健全考核评价和奖惩机制，把规划实施成效纳入乡镇及有关部门的年度绩效考核内容，并将考核结果作为各级党政干部年度考核、选拔任用的重要依据。完善社会监督机制，鼓励公众积极参与规划的实施和监督。

第十四章　持续打好“四张牌”的保障措施

着力发挥优势打好“四张牌”，是习近平总书记调研指导河南工作时提出的殷切期望和嘱托。当前，我国已进入新发展阶段，面对新形势新任务，集中力量持续打好“四张牌”是河南准确把握新发展阶段，深入贯彻新发展理念，加快构建新发展格局的内在要求，是不断提升发展质量和水平，加快推进质量变革、效率变革、动力变革，推动实现河南“十四五”时期高质量发展的战略选择。我们必须在加强组织领导、突出改革创新、聚焦项目带动、强化政策支撑、注重要素保障、持续营造环境等方面加大工作力度，提升工作实效，夯实河南持续打好“四张牌”的支撑保障基础，确保让中原更加出彩的宏伟目标顺利实现。

第一节　加强组织领导

河南持续打好“四张牌”工作涉及经济社会发展各个方面，是一项长期而艰巨的系统工程。坚强有力的组织领导，是各项工作落到实处、取得实效的关键和保证。

一　提高思想认识

加强学习、解放思想，是确保工作实效、推动事业发展的重要前提和永恒动力。特别是新冠肺炎疫情使世界百年未有之大变局加速演变，河南发展的内外部环境都发生复杂深刻的变化，如何持续打好“四张牌”，以“四张牌”引领全省经济高质量发展具有十分重要的战略意义。为此，一要全面系统学习。要把学深悟透习近平新时代中国特色社会主义思想，以及习近平总书记对河南的重要讲话和指示精神作为重大政治任务，前后贯通学、及时跟进学，广泛开展大学习大讨论，强化政治引领，切实用总书记重要指示要求武装头脑、指导实践、推动工作，引领河南打好“四张牌”工作再深入。二要聚焦目标任务，站在全局的战略高度，教育引导广大干部充分认识新发展阶段持续打好“四张牌”的紧迫性和重要性，立足构建新发展格局，着力在打好“四张牌”的各项目标任务中落实新发展理念，始终保持知识危机感、本领恐慌感，注重正向激励，促进干部担当作为，力争在持续打好“四张牌”工作上凝聚共识、寻求突破。三要树牢实践导向，聚焦省情实际，促进打好“四张牌”工作再深入。要围绕打好“四张牌”重点内容，紧密结合实际开展讨论，加强调查研究，找准找实改进工作的思路举措，实打实地解决问题，推动河南打好“四张牌”工作深入开展，取得实效。

二　强化组织保障

坚强有力的组织领导，是河南持续打好“四张牌”的关键和根本保证。一要全面健全组织机构。全省党委、政府要进一步把打好“四张牌”放在更加突出的位置，以持续打好“四张牌”统揽经济社会发展各项工作。建立健全省党政领导亲自抓、分管领导全力抓、职能部门分工抓的领导机制，全面加强对打好“四张牌”工作深入持续推进的领导。二要不断严格工作责任。全省各级各部门、各单位要在逐级分解“四张牌”工作各项目标任务的基础上，进一步明确各项工作的工作时限及细则要求，做到每项工作都能落实到具体单位和具体负责人。全省上下各级各部门要把持续打好“四张牌”落实到行动中，各司其职、各尽其责，在全省凝聚起“四张牌”工作持续深入推进，经济高质量发展的强大动力。三要持续加强领导班子和干部队伍建设。站在新发展阶段，面对新形势新要求，各级领导干部要主动对标定位，突出问题导向，结合自身实际不断推动班子建设全面进步、本领过硬，切实把各级领导班子建设成为推动“四张牌”工作持续深入的坚强领导核心。面对新阶段新形势下持续打好“四张牌”的艰巨任务，各级领导干部要始终保持奋发有为、昂扬向上的精神状态，不断提高统揽全局和科学谋划的本领，敢于担当、迎难而上，牢牢把握经济发展的主动权，不断开创打好“四张牌”工作的新局面。

三　建立协调机制

持续打好“四张牌”是一项系统工程，不是单兵突进，而是全面提升，只有综合平衡地把各方面的工作搞好，才能保证全省打好“四张牌”工作的持续深入推进。随着打好“四张牌”工作不断推进，各项任务繁重，头绪纷繁复杂，矛盾盘根错节，落实艰难，并涉及许多部门利益的调整，协调机制的建立要遵循有利于打好“四张牌”工作持续深入推进的原则，按照持续打好“四张牌”的目标要求协调各方力量，达到组织上形成动力、工作上形成合力、效果上整体推进、程序上予以保证的目标。一要建立健全党委领导、政府主管、下级部门间责任明确、分工规范的纵向协调机制，保证各上下级部门在持续打好“四张牌”工作中既不越权大包大揽，又不推诿塞责，确保做到各负其责、各司其职。二要建立健全省政府办公厅、省发改委、省科技厅、省工信厅等部门密切配合和横向协调机制，以及省、市、县三级政府部门间的内部协调机制，通过搭建协调平台、召开联席会议、建立争议解决机制等方式，合理解决在推进打好“四张牌”工作持续深入过程中出现的新情况新问题。三要建立和明确持续打好“四张牌”工作组织协调的责任程序，进一步明确组织协调的各级责任人、责任机构，明晰标准、提高效率，进而有效推进全省持续打好“四张牌”工作的顺利进行。

四　完善监督机制

科学规范、适时有效的监督机制是降低公共权力风险，增强透明度，保障政府决策力与执行力的重要措施和方法，也是服务保障河南打好“四张牌”工作持续深入推进的有效路径。一要立足贯彻新发展理念、推动高质量发展、构建新发展格局等重大决策部署，更加注重实事求是，聚焦河南打好“四张牌”工作持续深入推进的新情况新任务落实情况跟进监督、创新监督，确保持续打好“四张牌”工作的各项决策部署一贯到底。二要强化对权力的约束，既要紧盯关键少数和关键部门的决策权、审批权、任免权等，也要促进党内监督与其他各类监督协同。要加强政党监督，充分发挥党和各民主党派对持续打好“四张牌”的路线、方针、政策的监督作用，要加强人大的法律监督和政府部门自身的监督，还要加强人民群众监督和新闻舆论监督，对持续打好“四张牌”过程中可能出现的不良行为与问题进行监督，发现问题及早纠正、尽快解决。三要明确权力运行规则，督促相关主体建立健全权力清单、负面清单、责任清单，进一步明确权力运行规则，依法规范并公开权力运行流程，对内容不健全、流程不清晰等问题及时纠正。四要不断提高监督的信息技术水平，充分借助大数据、云计算、区块链等新一代信息技术提高监督效率，探索可视化监督，实现信息互通、机制互联、手段互补。总之，完善监督机制就是要在加大监督力度、提高监督水平、增强监督实效上下功夫，形成服务和保障全省打好“四张牌”工作持续深入推进的长效机制。

第二节　突出改革创新

改革创新是促进经济社会发展的强大动力。河南打好“四张牌”工作的持续深入推进，必须充分发挥改革创新的重要作用，立足河南实际，聚焦重点领域和突出问题着力深化改革，与时俱进推出新的改革举措，构建有利于持续打好“四张牌”的体制机制，为这项工作的深入实施不断增添动力和活力。

一　加快转变政府职能

行政管理体制改革是深化改革的重要内容。纵观我国经济体制改革历程，市场作用的发挥程度、经济体制的完善程度，都取决于政府职能转变和服务型政府建设的程度，可以说，加快转变政府职能是河南持续打好“四张牌”的助力器，在确保持续打好“四张牌”工作顺利推进中有着不可替代的重要作用。加快转变政府职能，一要处理好政府与市场的关系。要科学界定政府职能边界，既要重视发挥政府宏观调控的作用，又要充分发挥市场在资源配置中的基础性作用，建立健全政府权责清单制度和涉企经营许可事项清单管理，进一步规范行政行为，减少和规范行政审批，最大限度地减少政府对市场资源配置和微观经济运行的干预。二要优化政府组织机构，加快推进行政体制改革。要合理确定政府部门的职能分工，合并职能相近的部门，切实减少职能重复交叉，不断优化组织结构。进一步优化行政管理流程，建立标准明确、程序严密、运作规范的管理制度，坚持制度公开、程序和方法公开、结果公开，让权力在阳光下运行。三要持续增强政府执行力。继续深化行政审批制度改革，进一步清理行政许可项目和非行政许可项目，规范审批行为，降低行政成本，提高审批效率。把政府掌控的资源集中用在重点领域和关键环节，增强政府管理的针对性和有效性，发挥其“四两拨千斤”的作用，以确保河南打好“四张牌”工作的持续进行。

二　完善要素市场化配置体制机制

完善要素市场化配置是解决制约经济发展的深层次矛盾、加快转变发展方式的重要突破口，也是充分激发要素活力的重要保障。改革开放以来，河南要素市场的建设发展取得长足进步，但与商品和服务市场相比，土地、劳动力、资本、技术、数据等要素市场发展依然滞后，市场对资源配置的决定性作用有限，远不能满足经济社会发展的需要，已经成为打好“四张牌”工作持续推进的突出短板。为此，加快完善要素市场配置体制机制，一要建立健全统一开放的要素市场。以土地、劳动力、资本、技术、数据等要素资源为重点不断扩大要素市场化配置范围，在当前积极构建双循环新发展格局背景下，要积极对标国际营商规则，根据不同要素属性、市场化程度差异和经济社会发展需要分类施策，加快形成统一开放、竞争有序的要素市场体系。二要深入推进要素价格市场化改革。重点是进一步完善由市场决定要素价格的机制，在土地市场上，重点要完善城镇建设用地价格形成机制和存量土地盘活利用政策；在金融市场上，重点要深化利率市场化改革，提升金融机构自主定价能力；在技术市场上，重点要加快技术交易平台建设，促进技术要素有序流动和价格合理形成。同时还要加强要素价格管理和监督，推动政府定价机制由制定具体价格水平向制定定价规则转变，加强要素领域价格反垄断工作，维护要素市场价格秩序。三要健全要素市场运行机制。围绕要素市场化交易平台建设、要素交易规则和服务完善、要素交易监管水平提升以及要素应急配置能力增强等重点内容持续畅通要素流动通道，使各种生产要素能够高效配置、各类市场主体能够平等获得生产要素。

三　深化产权制度改革

归属清晰、权责明确、保护严格、流转顺畅的现代产权制度，是社会主义市场经济存在和发展的基础，也是完善社会主义经济制度的必然要求。河南要持续打好“四张牌”，必须进一步深化产权制度改革，进而形成竞争有序、充满活力的市场环境，为全省持续打好“四张牌”、加快实现高质量发展增添动力。为此，一要深化国有企业改革和国有资产管理体制改革。要真正去行政化，深化人事与收入分配制度改革，推动由“管企业、管资产”向“管资本”转变，并按照市场机制优化国有资产配置，以混合所有制方式引领创新发展。二要深化农村集体产权制度改革。进一步界定集体经营性建设用地范围，明确集体经营性建设用地入市的范围和权利，明确集体经营性建设用地入市规则和监管措施，建立土地增值收益分配机制，同时加快推进集体土地所有权和集体建设用地使用权确权登记颁证，价值评估、交易流转、处置变现等配套机制建设，推动集体经营性建设用地使用权、集体资产股份等依法合规予以抵押，从而真正盘活农村资产，优化要素配置，实现资产保护，为河南持续打好“四张牌”创造良好的条件。三要加快对政府所有的各种公共资源进行产权界定，建立健全包括自然资源、经营性资产、非经营性资产、金融资产及无形资产的公共产权制度，通过产权制度的深化改革，为河南持续打好“四张牌”打造合格的市场主体和内在动力机制。

第三节　聚焦项目带动

项目是资金、技术、人才等发展要素集聚的载体，是推进河南持续打好“四张牌”工作的重要抓手。河南要把持续打好“四张牌”工作落到实处，就必须坚定不移地抓好项目建设，以项目建设带动打好“四张牌”工作的持续深入推进。

一　科学谋划项目

一是围绕河南持续打好“四张牌”目标任务，结合新技术、新产业、新模式、新业态发展趋势，积极在战略性新兴产业、现代服务业、基础设施建设、民生改善等方面谋划一批重大项目。如在战略性新兴产业领域，顺应新一轮产业变革趋势，积极在市场前景广、产品附加值高、带动能力强的产业领域谋划实施一批重大项目，重点推进生物医药、节能环保、新一代人工智能、智能装备、5G 等项目，发挥战略性新兴产业的引领带动作用；在现代服务业领域，着力推动生产性服务业高端化发展，重点推进现代物流、科技服务、信息技术服务、现代金融等领域项目；在基础设施领域，进一步优化布局、健全网络、完善功能，重点推进新一代信息基础设施网络、新型计算基础设施等方面项目；在改善民生领域，重点推进学前教育、职业教育、基层就业和社会保障服务设施、健康养老服务设施等项目。总之，项目谋划既要遵循市场规律，具有前瞻思维、创新意识，也要科学合理确定投资规模，明确投资主体，保障资金来源。二是创新项目谋划机制，充分发挥企业的主体作用，积极借助科研院所、高等院校、新型智库等第三方机构，拓宽谋划渠道，丰富谋划方式。三是建立重大项目库。立足河南持续打好“四张牌”工作的推进情况，结合经济社会发展新趋势和地方发展新形势，不断更新补充重大项目，加快形成河南持续打好“四张牌”重大项目库。

二 保证项目资金投入

资金是项目运行的血脉，河南持续打好“四张牌”项目的实施离不开资金的支持。一要完善财政资金投入机制。全省各级财政部门应统筹安排资金确保重点项目建设的资金需求，加强项目相关部门之间的沟通对接，争取新增政府债券资金并加快资金拨付。同时，加大债券资金监管力度，形成科学合理的资金使用进度管理机制和绩效考核制度，不断规范资金管理流程，用好政策红利，充分发挥项目资金推动发展的强有力作用。二要完善重点项目建设投融资机制。充分发挥财政资金的引导作用，打通投融资渠道，充分激发出民间资金活力。规范推广运用 PPP 模式，引导撬动社会资本积极参与河南持续打好“四张牌”重大项目建设。建立健全政府、金融机构和企业参加的融资协调机制，按照财政部政府基金投资管理办法要求积极推行设立基金支持项目建设模式，鼓励各级政府与金融机构、社会资本共同设立子基金，投资重大产业化项目。三要完善资金投入监管机制。重点围绕预算执行计划申报、资金使用、财务核算等关键环节加强资金监管，同时全面推行预算绩效管理，以绩效管理为目标，构建项目资金事前、事中、事后全方位的监督机制，对绩效目标实现程度和预算执行进度实行“双监控”，发现问题及时纠正，确保绩效目标按期保质实现。

三 强化项目全过程管理

加强河南持续打好“四张牌”重点项目的管理，明确项目推进路线图和时间表，做到项目建设有计划、调度有效果、推进有力度，确保项目建设各个环节积极有序。一要严格项目程序。政府投资项目严格遵循基本建设程序和重大事项决策程序，加强公众参与、专家论证、风险评估、合法性审查，提高项目决策的科学化、民主化水平。企业投资项目自主决策，政府部门重点做好环境、资源、公共安全等方面的审查论证。重大项目要排出审批（核准或备案）、规划选址、用地预审、环评等前期工作节点，压实责任，确保项目尽早开工建设。二要积极有序推进。按照快速、优质、安全的要求，逐一制定河南持续打好“四张牌”重点项目推进方案，细化分解任务，合理倒排工期，加快施工进度，尽快形成更多的实物工作量。加强工程施工现场会商，强化质量、投资、进度控制，推动形成重点项目协调推进机制规范化、制度化、常态化，及时解决项目建设中的困难和问题，落实水电油气路以及用工需求等投产运行配套条件，促使项目尽早竣工，发挥效益。三要推进项目跟踪检查落实。建立河南持续打好“四张牌”重点项目推进情况月调度和季通报机制，及时向省委省政府汇报进度情况，以便省委省政府宏观把握情况，确保以项目建设带动河南持续打好“四张牌”工作的顺利推进。

第四节　强化政策支撑

良好的政策环境能够最大限度地激发社会、企业、团体以及个人的潜力和创造力，是激发市场活力的根本力量。河南要持续打好“四张牌”，必须加快构建完善的政策体系，通过政策体系的激励约束作用构建稳定、有序的经济秩序，促进河南打好“四张牌”工作的持续顺利推进。

一　强化政策导向

政府相关经济政策的取向及力度，会对市场产生激励性的导向作用，这种激励包括正向激励（鼓励性激励）和负向激励（约束性激励）。强化政策的导向作用，一要做到保证政策的科学性、坚定性及一贯性，充分发挥政策的催化剂作用。完善政策的制定程序，加强政策出台前的调查研究，明晰政策边界，阐释政策细则，不断提高政策制定的精准性。同时要注重多种政策之间的协调配合，加快形成一个覆盖全省持续打好“四张牌”工作各个环节、彼此协调又重点突出的政策链。二要强化政策的导向作用，抓好已出台各项政策的统筹落实，协调尚未落实的相关政策，完善政策的长效机制，切实发挥政策体系对河南持续打好“四张牌”工作的引导作用。三要做好储备性政策研究工作，密切关注河南持续打好“四张牌”工作中出现的新情况、新问题，组织开展针对性调研，与基层干部群众直面交流，共同探讨因地制宜、因地施策的具体办法，增强政策的前瞻性与科学性，同时做好政策执行的效果评估，及时提出调整建议和措施。

二　构建创新政策体系

河南要持续打好“四张牌”，关键要加快实现增长动力的转换，形成以新增长动力为驱动力的发展模式。因此必须构建有利于扩大改革红利、增强创新活力和释放内需潜力的创新政策体系，加强创新政策整体设计和协调配合，推动政策由研发向创新链条一体化整体设计转变。一要完善创新动力机制。正确处理政府与市场的关系，财政科技投入要向基础研究和重大共性关键技术研发倾斜，加强创新基础设施和公共平台建设。充分发挥市场对创新的激励作用，建立健全新技术、新产品、新商业模式的准入制度，鼓励和支持新业态、新商业模式的发展。二要加强政策配套和协同。要加强科技政策与财税、金融、贸易、投资、产业、教育、社会保障等政策的协同，形成目标一致、部门配合的政策合力。要加强中央和省、市地方的政策协调，确保中央、地方政策相互支持和配合。三要完善以企业为主体的技术创新市场导向机制。构建公平公正的市场环境，完善相关法律法规和标准体系建设，不断强化知识产权保护，加强产学研协同创新，引导各类创新要素向企业集聚，促进企业成为技术创新决策、研发投入、科研组织和成果转化的主体。四要加强政策的包容性。要加强基础设施建设和科技技能培训，为农村和偏远地区的创新创业提供技术支撑和公共服务，让科技成果更多惠及低收入群体。

三　强化财税杠杆

财税政策是重要的经济杠杆，具有调控经济、聚集财力和调节分配的职能。河南要持续打好“四张牌”，必须充分利用财税这一杠杆，切实发挥财税政策对优化经济结构、转变发展方式的重要导向作用。当前财税政策体系存在归口管理的部门多，政策分散、交叉、针对性不强等问题，政策导向效应难以集中发挥。强化财税政策对河南持续打好“四张牌”工作的杠杆作用，一要梳理整合财税部门及其他部门扶持经济发展的相关政策，对一些促进作用相近的政策进行归并，提高政策的针对性，同时加强政策的宣传与落实，提高政策的透明公开度和企业的可操作性，充分发挥财税政策对河南持续打好“四张牌”工作的导向作用。二要促进财税政策由优惠型向激励型转变。把政策优惠的侧重点由技术创新链的末端向中端、前端延伸，由对高新技术企业的产品和服务优惠转变为对所有市场主体的研发创新活动实施税收优惠。三要尽量减少直接干预型财税政策。注重发挥市场机制的调节作用，完善间接引导型的财税政策，财政资金应重点向经济结构的薄弱和重点环节倾斜，跳出以往投资钢筋水泥的“硬”基础设施的单一范畴，将科技创新平台、公共管理服务、综合信息网络、教育、文化等投入都纳入政府“软”投资的领域，更多地利用财政贴息杠杆来调动社会资源促进经济转型，为河南持续打好“四张牌”创造有利条件。

四 完善金融政策

金融是现代经济的核心，作为关键投入要素，金融在优化产业结构、促进经济转型等方面都发挥着至关重要的作用。为此，必须加快完善金融政策，大力推进金融改革创新，切实增强资金保障能力，为河南持续打好“四张牌”工作提供有力的金融支持。一要增强金融政策的引导力度。理顺现有的金融支持产业发展、经济转型等方面的相关政策，对于产能过剩产业、需淘汰的产业以及需技术升级的产业分类施策，根据产业特点精准制定包括定向降准、融资贴息、补偿基金等政策，切实发挥金融资金对产业发展的导向作用。要引导更多资金投向具有发展前景的先进制造业、战略性新兴产业、现代信息技术产业和信息消费、绿色环保等领域，保证重点在建工程和项目的合理资金需求。二要鼓励金融机构不断创新金融产品和服务，促使各类资金活水精准流向持续打好“四张牌”所急需的领域和环节。制定政策鼓励金融机构开展供应链和产业链金融业务，保障企业关键环节的合理资金需求；完善小微企业贷款相关监管政策，提升金融机构从事小微企业金融服务的积极性，增加小微企业信贷资金来源；引导金融机构积极开发符合专业大户、家庭农场、新型农民合作组织和农业产业化龙头企业等农业农村新型经营主体特点的金融产品和服务，创新金融服务方式，形成一体化金融解决方案。

第五节　注重要素保障

科学有效的要素保障，是保证河南持续打好“四张牌”的关键环节。我们必须从河南实际出发，统筹规划，强化要素保障，为持续打好“四张牌”工作的顺利推进提供良好的要素条件。

一　加强土地集约利用

土地是经济社会发展不可替代的生产要素，也是河南持续打好“四张牌”工作顺利推进的基础。在耕地红线不得突破、基本农田不能减少、可开垦的宜农荒地已经不多的硬约束条件下，要保证持续打好“四张牌”工作的顺利进行，必须处理好用地与经济发展的关系，提高土地利用效率，进而促进经济可持续发展。一要加强土地集约利用。以控制增量、盘活存量、提高土地利用效率和集约化程度为重点，坚持市场机制和政府调控手段相结合，落实最严格的土地管理制度，实施有效的激励和约束政策，调动用地主体节约集约用地的自觉性。要科学编制用地计划，建立健全土地利用年度计划执行情况监督制度，加强用地计划指标分配动态监管，严格管理和利用好每一寸土地。二要积极盘活存量土地资源。建立查处闲置土地的长效机制，积极盘活存量建设用地，对项目资金不落实或无力继续建设的以及圈而未用并且无正当理由的建设项目，制定土地调整措施并予以重新分配。结合新型城镇化建设，大力推进城乡建设用地增减挂钩，重点开展“城中村”、农村闲置宅基地、“空心村”土地整理，整合利用零星分散土地，科学整理农村集体建设用地。三要提高土地利用效率。要借助现代科技手段、科学管理、合理规划等提高土地利用效率，使有限的土地资源产出最大的经济效益、社会效益和生态效益。

二　完善投融资体系

资金是经济发展的血脉，河南持续打好“四张牌”工作的顺利推进离不开资金的支持。但城市建设、公共事业发展、“两新一重”等项目投资周期长且规模巨大，财政资金已不能满足建设资金需求，因此必须完善投融资体系，打通多种融资渠道，为持续打好“四张牌”提供资金保障。一要建立健全“政府引导、市场主导、社会参与”的市场化投融资机制，坚持政府引导和市场化运作相结合，既着眼于经济社会发展需要，又要按照市场规律的内在要求规范投融资行为，建立经营性项目的合理盈利模式和公益性项目的成本补偿机制，提高投融资效益。二要着力激发市场活力，进一步放开民间投资市场准入，着力营造公平竞争的市场环境，严禁单独对民间资本设置附加条件，支持民间资本平等参与政府和社会资本合作的项目，让更多的市场资金能够进得来、落得住，确保投资能够持续发挥效益。三要不断优化融资结构，改变过度依赖银行体系的融资结构，提高直接融资比重，鼓励发展中小金融机构，支持商业金融机构通过债权、股权、资产支持计划等多种方式参与项目建设，促进融资结构多样化，提升融资结构灵活性。

三　强化人才要素支撑

人才是地区发展的核心战略资源，也是河南持续打好“四张牌”的关键资源和紧缺资源。要保证河南持续打好“四张牌”的顺利推进，必须强化人才支撑。一要坚持科学谋划，构建人才发展的宏观布局。要从全局和战略的高度，充分认识人才建设的重要作用，围绕持续打好“四张牌”的各项任务要求，科学谋划当前和今后一个时期人才发展的战略目标、指导方针、重大举措和基本路径，确保人才资源开发与发展同持续打好“四张牌”各项工作相适应。二要加大高层次人才引进力度。通过加大资金投入、完善人才引进政策、加强人才引进平台载体建设等方式，吸引更多高层次人才来河南创新创业。要坚持领军人才引进与创新团队引进相结合，立足河南产业转型升级、新型城镇化建设等重点领域和薄弱环节，引进急需的高层次人才和创新创业团队。三要切实提高人才培养效率，快速提升人才队伍与河南持续打好“四张牌”各项任务的匹配性。要紧密结合河南持续打好“四张牌”的各项要求，做好对各类急需人才的研判和预测，加大对急需人才培养的政策支持力度，畅通急需人才快速成长渠道，同时谋划、调整人才队伍的专业素质结构、层级结构等，以人才结构升级促进河南持续打好“四张牌”各项发展目标的实现。

四 完善基础设施保障

基础设施是经济社会赖以生存发展的一般物质条件，也是地区经济长期持续稳定发展的重要基础。河南要持续打好“四张牌”，必须加强基础设施建设，改变目前存在的总量不足、标准不高、运行管理粗放等问题，从而为持续打好“四张牌”工作的顺利推进奠定坚实的基础设施基础。一要按照统筹规划、合理布局、优化配套、适度超前的原则，科学谋划，抓紧建成一批事关经济社会发展全局的重大基础设施项目。全面提升交通、通信、供电、供热、供气、供排水、污水垃圾处理等基础设施水平，构建河南与周边地区的铁路、公路、民航、管道等综合交通运输体系，全面提升河南在全国乃至国际交通运输格局中的大通道和交通枢纽作用。二要加强区域空间通信信息网络基础设施建设，加快互联网、物联网、大数据、云计算、区块链、5G等新一代信息技术发展，形成超高速、大容量、高智能干线传输网络。三要统筹城乡基础设施建设，完善农村水、电、路设施，加强农村饮水、生活垃圾处理、污水处理等项目建设，持续推进农村网络基础设施建设，加快补齐农村基础设施短板。总之，完善基础设施保障，要持续坚持民生优先、协同配合、科学统筹，为河南持续打好“四张牌”奠定坚实基础。

第六节 持续营造环境

良好的环境是河南持续打好“四张牌”的制度动力和根本保障。顺利推进河南持续打好“四张牌”工作，要从舆论环境、市场环境、法制环境等重点环节入手，力求有所突破，为全省持续打好“四张牌”创造良好的氛围。

一 优化舆论环境

舆论引导是党实现其思想领导的最直接有效的方式，积极向上的舆论环境能够鼓舞士气、振奋精神，产生巨大能量，推动经济社会进步发展。加强舆论引导，优化舆论环境，一要保证主流媒体在舆论引导格局中的主导地位，让主流媒体在河南持续打好“四张牌”的宣传战役、重大事件报道中“唱主角”，成为“主流舆论场”的关键角色，不断提高主流媒体的权威性。及时报道河南持续打好“四张牌”的进展情况和实际成效，以身边事教育、警示身边人，在全社会树立正确的舆论导向，营造良好的舆论氛围。二要创新河南持续打好“四张牌”工作中正能量的报道方式，避免政策宣传文件化、工作报道概念化、会议报道模式化、典型报道脸谱化，既要通俗易懂、喜闻乐见，又要不庸俗、低俗、媚俗，切实提升报道实效。三要高度重视微博、微信等新媒体的作用，切实加强网络舆情监测分析和研判，建立快速反应的网络舆论引导机制，充分发挥行业主流媒体主渠道作用，提升运用“互联网+”思维对河南持续打好“四张牌”内涵、思路、政策、方针报道的能力，抢占网络“阵地”。此外，还要加强各级各类媒体、媒介的协同，调动所有媒体、媒介的积极性，构建河南持续打好“四张牌”的立体舆论引导机制。

二　优化市场环境

优化市场环境，全面提升市场领域监管水平和服务保障能力，引导市场主体充分竞争、公平竞争、有序竞争，是河南持续打好“四张牌”的重要保障。为此，一要提升行政效能，营造透明高效的服务环境。要围绕机制创新、流程再造、时限压缩、服务提升等关键环节加快构建更具活力的审批服务和监管体制机制，打通部门间的纵向和横向联通，实现资源共享，进一步提高工作透明度和资源共享力度。加快推进“互联网+政务服务”改革，让各类市场主体享受“一站式”服务，实现由“企业跑腿”向“信息跑路”转变。提升市场主体登记监管信息综合分析运用水平，完善市场主体信息动态监测和定期发布制度，及时发布行业投资结构、营商趋势建议，更好地为政府决策、企业投资、公众创业和社会查询提供服务。二要改进监管方式，营造公平有序的发展环境。加快转变监管理念，增强相关部门的法定职能意识，防止监管过度或监管缺位。创新监管方式，加强监管执法的信息化支撑，充分利用大数据、云计算等新一代信息技术建立健全“互联网+监管”模式，提升执法效能。完善企业信用分类监管体系，建立向社会公开的企业信用公示和查询平台，推进消费维权网络建设，引导支持社会组织、行业协会和社会公众参与产品、服务管理。三要进一步降低门槛，营造宽松便捷的准入环境。放宽企业经营范围核定条件，凡国家法律、法规没有明令禁止的，企业均可生产经营，引导和支持私营企业以独资、合资、参股、特许经营等方式参与基础设施、能源交通、水利工程等重大项目建设，持续激发各类市场主体活力。

三 优化法制环境

河南持续打好“四张牌”，离不开稳定、规范的法制环境。构建规范的发展环境，一要加快立法步伐。围绕河南持续打好“四张牌”各项目标任务，加快制定出台一批先行性、实施性、自主性的地方立法，为全省持续打好“四张牌”工作的顺利推进提供坚强的法制支撑。二要加快行政执法改革。既要立足当前，在解决河南持续打好“四张牌”中存在的突出问题上见实效，又要着眼长远，在制度、机制、程序上不断完善，厘清执法机关职责权限，健全行政执法程序，完善行政执法制度，形成保障河南持续打好“四张牌”的长效机制。三要使司法机关充分履行司法行政保障职能。在土地承包、环境保护、劳动争议等事关河南持续打好“四张牌”的社会热点、难点的纠纷调解时，应充分发挥司法机关作用，综合运用司法行政系统资源开展社会矛盾纠纷摸排、调处工作，切实把河南在持续打好“四张牌”过程中出现的矛盾纠纷化解在基层，把隐患消除在萌芽状态，最大限度地把消极因素转化为积极因素。四要营造优质的执法环境。司法行政部门要以服务投资、营造良好环境为目标，保护所有市场主体的合法权益，严厉打击惩处侵害投资者、消费者、知识产权人合法权益的违法行为，为河南持续打好“四张牌”工作顺利进行保驾护航。

参考文献

[1] 河南省社会科学院课题组：《努力打好“四张牌” 让中原更加出彩》，《河南日报》2016年12月22日。

[2] 孙德中、董娉、栾姗、陈辉：《把握新常态 打好“四张牌”》，《河南日报》2017年8月31日。

[3] 童浩麟、朱殿勇、王华岗、刘勰、翁韬：《春天的嘱托》，《河南日报》2017年8月29日。

[4] 夏先清、杨子佩：《打好“四张牌” 中原更出彩》，《经济日报》2019年7月25日。

[5] 万川明、郭津、屈芳、尹江勇：《构建支撑中原崛起的“四梁八柱”》，《河南日报》2017年9月5日。

[6] 耿德建：《深刻领会和把握实现中国梦需要中原更加出彩》，《河南日报》2018年7月6日。

[7] 王军等：《中国经济发展“新常态”初探》，社会科学文献出版社，2016。

[8] 国家行政学院经济学教研部编著《中国经济新常态》，人民出版社，2015。

[9] 王胜昔：《牢记总书记嘱托，持续打好“四张牌”》，《光明日报》2018年3月7日。

[10] 马跃峰：《河南巧打“四张牌”》，《人民日报》2017年6月3日。

[11] 中共河南省委组织部、河南省发展和改革委员会编《打好“四张牌”教育读本》，河南人民出版社，2017。

[12] 谷建全主编《河南实施创新驱动发展战略研究》，社会科学文献出版社，2015。

[13] 李庚香主编《中原智库2019》，河南人民出版社，2019。

[14] 喻新安主编《中原经济区研究》，河南人民出版社，2010。

[15] 谷建全、完世伟、王玲杰：《打造河南经济升级版》，经济管理出版社，2014。

[16] 喻新安主编《河南经济发展报告（2014）》，社会科学文献出版社，2015。

[17] 李庚香：《提高经济整体素质和竞争力要着力打好“四张牌”——学习习近平总书记视察河南重要讲话精神体会》，《领导科学》2014 年第 19 期。

[18] 谷建全、完世伟主编《河南经济发展报告（2021）》，社会科学文献出版社，2020。

[19] 魏澄宙、谷建全主编《河南能源发展报告（2021）》，社会科学文献出版社，2021。

[20] 王承哲、王建国主编《河南城市发展报告（2021）》，社会科学文献出版社，2020。

[21] 谷建全主编《河南工业发展报告（2021）》，社会科学文献出版社，2020。

[22] 李同新、陈明星主编《河南农业农村发展报告（2021）》，社会科学文献出版社，2020。

[23]《2020 年河南省国民经济和社会发展统计公报》，河南省人民政府网，http：//www. henan. gov. cn/2021/03-08/2104927. html。

[24]《2021 年河南省政府工作报告》，《河南日报》2021 年 1 月 25 日。

[25] 易雪琴：《推进新型城镇化和区域协调发展》，《河南日报》2021 年 1 月 3 日。

[26] 谷建全：《准确把握产业转型升级的发展方向》，《河南日报》2018 年 3 月 24 日。

[27] 赵建吉：《打造国家创新型城市 加快洛阳副中心城市建设》，《河南日报》2020 年 6 月 20 日。

[28] 张小科、李永娣：《数字经济背景下河南信息基础设施建设研究》，《统计理论与实践》2020 年第 10 期。

[29] 王喜成：《加强基础能力建设 厚植新的发展优势》，《领导科学》2017 年第 12 期。

[30] 张占仓:《决胜全面建成小康社会 开启中原更加出彩新征程》,《河南日报》2017 年 12 月 13 日。
[31] 侯红:《郑州市人民政府工作报告》, 2021 年 1 月 30 日。
[32] 王新伟:《郑州市人民政府工作报告》, 2020 年 5 月 14 日。
[33] 王新伟:《郑州市人民政府工作报告》, 2019 年 2 月 21 日。
[34] 王新伟:《郑州市人民政府工作报告》, 2018 年 9 月 27 日。
[35] 程志明:《郑州市人民政府工作报告》, 2017 年 4 月 9 日。
[36] 马懿:《郑州市人民政府工作报告》, 2016 年 2 月 24 日。
[37] 马懿:《郑州市人民政府工作报告》, 2015 年 1 月 20 日。
[38]《郑州市人民政府关于加快农村公路建设 2018~2020 年三年行动计划的实施意见》, 郑政〔2018〕27 号。
[39]《郑州市人民政府关于印发郑州市深入推进新型城镇化建设新三年行动计划的通知》, 郑政〔2016〕41 号。
[40] 郑州市人民政府:《郑州建设国家中心城市行动纲要(2017~2035 年)》, 2018 年 2 月 7 日。
[41]《郑州市人民政府关于印发郑州市新型智慧城市建设三年行动计划工作推进方案的通知》, 郑政〔2018〕147 号。
[42]《郑州市人民政府关于印发郑州市支持制造业高质量发展若干政策的通知》, 郑政〔2020〕20 号。
[43]《中共郑州市委 郑州市人民政府关于全面加快科技创新推动经济高质量发展的若干意见》, 郑发〔2019〕4 号。
[44]《习近平在河南考察》, 新华网, 2014 年 5 月 11 日。
[45]《打好"四张牌"中原更出彩 河南省各地干部群众喜庆省第十次党代会胜利召开》, 中国共产党新闻网, 2016 年 11 月 1 日。
[46]《牢记嘱托努力打好"四张牌"不辱使命让中原更加出彩》, 人民网, 2016 年 11 月 1 日。
[47]《省委常委会召开会议要求进一步发挥优势打好"四张牌"》,《河南日报》2016 年 12 月 7 日。
[48]《新常态里打好"四张牌"河南具有典型性》, 大河网-河南商报, 2017 年 9 月 1 日。
[49]《河南: 持续打好"四张牌"》,《河南日报》2018 年 2 月 9 日。

[50]《河南省委常委会召开会议 部署如何发挥优势打好“四张牌”》，平顶山新闻网，2016年12月7日。

[51]《洛阳：在打好“四张牌”中实现率先发展》，人民网，2016年11月17日。

[52]《深刻领会习近平总书记在河南考察时提出的打好“四张牌”的精神内涵加快漯河“一区两城一中心”建设》，漯河市政府网，2016年11月28日。

[53]《河南省国民经济和社会发展第十四个五年规划和二〇三五年远景目标纲要》。

[54] 习近平：《决胜全面建成小康社会 夺取新时代中国特色社会主义伟大胜利》，人民出版社，2017。

[55]《中共中央关于制定国民经济和社会发展第十四个五年规划和二〇三五年远景目标的建议》。

[56] 中国信息通信研究院：《中国数字经济发展白皮书（2020年）》，2020年7月。

[57] 和音：《顺应市场规律才能助力发展》，《人民日报》2020年5月15日。

[58] 工业和信息化部：《关于促进制造业产品和服务质量提升的实施意见》。

[59] 工业和信息化部：《关于加快培育共享制造新模式新业态 促进制造业高质量发展的指导意见》。

[60] 国家发展改革委、市场监管总局：《关于新时代服务业高质量发展的指导意见》。

[61] 河南省人民政府：《关于加快推进农业高质量发展建设现代农业强省的意见》。

[62] 农业农村部：《全国乡村产业发展规划（2020~2025年）》。

[63] 河南省人民政府办公厅：《河南省推进产业集聚区高质量发展行动方案》。

[64] 河南省人民政府：《关于推进产业集聚区用地提质增效促进县域经济高质量发展的意见》。

[65]《打造营商环境新高地》，《河南日报》2021年2月23日。

[66] 国务院：《关于深化制造业与互联网融合发展的指导意见》。

[67] 蔡昉、陈晓红、张军、李雪松、洪俊杰、张可云、陆铭：《研究阐释党的十九届五中全会精神笔谈》，《中国工业经济》2020 年第 12 期。

[68] 李兰冰、高雪莲、黄玖立：《“十四五”时期中国新型城镇化发展重大问题展望》，《管理世界》2020 年第 11 期。

[69] 高帆：《新型城镇化的三重内涵及其实现机制》，《社会治理》2020 年第 11 期。

[70] 吕秀彬：《以人为核心的新型城镇化探析》，《新经济》2021 年第 4 期。

[71] 胡祖才：《推进以人为核心的新型城镇化》，《旗帜》2021 年第 1 期。

[72] 彭波：《“两新一重”与双循环新发展格局建立》，《人民论坛》2020 年第 35 期。

[73] 刘秉镰、汪旭、边杨：《新发展格局下我国城市高质量发展的理论解析与路径选择》，《改革》2021 年第 4 期。

[74] 完世伟、汤凯：《城乡要素自由流动促进新发展格局形成的路径研究》，《区域经济评论》2021 年第 2 期。

[75] 李子联、崔苧心、谈镇：《新型城镇化与区域协调发展：机理、问题与路径》，《中共中央党校学报》2018 年第 1 期。

[76] 万广华、胡晓珊：《新发展格局下的国内需求与创新：再论城镇化、市民化的重要性》，《国际经济评论》2021 年第 2 期。

[77] 高国力、刘保奎：《调整优化新型城镇化空间布局》，《经济日报》2019 年 12 月 5 日。

[78] 冯奎：《充分释放新型城镇化发展动能》，《中国城市报》2020 年 8 月 24 日。

[79] 王少伯：《如何深刻理解“优化国土空间布局，推进区域协调发展和新型城镇化”》，《党课参考》2020 年 Z2 期。

[80] 李兰冰、刘秉镰：《“十四五”时期中国区域经济发展的重大问题展望》，《世界经济》2020 年第 5 期。

[81] 黄群慧：《双循环新发展格局：深刻内涵、时代背景与形成建议》，《北京工业大学学报》2021 年第 1 期。

[82] 黄群慧：《畅通国内大循环 构建新发展格局》，《光明日报》2020 年 7 月 28 日。

[83] 廖茂林、许召元、胡翠：《基础设施投资是否还能促进经济增长？——基于1994~2016年省际面板数据的实证检验》，《管理世界》2018年第5期。

[84] 王炜、张豪：《信息基础设施与区域经济增长——来自中国252个地市级的经验证据》，《华东经济管理》2018年第7期。

[85] 秦中春：《乡村振兴背景下乡村治理的目标与实现路径》，《管理世界》2020年第2期。

[86] 郭涛、刘瑞：《疫情冲击对国民经济运行的影响：机制、证据与策略》，《管理世界》2020年第2期。

[87] 丁守海、王慧丽：《总量性矛盾和结构性矛盾交织下的中国经济》，《上海经济研究》2020年第9期。

[88] 河南省社会科学院课题组：《努力打好“四张牌”让中原更加出彩》，《河南日报》2016年11月22日。

[89] 周清香、何爱平：《数字经济赋能黄河流域高质量发展》，《经济问题》2020年第11期。

后　记

习近平总书记关于河南工作的重要讲话和指示批示精神内容丰富、思想深刻，为河南发展注入了强大的政治动力、精神动力。值此建党100周年之际，为充分发挥理论先行、理论引领、理论破难、理论聚力的重要作用，充分展示河南贯彻落实习近平新时代中国特色社会主义思想的辉煌成就与宝贵经验，经河南省委领导同志批准，河南省社会科学院创研编写了“习近平新时代中国特色社会主义思想的河南实践”系列丛书。这既是对建党100周年的献礼，也是为推动“十四五”时期现代化河南建设凝聚强大精神动力的重大成果。

本书是系列丛书之一。该书全景式描述了河南在打好“四张牌”方面的成功探索，全过程介绍了河南历届省委省政府在打好“四张牌”上一届接着一届干、一张蓝图绘到底、一以贯之谋发展的生动实践，全方位阐述了河南打好“四张牌”的辉煌成就、宝贵经验与发展方向。撰写这本书的初衷就是试图通过记述打好“四张牌”的河南实践，充分总结习近平新时代中国特色社会主义思想在河南的探索与实践，充分彰显习近平新时代中国特色社会主义思想的理论精髓，充分展示习近平新时代中国特色社会主义思想的内涵魅力，充分证明习近平新时代中国特色社会主义思想的正确方向。

本书的编撰得到了河南省委宣传部的大力支持，已被列入省委宣传部“八大工程”重点项目。河南省社会科学院党委书记阮金泉、院长谷建全高度重视该书的编撰工作，阮金泉书记多次参加讨论并提出指导意见，谷建全院长全程指导本书的撰写工作，在总体框架设计、撰写、统稿、修改、定稿等各环节上提出了建设性的意见和建议。本书由河南省社会科学院经济研究所所长完世伟担任主编，河南省社会科学院科研处组织实施和具体出版工作。参与本书撰稿的同志（以章为序）：第一章，袁金星；第二章，袁金星；第三章，李丽菲；第四章，武文超；第五章，林园春；第六章，杜明军；第七章，高璇；第八章，唐晓旺；第九章，李斌；第十章，崔理想；第十一章，石涛；第十二章，汪萌萌；第十三章，王摇橹；第十四章，王芳。

在本书付梓之际，谨向所有为本书编撰出版作出贡献的同志表示衷心的感谢。由于水平所限，书中难免有差错和不妥之处，恳请读者批评指正。

编　者

2021 年 5 月

图书在版编目(CIP)数据

打好“四张牌”的河南实践 / 完世伟主编. -- 北京 : 社会科学文献出版社, 2021.6
ISBN 978-7-5201-8519-6

Ⅰ.①打… Ⅱ.①完… Ⅲ.①区域经济发展-研究-河南 Ⅳ.①F127.61

中国版本图书馆 CIP 数据核字(2021)第 112209 号

打好“四张牌”的河南实践

主　　编 / 完世伟
副 主 编 / 高　璇　袁金星

出 版 人 / 王利民
组稿编辑 / 任文武
责任编辑 / 高振华
文稿编辑 / 李艳芳

出　　版 / 社会科学文献出版社 · 城市和绿色发展分社(010) 59367143
地址：北京市北三环中路甲 29 号院华龙大厦　邮编：100029
网址：www.ssap.com.cn
发　　行 / 市场营销中心 (010) 59367081　59367083
印　　装 / 三河市龙林印务有限公司

规　　格 / 开 本：787mm × 1092mm　1/16
印 张：19.75　字 数：316 千字
版　　次 / 2021 年 6 月第 1 版　2021 年 6 月第 1 次印刷
书　　号 / ISBN 978-7-5201-8519-6
定　　价 / 68.00 元